# 村庄合并与治道变革

PREDICAMENT OF VILLAGE-MERGING AND THE RURAL GOVERNANCE REFORM

李冉 著

中央民族大学出版社
China Minzu University Press

**图书在版编目（CIP）数据**

村庄合并与治道变革 / 李冉著 . —北京：中央民族大学出版社，2021.7

ISBN 978-7-5660-1957-8

Ⅰ . ①村… Ⅱ . ①李… Ⅲ . ①农村—社会管理—研究—中国 Ⅳ . ① C912.82

中国版本图书馆 CIP 数据核字（2021）第 134944 号

**村庄合并与治道变革**

著　　者　李　冉
责任编辑　杨爱新
封面设计　舒刚卫
出版发行　中央民族大学出版社
　　　　　北京市海淀区中关村南大街 27 号　　邮编：100081
　　　　　电话：（010）68472815（发行部）　传真：（010）68933757（发行部）
　　　　　　　　（010）68932218（总编室）　　　　（010）68932447（办公室）
经 销 者　全国各地新华书店
印 刷 厂　北京鑫宇图源印刷科技有限公司
开　　本　787×1092　1/16　　印张：23.5
字　　数　310 千字
版　　次　2021 年 7 月第 1 版　2021 年 7 月第 1 次印刷
书　　号　ISBN 978-7-5660-1957-8
定　　价　82.00 元

# 引　言

传统中国是一个农业国家，1949年中华人民共和国成立时，城镇人口仅占全国总人口的10.64%，广袤的中华大地上散布着众多的乡村和农民。改革开放以来，中国的城镇化进入了一个加速发展的历史时期。1978年，全国城镇常住人口只有1.7亿，城镇化率不足18%。而到2017年年末，中国的城镇化率已经超58%，这表明作为一个具有5000年农业文明历史的大国，终于进入了以城市型社会为主体的新时代。

工业化、城镇化的快速发展标志着国家的繁荣与进步，但与此相伴而行的是农村人口大量向城市流动，农村人口数量不断减少。1978年全国总人口96259万，乡村人口为79014万，占82%；2017年全国总人口139008万，乡村人口为57661万，占41.48%；40年间，农村人口占比减少了一半。从村庄数量的变化来看，1985年全国行政村有94万多个，到2014年减少为58万个，30年间，减少了36万个；近十年间，有90万个自然村消失，平均每天消失250多个。乡村人口的大量流失，使许多农村出现了严重的“空心化”问题，在一些地区，人口稀疏且零散分布的居住格局，使乡村无论发展集约化的现代农业还是修建道路、供水基础设施，或是提供教育、医疗等公共服务，都面临着许多困难。为解决这一问题，村庄合并作为一种积极的探索，在全国许多地方悄然展开并不断推进，成为近些年来中国乡村大地上出现的一种需要高度重视和认真研究的新情况与新问题。

中国推动村庄合并的动力来自多个方面。从内生动力来看，首先是工业化、城镇化导致的农村人口快速流失，其次是现代集约化农业发展的需求，再次是农村居民改善生活状态和对公共服务的需求。推动村庄合并的外部力量则主要来自政府，一是地方政府希望通过村庄合并促进城乡土地综合利用，迅速壮大本地经济，并创造政绩；二是可以有效降低农村建设投入与提供公共服务的成本；三是可以节约乡村管理行政经费，合理配置资源。

村庄合并的路径主要可以划分为居住维度的合并和行政维度的合并两种形式。居住维度的村庄合并是指两个以上的村庄通过搬迁整合在一起，在很多地方，这种做法又叫作农村社区建设或新型农村社区建设，山东和河南的村庄合并以这种形式居多；行政维度的村庄合并是指在建制上将几个行政村合并在一起，各村庄的农民并不搬迁，湖南、江西、安徽的村庄合并多采取这种形式，行政上的合村并组主要是为应对农村税费改革后的财政困境，减少乡村行政经费支出，同时伴随着乡镇区划改革、农村治理格局优化而来。

我国村庄合并也面临着诸多困境。现阶段村庄合并的困境总体可以归纳为三个方面：一是经济利益方面，如政府与农民个人利益的非对称博弈、土地社区建设资金不足、离地农民的再就业问题、合并过程中的资产与债务纠纷等；二是治理体系方面，如重构乡村治理的权力体系、公共服务缺位、合并后自治机构的行政化倾向、国家力量和村民自治体系的再平衡等；三是社会整合方面，如村民难以适应身份转变、合并后新村社会整合度低、新农村社区共同体维度难以建立等……

这些问题的解决，需要加快理顺城镇化发展与乡村振兴的关系，调适乡村治理中国家与社会的互动，探索自发秩序与建构秩序的契合，为农村新型社区建设提供法律基础和制度保障。要认识到村庄合并是我国由农业社会走向工业社会、由乡村社会走向城市社会发展的必然产物，是现代化发展的必然趋势。同时也要认识到我国村庄基数大、分布范围广、形式多样，因此村庄合并是一个较为长久的过程。要调动广大农民的积极性，充分尊重农民的主体地位和保障农民的权益，既不能盲动冒进，也不能消极无为，要因时、因地制宜，分类推进。应当从经济、行政、法律、公共服务与社会治理多个维度综合考虑，重振乡村经济，引导乡村公共事务发展，建构乡村法制管理体系，加强公共基础服务建设，构建多元主体的社会协同治理体系，积极探寻治道变革。

# ABSTRACT

China is a big agriculture country, and when the People' s Republic of China was founded in 1949, the urban population only accounted for 10.64% of the total population. Since the reform and opening–up policy, China' s urbanization has entered a period of accelerated development. In 1978, the urban resident population was only 170 million, and the urbanization rate was less than 18%. By the end of 2017, the urbanization rate has exceeded 58%. This indicates that China as a large country with a long history of agricultural civilization has finally entered a new era in which urban society is in the dominant position.

The rapid development of industrialization and urbanization marks the country' s prosperity and progress. However, this has been accompanied by a large number of rural residents moving to cities, and the number of rural areas has continuously decreased. In 1978, the country' s total population was 962.59 million, and the rural population was 790.14 million, accounting for 82%. In 2017, the country' s total population was 1390.08 million, and the rural population was 576.61 million, accounting for 41.48%. In 40 years, the proportion of rural population has been reduced by half. Judging from the changes in the number of villages, in 1985, there were more than 940,000 administrative villages in the country, which was reduced to 580,000 by 2014, and was reduced by 360,000 in 30 years. In the past ten years, 900,000 natural villages have disappeared, with an average of more than 250 disappearing each day. The massive loss of the rural population has caused serious problems of hollowing phenomenon in many rural areas. In some areas of countryside, the sparsely populated and scattered distribution of living patterns has made it difficult for the village to develop intensive modern agriculture, build roads, provide water infrastructure, and provide public services such as education and medical care. In order to solve this problem, the village–merging, as a positive exploration, has quietly been carried out and advanced in many parts of the Chinese countryside. It has become a new situation and a new issue that needs to be highly valued and seriously studied about China's rural governance in recent years.

In China, the driving force for the village–merging comes from many aspects. From the endogenous motive force, the first aspect is the rapid loss of rural population caused by industrialization and urbanization, the second aspect is the demand for the development of modern intensive agriculture, and the third one is the demand of rural residents for the improvement of living conditions and public services. The external forces that promote village–merging are mainly from the government. First, the local government hopes to promote the comprehensive utilization of land resources in urban and rural areas through village–merging, which will rapidly expand the local economy, and create political achievements. Second, village–merging can effectively reduce the cost of rural construction investment and the provision of public services. Third, village–merging can save administrative funds for rural management and rationally allocate resources.

At present, there are two main paths of the village–merging, the merger of residence dimension and the merger of administrative dimension. Village–merging of residence dimension refers to the integration of more than two villages through relocation. In many places, this method is also called the construction of rural community (or the construction of new rural community). The merger of villages in Shandong province and Henan province mostly takes this form. Village-merging of administrative dimension refers to the consolidation of the rural government's organizational system of several administrative villages, and the residences in each village do not relocate. The merger of villages in Hunan province, Jiangxi province, and Anhui province take this form. The administrative dimension village-merging is mainly to deal with the financial difficulties after the rural tax and fee reform and to reduce the rural administrative expenses. It was usually accompanied by the reform of the township division and the optimization of the rural governance structure.

Judging from the current situation, village-merging also has caused many problems that need to be resolved. Those problems can be summarized into three aspects. First is the economic interest's aspect, such as the asymmetric game between governments and rural resident, the lack of funds for the construction of communities, the difficulty of re-employment of farmers who have no land, the assets and debt disputes caused by merger, etc. Second is governance system's aspect, such as the difficulty of reconstruction of the power system for rural governance, the lack of public services, the administrative orientation of village autonomous institutions, the rebalance between national power and village self-governance system, etc. Third is social integration's aspect, such as, the difficulty for rural resident to adapt the identity changing, the social integration of new merger-village is low, and the community of new rural communities is hard to establish, etc.

To solve these problems, rural governance needs to rationalize the relationship between the accelerating development of urbanization and the rejuvenation of rural areas. It is also necessary to adjust the interaction between state and society in rural governance. New rural communities' construction needs exploring the integration of spontaneous order and construction order. Government need to provide legal basis and institutional guarantee for the construction of new rural communities. Village–merging is the inevitable outcome of China's development from an agricultural society to an industrial society and from a rural society to an urban society. It is an inevitable trend of modernization. But we also must know that, villages in China have a large base, a wide range of distribution and various forms. It will take a long process to finish the village–merging. The government should fully respect the principal status of rural resident and protect the rights and interests of them. It requires the government to mobilize the enthusiasm of rural resident, classified advance village–merging according to local conditions, neither be aggressive, nor be passive.

# 目 录 Contents

# 图目录 Contents

# 表目录 Contents

# 绪　论

## 1.1. 问题的提出及研究意义

改革开放以来，伴随着现代化进程的加速，我国的城镇化发展进入了一个新的历史时期。1978年，我国城镇常住人口1.7亿人，城镇化率只有17.9%，2011年年末，我国内地城镇人口首次超过农村，城镇化率首次超过50%，达到51.27%① 。这表明作为一个具有5000年农业文明历史的农业大国，开始转向以城市型社会为主体的新时代。进入21世纪之后，我国的城镇化率呈现快速增长的势头。截至2017年，中国的城镇化率已经达到58.52%，随着现代化步伐的加快，城镇化已是不可逆转的发展趋势，它带来的后果之一便是农村人口流动性加快、农民大规模向城市转移、农业从业人员所占比例大大减少。由此，农村土地荒废、宅基地空置，中国传统乡村出现了空心化、萎缩化趋势，传统社会中的聚族而居、乡土依赖等相关因子开始发生裂变，村庄合并自然而然地成为摆在我们面前的问题。根据民政部统计数据，从1994年到2014年，中国的行政村数量从101万个减少到58万多个，平均每10年消失20余万个。村庄合并是继我国农村联产承包责任制和村民自治之后发生在乡村大地上的又一重大变革，对我国乡村治理和农村社会转型提出了新的要求和挑战。顺应城镇化发展趋势，我国各地都先后开

① 数据来源：国家统计年鉴。

展了村庄合并的实践，尤其是进入21世纪之后，山东、河南、湖南、浙江、江苏、天津等地呈现出加速发展的态势。与此同时，根据农村经济社会发展的新情况，国家不断地出台相关文件进行规范和引导。目前来看，我国整体上依然处于城镇化上升阶段，农业人口偏多，农业劳动力在相当长的一段时期内还会不断从农村流出，村庄合并还将持续下去。我国的村庄合并涉及经济资源配置、社会关系重构、自治组织整合等方方面面的问题，其中有些问题由于合并而凸显出来，有些问题由于合并而弱化，有些问题是合并前后没有发生改变的“老”问题，还有一些是由于合并而出现的新问题，对于这些问题，需要准确归类，探寻其发生原因，厘清其发展脉络，把握其发展态势，探讨其运行机制，并在此基础上提出有针对性的措施。这直接关系到城镇化的顺利推进和乡村转型发展，对提升我国国家治理体系和治理能力现代化，推进乡村振兴的宏大战略，有着极为重要的意义。

面对变化着的农村社会形势，当前的农村社会管理体制机制受到了强烈的冲击，处于传统与现代夹缝之中的部分农村正遭遇着“合并困境”，面临着“如何化解难题”“停滞还是继续前行”“村庄合并向何处去”等问题的困扰，本书试图通过实地调研和样本分析把此类问题尽可能呈现出来，厘清村庄合并的发生机理，探讨发生困境的原因，尝试性地提出一些对策建议，对未来做好此项工作具有探索性意义，同时为下一步的乡村治理提供重要的借鉴和思考。

## 1.2. 国内外研究现状

村庄合并作为中国农村发展的一个新的动向，大约在20世纪90年代以来在中华大地上陆续推开并逐渐引起学界的关注，成为中国农村问题研究中一个新的领域。

### 1.2.1. 基于 CiteSpace 的国内外村庄合并研究可视化分析

CiteSpace由美国德雷塞尔大学计算与信息计量学院陈超美（Chen Chaomei）教授开发，是主要用于分析可视化的共引网络信息的可视化软件，以此帮助学者们更加深入地探测知识领域中潜在的新趋势[①]。我们首先利用CiteSpace对2002—2016年15年间的学术研究成果进行知识图谱分析，并在此基础上对该领域的研究进行脉络梳理。

#### 1.2.1.1 数据来源和研究方法

国内文献以CNKI中的CSSCI来源期刊和核心期刊、万方数据库来源期刊作为样本来源，笔者以“村庄合并”“迁村并点”“合村并居”“村改居”“村改社”“农村社区建设”为关键词，采取“或含”的逻辑关系式，对2002—2016年的文献进行了精确检索。为避免影响分析结果，针对所有文献，对未标注作者文献、不相关文献进行剔除，最终共检索到文献1521篇。

国外文献以Web of Science核心合集中的来源期刊作为样本来源，使用的检索策略是：主题=“city-town-village mergence”OR“amalgamated local goverments”OR“consolidated goverment”OR“local authorities consolidation”OR“the municipal consolidation”OR“township merger”AND入库时间=2011-2018年，检索结果为215条文献记录，数据下载日期为2018年1月15日。

在此需要指出的是，由于在西方国家，村庄合并的研究是被放在地方基层政府合并的范畴内进行的，因此在对村庄合并研究领域的国际文献进行可视化分析时，我们以以上检索词进行主题检索。

利用CiteSpace可视化软件，笔者对所检索到的文献记录进行了作者和机构之间的共现分析、关键词的共现分析等，并生成了相应的知识图谱[②]。

---

① 刘光阳:《CiteSpace国内应用的传播轨迹——基于2006—2015年跨库数据的统计与可视化分析》,《图书情报知识》，2017年第2期，第61页。

② 张凌:《基于CiteSpace的竞争情报研究的可视化分析》,《图书情报工作网刊》，2011年10月，第2页。

通过分析作者和研究机构的知识图谱，能够发现该领域的主要研究人物和研究机构及其之间的学术关系；通过对关键词的分析，能够探索该领域的研究热点[①]。绘制研究机构的分布图谱，可以发现村庄合并的主要研究机构。

1.2.1.2 国内村庄合并研究的基本情况

（1）研究文献数量统计

基于来源，参数设置中时间跨度为2002—2016年，并以此阶段中的“村庄合并”“迁村并点”“合村并居”“村改居”“村改社”“农村社区建设”“合村并组”“并村”为关键词，采取“或含”的逻辑关系式，所检索的文献以“1年”为时间切片进行文献数量统计，并做出文献年代分布图。

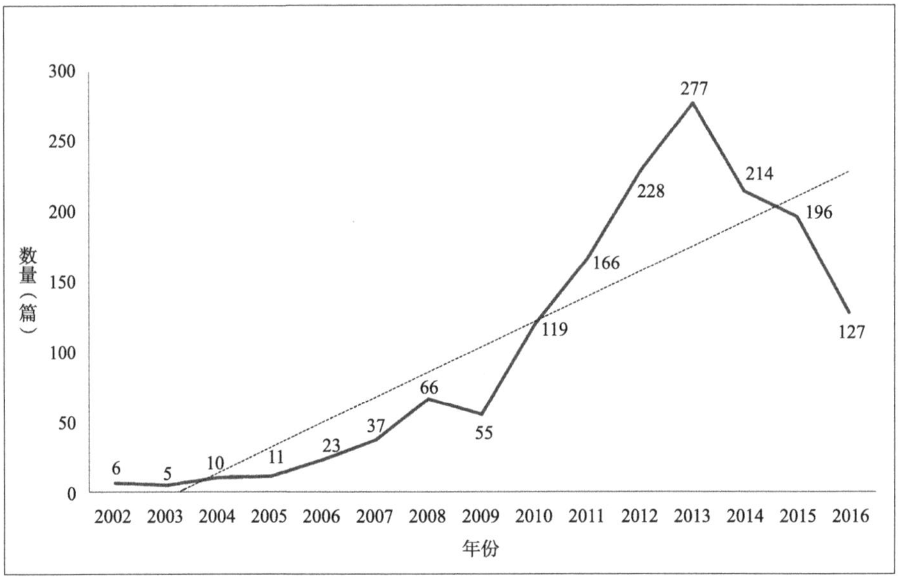


**图1　2002—2016年村庄合并研究文献年代分布情况**

数据来源：中国知网（CNKI）、万方数据库，截止日期：2017年8月。

① 赵玉鹏、刘则渊、许振亮：《基于知识图谱的美国〈科学哲学〉研究前沿和热点探讨》，《科学学研究》，2008年第6期，第1168–1173页。

从图1可以看出，自2002年至2016年，学者对于村庄合并的研究快速增加，2009年后的发文量急剧上升，至2010年，已从55篇增加到119篇。这表明从2009年开始，村庄合并这一领域的研究开始被越来越多的学者关注，其主要原因是2006年实行的城乡建设用地增减挂钩试点，在2008年、2009年又扩展吸纳了19个省加入，村庄合并在多个省份大规模铺开。此后，这些试点省份（如山东省、河南省等）相继出台各种配套政策，有力地推动村庄合并实践，学者对于村庄合并的研究也迅速燃至“沸点”。2009年，研究成果数量急剧上升，于2013年增长至277篇，也成为近十几年研究成果数量上的最高值。2013—2016年，研究成果减少，这主要是由于村庄合并在实践过程中出现盲目拆并、政策执行与政策目标偏离等问题，致使一些农民利益受损，一些潜在问题也凸显出来。虽然国土资源部于2010年发出《国务院关于严格规范城乡建设用地增减挂钩试点 切实做好农村土地整治工作的通知》（国发〔2010〕47号），但在农村土地整治过程中增减挂钩政策的实施发生了偏差，因此，2013年住建部发布《启动全国村庄规划试点工作》的通知要求，再次明确指出要尊重既有村庄格局，防止盲目规划新村，不搞大拆大建①。由此地方政府推行力度开始降温，政策导向也逐渐转变为新农村社区建设，伴随着合并实践的降温，对它的研究热潮也逐步回落，研究趋势总体下降，不过成果数量仍然高于2009年之前。

① 《住房城乡建设部通知要求：启动全国村庄规划试点工作，解决村庄规划照搬城市规划模式、脱离农村实际、指导性和实施性较差等问题》，2013年2月21日（http：//www.mohurd.gov.cn/zxydt/201302/t20130220_212915.html）。

（2）研究文献学科分布情况

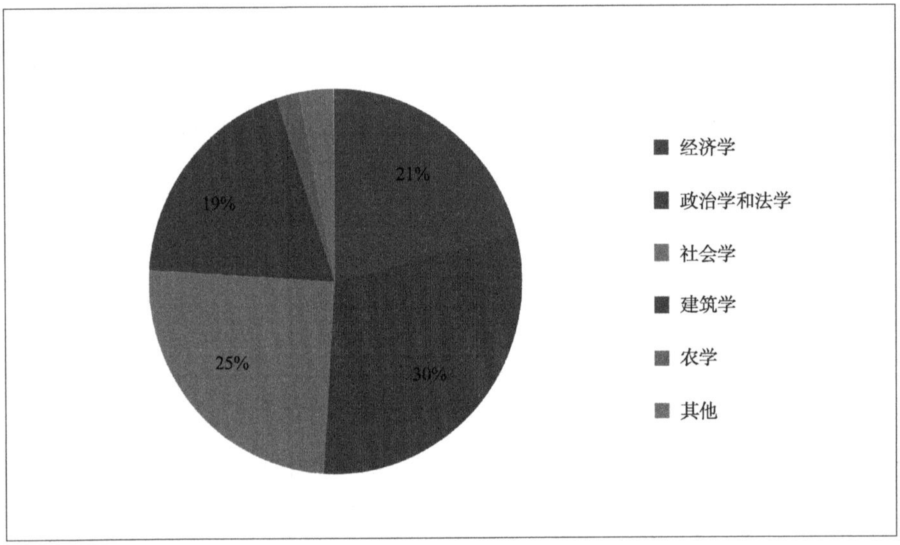


**图2 2002—2016年村庄合并研究文献学科分布情况**

资料来源：根据分析制作。

由图2可知，近十五年不同学科对“村庄合并”主题的研究涉及不同视角。总体来说，分布如下：以农村经济为主题的经济学视角，如高灵芝、胡旭昌在《“村改居”后集体资产处置的个案剖析——以济南市槐荫区前屯居为例》一文中着重探讨了村改居后集体资产处置和利益分配问题①；梁英在《合并村组账务管理的思考》中针对合并村组账务管理现状及问题展开了探讨②。以行政管理和行政法治为主题的政治学和法学视角，如项继权、王明为的《农村社区建设：发展态势与阶段特征》对农村社区建设过程中基

① 高灵芝、胡旭昌:《“村改居”后集体资产处置的个案剖析——以济南市槐荫区前屯居为例》,《长白学刊》，2004年4期，第82-85页。

② 梁英:《合村并组账务管理的思考》,《西部财会》，2015年第11期，第40-41页。

层社会管理与村民自治等组织发展和治理结构的问题进行了梳理[①]；王圣诵的《“城中村”土地开发、“村改居”和社区民主治理中的农民权益保护研究》从法律层面对村改居过程中山林开发、农民户籍的转变、自治组织的法律地位等诸多问题进行了专业研究[②]。林聚任的《村庄合并与农村社区化发展》[③]、吴业苗的《农村城镇化、农民居住集中化与农民非农化——居村农民市民化路径探析》[④]等从以社区建设和农民市民化为主题的社会学视角对村庄合并展开了研究。以建设布局和规划为核心内容的建筑学视角，如曹大贵、杨山的《村庄合并规划研究——以南京市郊县冶山镇为例》[⑤]、李海燕、李建伟、权东计的《迁村并点实现区域空间整合——以长安子午镇规划为例》[⑥]等从建筑布局和地域规划的角度出发探讨了村庄合并过程中实现区域整合的主要技术手段。这四大类型走在村庄合并研究领域的学科前沿，在近十五年的研究成果中各占到30%、25%、21%、19%。

---

① 项继权、王明为:《农村社区建设：发展态势与阶段特征》,《青海社会科学》，2015年第2期，第1–8页。

② 王圣诵:《“城中村”土地开发、“村改居”和社区民主治理中的农民权益保护研究》,《法学论坛》，2010年第6期，第98–203页。

③ 林聚任:《村庄合并与农村社区化发展》,《人文杂志》，2012年第1期，第160–164页。

④ 吴业苗:《农村城镇化、农民居住集中化与农民非农化——居村农民市民化路径探析》,《中州学刊》2010年第4期，98–103页。

⑤ 曹大贵、杨山:《村庄合并规划研究——以南京市郊县冶山镇为例》,《地域研究与开发》，2002年第2期，第36–40页。

⑥ 李海燕、李建伟、权东计:《迁村并点实现区域空间整合——以长安子午镇规划为例》,《城市规划》，2005年第5期，第41–44页。

（3）主要研究机构和作者分析

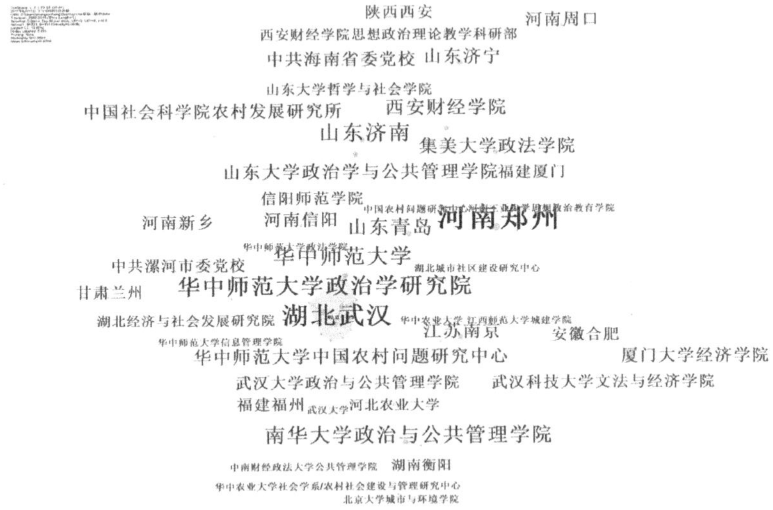


**图3　2002—2016年村庄合并研究机构图谱**

资料来源：根据分析制作。

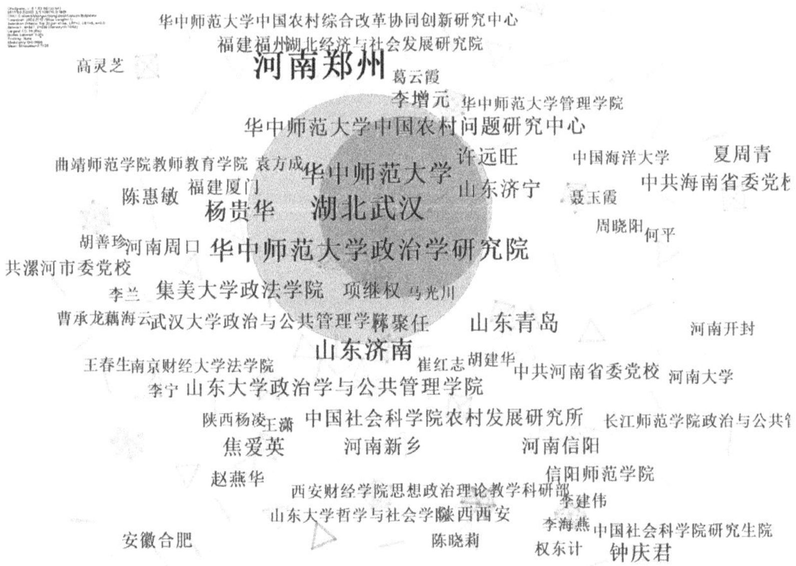


**图4　2002—2016年村庄合并研究作者和机构知识图谱**

资料来源：根据分析制作。

图3是村庄合并研究机构图谱，图4是村庄合并研究作者和机构共现图谱。通过设置相应的阈值得到作者和机构共现图谱，有助于直观地分析学者和机构之间的合作关系。知识图谱中，模块化参数（Modularity Q）值作为聚类效果衡量的参数，一般大于0.3即意味着聚类显著[①]。图3共得到231个节点，模块化参数Q=0.9533；图4共得到447个节点，模块化参数Q=0.9595，说明两图聚类显著。两张图结合起来看，华中师范大学聚类明显，其中华中师范大学政治学研究院走在村庄合并研究成果前列；而华中师范大学中国农村问题研究中心产量最高，另外山东大学政治学和公共管理学院、武汉大学政治与公共管理学院、中国社会科学院农村发展研究所、华中师范大学公共管理学院的研究成果也相当可观。

**表1　2002—2016年村庄合并研究成果前五名高产量作者统计**

| | 作者 | 单位 | 贡献数量（篇） |
|---|---|---|---|
| 1 | 项继权 | 华中师范大学中国农村问题研究中心 | 18 |
| 2 | 许远旺 | 华中师范大学中国农村问题研究中心 | 16 |
| 3 | 林聚任 | 山东大学哲学和社会发展系 | 16 |
| 4 | 杨贵华 | 集美大学政法学院 | 15 |
| 5 | 李增元 | 曲阜师范大学政治和公共管理学院 | 12 |

数据来源：根据统计分析制作。

表1是发文量前5位的高产作者，可以发现华中师范大学中国农村问题研究中心的项继权、许远旺是代表性的骨干作者；其次是山东大学林聚任、集美大学政法学院杨贵华、曲阜师范大学政治和公共管理学院李增元为代表

① 陈悦、陈超美、胡志刚、王贤文等：《引文空间分析地原理与应用——CiteSpace使用指南》，北京出版社2014年版，第43页。

作者，另外焦爱英、钟庆君、夏周青、许经勇、马光川等作者也成果颇丰。

同时我们也可以看到，专家学者从多角度、多学科出发对村庄合并展开多样化研究，研究范围广，但研究深度受局限，而且部分合作研究来源于同一单位，集中于湖北武汉的华中师范大学以及山东、河南的多所高校，其余学者的研究力量相对单一和分散。

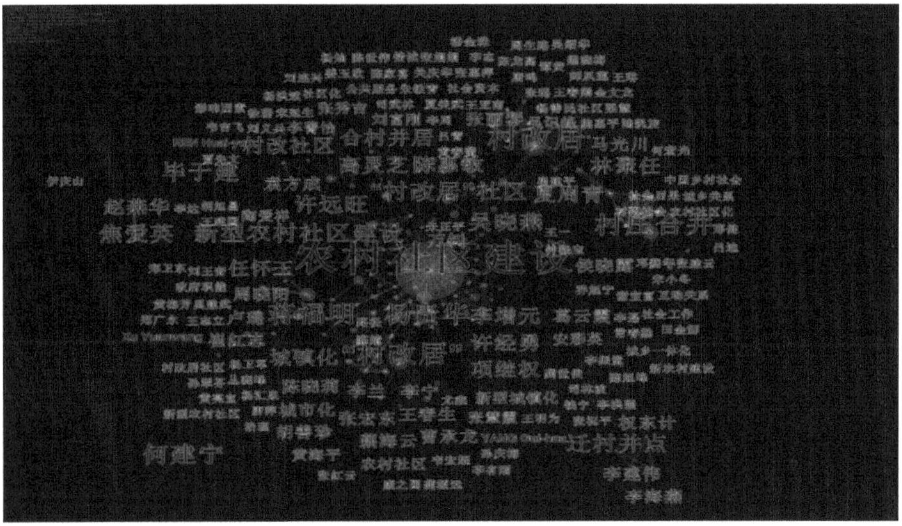


**图5　2002—2016年村庄合并研究作者和关键词知识图谱**

资料来源：根据分析制作。

图5、图6同样利用CiteSpace软件，通过设置合理的阈值，对村庄合并研究的作者和关键词进行共现。图6共得到304个节点，模块化参数Q=0.8217，说明聚类结果明显。我们可以发现，华中师范大学项继权主要集中在以“农村社区建设和村民自治”为关键词的研究上，许远旺主要关注农村社区建设；山东大学哲学和社会发展系的林聚任等站在城乡统筹视角上对“村改居”的发展和困境展开研究，集美大学政法学院杨贵华的成果多集中在以“村改居社区组织”为关键词的研究上，曲阜师范大学政治和公共管

理学院李增元多以“农村社区”为关键词展开研究。

（4）研究热点分析

**图 6　2002—2016 年村庄合并研究全部关键词知识图谱**

资料来源：根据分析制作。

**表 2　2002—2016 年村庄合并研究前 10 个高频关键词统计列表**

| Citation Counts | Cited References | Centrality |
|---|---|---|
| 84 | “农村社区建设” 2014，SO，V，P | 0.27 |
| 58 | “村改居” 2008，SO，V，P | 0.24 |
| 13 | “城镇化” 2011，SO，V，P | 0.19 |
| 12 | “合村并居” 2005，SO，V，P | 0.14 |
| 11 | “村庄合并” 2010，SO，V，P | 0.14 |
| 7 | “迁村并点” 2005，SO，V，P | 0.11 |
| 6 | “城乡一体化” 2015，SO，V，P | 0.11 |
| 5 | “路径” 2013，SO，V，P | 0.1 |
| 5 | “社区化” 2014，SO，V，P | 0.1 |
| 4 | “城市化” 2012，SO，V，P | 0.1 |

数据来源：根据统计制作。

关键词是作者对文章主旨的概括性体现，通过对全部关键词和高频关键词的分析，可以看出该领域的研究热点。图6是利用CiteSpace生成的2002—2016年村庄合并研究的关键词聚类可视化图谱，以2002—2016年为时间跨度，每一年为时间切片，以关键词为节点类型，以2002—2016年为时间轴，出现关键节点1213个，连接数1001个，最终以（3，30，20）为阈值进行图谱呈现。其中节点颜色代表年份、大小表示该关键词的引用频次高低，节点中心度说明该关键词对整个网络的影响力[①]，中心度超过0.1的节点被定义为关键节点[②]。

表2为村庄合并研究前10个高频关键词的统计列表，分别呈现了每个关键词的引用次数、引用信息和中介度。其中引用频率最高的关键词为"农村社区建设"（2014），其引用次数为84词，中心度0.27，成为第一关键节点；其次是"村改居"（2008），被引用58次，中心度为0.24，成为第二关键节点；"城镇化"（2011）被引用频次13，中介度为0.19。除此之外，"合村并居"（2005）、"村庄合并"（2010）、"迁村并点"（2005）、"城乡一体化"（2015）、"路径"（2013）、"社区化"（2014）、"城市化"（2012）也成为高频关键节点。

图6周边出现了一些小节点，例如："村委会""社区认同""文化建设""复垦""乡村治理""集体资产""困境""城乡关系"等，关注这些小节点，也可以反映出我国学者近年来开展村庄合并研究其知识发展的结构与演变情况，在某种程度上揭示了研究前沿和研究热点[③]。

---

① 苏楠、张璇、杨红岗、李睿：《基于知识图谱的国内网络舆情研究可视化分析》，《情报杂志》，2012年第10期，第45页。

② 陈悦、陈超美、胡志刚、王贤文等：《引文空间分析的原理和应用——CiteSpace使用指南》，科学出版社2014年版。

③ 肖明、陈嘉勇、李国俊：《基于CiteSpace研究科学知识图谱的可视化分析》，《图书情报工作》，第55卷第6期，2011年第6期，第92页。

（5）前沿趋势情况

为了能够更为清晰地呈现村庄合并研究随着时间的推移演进，揭示未来发展的前沿趋势，笔者用CiteSpace绘制了关键词的时区视图（Time Zone View），在该视图中，柱形区域表示从左至右的顺序排列的时区，节点的位置代表年份[①]。图7以年为时间单位，具体呈现了村庄合并研究趋势的年代演进路径和相互之间的影响关系。

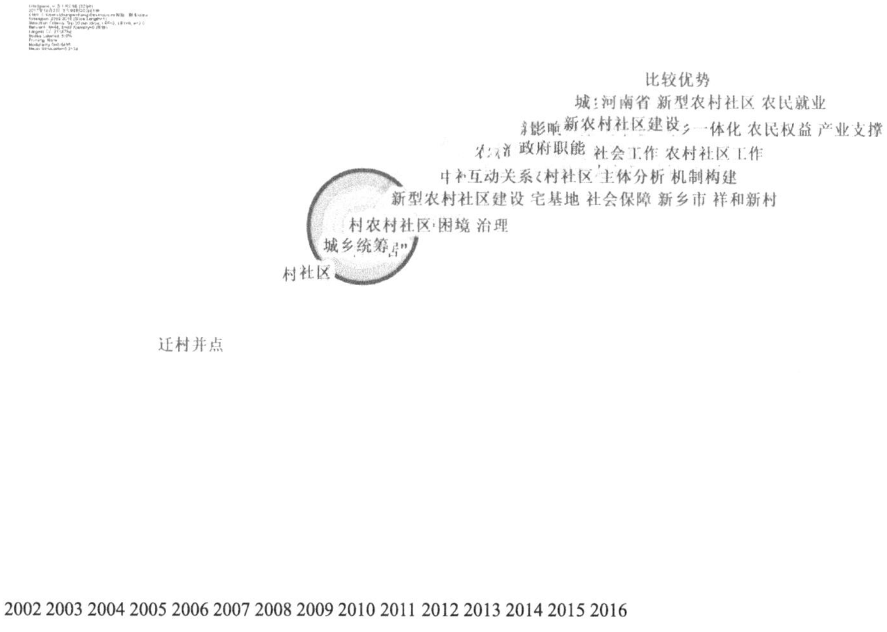


**图7　2002—2016年村庄合并研究关键词共现Time Zone视图**

资料来源：根据分析制作。

由图7可以发现，①关于村庄合并的研究主要集中在2006—2016年，

---

① 陈静、吕修富：《基于CSSCI（2000—2011）的我国统计学学科知识图谱研究》，《图书与情报》，2014年第2期，第96页。

尤其在2009年节点迅速增多，这种趋势直至2016年。②“农村社区建设”一直处于核心位置，是近十年间研究热点的关键领域。③连线的疏密程度代表着研究热点之间相互影响的程度，可以发现2009—2013年之间研究热点相互影响较为明显，后三年研究热点的相互影响程度稍显疏松。

借助可视化分析软件，以中国学术期刊网络出版总库（CNKI）的CSSCI来源期刊和核心期刊、万方数据库来源期刊近十年（2002—2016年）的研究文献作为样本来源，笔者分析了各类知识图谱，以期说明村庄合并国内近十年研究的基本情况。

主要结论有：①研究成果丰硕，不同学者从多角度、多领域对“村庄合并”这一问题进行了研究。②华中师范大学政治学研究院、华中师范大学中国农村问题研究中心、山东大学政治学和公共管理学院、武汉大学政治与公共管理学院、中国社会科学院农村发展研究所等是国内研究“村庄合并”最具影响力的研究机构。项继权、许远旺、林聚任、李增元、杨贵华等学者及其团队是研究主力。③研究侧重“新型农村社区建设”“村改居”“合村并居”等方面。④2013年之后，随着国家政策导向的变化，对村庄合并的研究热度有下降趋势。⑤学者们合作力量多集中在华中师范大学等有影响力的研究机构，其他研究力量较为单一和分散。

1.2.1.3 国外村庄合并研究的基本情况

（1）研究文献被引频次分析

通过分析研究文献的被引频次，能大致说明该文献的学术地位与该领域近年间被重视程度。图8利用Web of Science中根据查询结果自动创建的引文分析报告，可以很直观地看到，2011—2018年，基层政府合并的国外研究文献被引频次不仅逐年上升，而且2012—2017年更呈现跃进式的增长态势。这说明，这期间，国外学者对基层政府合并的关注度有增无减，基层政府合并也成为国外学者研究的一大重要领域。需要说明的是，由于文献下载截止日期为2018年1月15日，2018年的数据并不完整，因此2018年的分析结果不具有统计学意义。

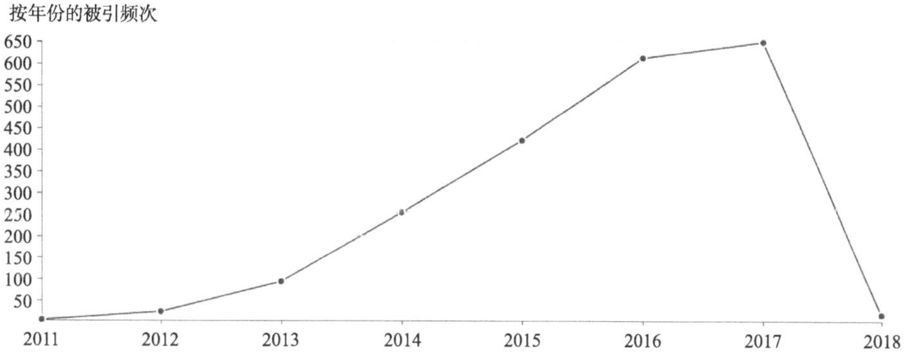


**图 8　2011—2018 年基层政府合并国外研究文献被引频次**

资料来源：Web of Science 数据库，截止日期：2018 年 1 月。

（2）国外研究文献中最具有影响力的作者和国家（地区）

CiteSpace中有微观、中观和宏观的科学合作网络，分别为学者之间的合作、机构之间的合作以及国家和地区之间的合作。一般认为，在合作网络中，节点大小代表了作者、机构或者国家/地区发表论文的数量①。图9与图10分别展示了通过CiteSpace统计出的该研究领域最具影响力的作者、作者-机构-国家（地区）及其之间的合作情况。

① 李杰、陈超美:《CiteSpace：科技文本挖掘及可视化》，首都经济贸易大学出版社2016年版，第181页。

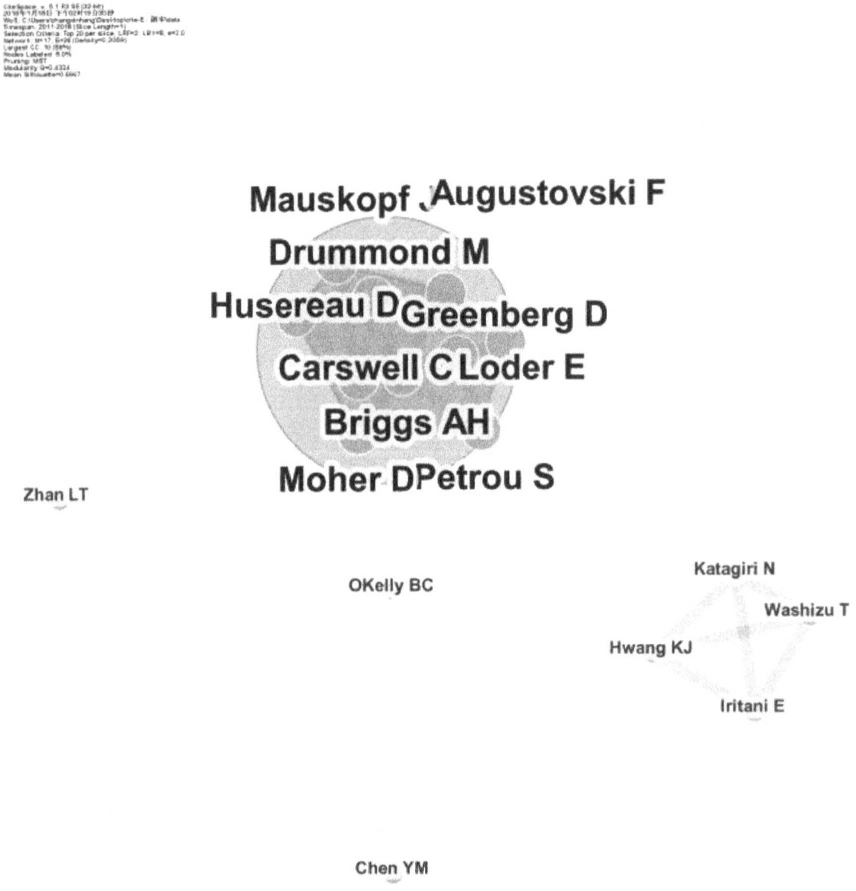


**图 9　2011—2018 年基层政府合并国外研究文献作者合作网络**

资料来源：Web of Science 数据库，截止日期：2018 年 1 月。

通过统计该研究领域主要研究者的合作情况，我们可以通过图9很直观地看到，2011年到2018年间最具影响力的研究学者主要有Mauskopf · J，Augustovski · F，Drummond · M，Husereau · D，Greenberg · D，Carswell · C，Loder · E，Briggs · AH，Moher · D，Petrou · S，并且彼此之间形成了紧密的合作关系。但是从研究学者的构成上看，主要学者大部分是西方学者，中国学者所占比例很小，并且学者们只围绕着基层政府合并这一个聚类展开自己的研究，研究范畴单一。

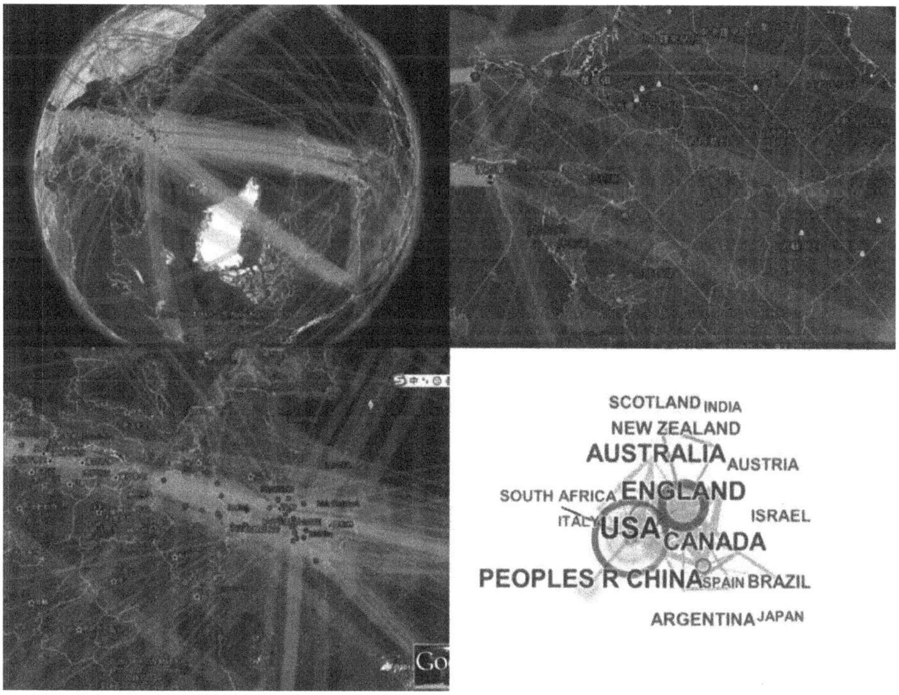


**图 10　2011—2018 年基层政府合并国外研究文献作者 – 机构 – 国家（地区）合作情况分析**

资料来源：Web of Science 数据库，截止日期：2018 年 1 月。

图 10 运用 CiteSpace 可视化软件和 Google 地球相结合，呈现了 2011 — 2018 年国外研究文献的作者 – 机构 – 国家（地区）的分布地理视图及其彼此之间的合作情况。其中第一幅图呈现了美国和欧洲各国家之间研究的合作情况，第二、第三幅图分别呈现了美国各大州和欧洲各个国家的研究及其之间的合作情况，第四幅图通过统计，总的说明了国外研究文献中最具影响力的区域分布情况。

首先可以发现，国外研究文献分布领域主要集中在美国各大州，欧洲的英国、德国、瑞士、意大利等多个国家，其次是加拿大、澳大利亚以及中华人民共和国。另外从交错连接的引文年轮网络中可以发现，美国和欧洲之间、欧洲内部各国家之间学术交流最为紧密，其次是美国各大州之间的研究合作也较为频繁。同时，走在研究前列的美国和欧洲各国与其他国家，如澳大利亚、加拿大、印度、巴西等也有着程度不一的连接网络，这说明其之间也有不同程度的学术合作和交流。而中国则形成了独立的引文年轮，与美国及其他国家的研究合作较少。笔者分析这种现象的产生可能有两种原因：第一，由于中国与美国、欧洲、澳洲各国之间国情区别较大，在中国，村庄合并研究属于基层治理改革但不是政府合并，而西方各国则将其在基层政府合并的层面讨论。因此中国生成了独立于本国国情的知识基础。第二，由于文化背景和语言结构差异，中国和西方国家在文献的翻译和交流上存在一定程度的障碍和偏差，在理解和接受上难免会有一定的误解。笔者认为基于这两方面原因，中国和西方各国在村庄合并的研究上存在一定程度的学术壁垒。

1.2.1.4 结论

在对国外研究文献的分析和统计中，CiteSpace显示出强大的引文分析功能和可视化功能，所选取数据均来源于Web of Science收录的客观文献，根据分析结果，可以得出以下结论：（1）从研究文献的被引频次来看，近几年西方国家的市政合并和基层政府合并成为学者关注的研究领域。（2）从研究的主要作者来看，具有影响力的突出作者更多将自己的研究范畴长期专注于某一议题。（3）从基层政府合并研究的世界格局来看，美国、欧洲各国、加拿大、澳大利亚、中国走在研究前列。西方各国之间的学术交流非常频繁，相比之下，中国与西方国家的交流偏少。基于此项结论，借鉴西方各国的优秀成果，中国学者在与西方学者的学术交流上还需加大力度、放眼长远。

由于CiteSpace可视化软件本身的准确性和作者研究视角的局限，结果分析难免存在某些偏颇，是本次分析结果的不足和缺陷之处。

1.2.2. 国内外研究现状述评

1.2.2.1 国内村庄合并研究述评

基于以上来源文献，以CNKI（中国学术期刊）的CSSCI来源期刊和核心期刊、万方数据库来源期刊作为样本来源，以“村庄合并”“迁村并点”“合村并居”“村改居”“村改社”“农村社区建设”为关键词，采取“或含”的逻辑关系式进行精确检索，再次补充了2017年的研究文献69篇，因此共得有效文献1590篇。以相关性词语“村改居”“村庄改造”“村庄终结”为关键词在国家图书馆电子数据库检索相关著作，获得有效著作4部。这些文献主要涉及村庄合并的动因、类型和实践模式、困境以及村庄合并的实现形式等主题；综合分析，研究成果大致集中在以下几方面：

关于村庄合并的动因。学者们将原因归于现代化推动、政府的推动、农民自发需求三个方面。部分学者认为，村庄合并是农村地区现代化发展的要求，是适合新形势下农村地区快速发展的现状和农民需求的举动。中国著名“三农”专家高以诺（2008）表示，“大村庄制”的实行，完全能够适应新形势下的农村治理，能真正推动“农村变社区、农民成市民”，对于构建社会主义新农村具有“起好步”“开好头”的重要作用[①]。李增元（2014）也提到，在现代化冲击下，村庄传统的治理方式不能跟上现代社会发展的步伐[②]。另一部分学者认为，为进一步精简乡镇机构和财政供养人员，整合农村资源，优化农村公共服务，政府出台多项政策推动村庄合并。刘凯（2014）认为，村庄合并是国家综合考虑社会发展情况和社会管理实

① 刘越山:《浙鲁苏推行村庄合并：中国农村出现大村庄发展趋势》,《山西农业（村委主任）》，2008年第3期，第27页。

② 李增元:《“社区化治理”：我国农村基层治理的现代转型》,《人文杂志》，2014年第8期，第114–121页。

际而推动的一项旨在促进城乡协调发展的政策①。韩庆龄（2013）②、储伶丽（2006）③等学者认为，2000年开始逐步推行的农村税费改革是使村庄合并改革势在必行的重要原因。党国英④、郑风田⑤、王建勋⑥等通过对推动村庄合并的“增减挂钩”政策或支持或反对的评价，侧面揭示了政策在推动村庄合并中的作用。王小鲁⑦、许身健⑧也认为，由政府推动的村庄合并需要从长远考虑，因地制宜。另外还有部分学者（聂晓晴，2010）从大型工程推动的角度研究了政府在推动居住社会空间重组方面的作用⑨；裴竹梅（2016）等认为，一些村庄合并是基于农民自发需求，但限于自身能力不足在政府引导下合并，如河南的某些村在历史上曾经就是一个公社，现在村民又提出了合并需求，政府引导起到了积极的促进作用⑩。

关于村庄合并的类型和模式。党国英（2009）总结了村庄合并的两种方式，行政合并与集中居住，其中行政合并方式更为简单一些，不涉及搬

① 刘凯：《社会管理视角下村庄合并的必要性及对策分析》，《中国特色社会主义理论和实践》，2014年第3期，第19–20页。

② 韩庆龄：《合村并组对乡村治理的影响——基于辽宁省风城市C村的调查》，《中国乡村发现》，2013年01期，第152–155页。

③ 储伶丽、王征兵、郭江：《行政村合并和新农村建设》，《安徽农业科学》，2006年第14期，第3487–3498页。

④ 党国英：《在高度城镇化基础上实现城乡一体化》，《中国改革论坛》，2013年第1期，第22–27页。

⑤ 郑风田、傅晋华：《农民集中居住：现状、问题与对策》，《农业经济问题》，2007年第9期，第4–7页。

⑥ 转引聂玉霞、宋明爽：《国内外关于“村庄合并研究述评”》，《山东农业大学学报》，2015年第1期，第73–78页。

⑦ 转引聂玉霞、宋明爽：《国内外关于“村庄合并研究述评”》，《山东农业大学学报》，2015年第1期，第73–78页。

⑧ 参见2011年1月19日中国政法大学举办的蓟门决策第三期论坛会议“农民被打上楼：中国特色的‘村庄合并’?”。

⑨ 聂晓晴：《三峡库区城市居住空间重构研究》，重庆大学博士学位论文，2010年第110页。

⑩ 根据2016年笔者对裴竹梅访谈整理。

迁问题，而只是将村庄组织合并到一起[①]。秦庆武（1996）认为扩张式兼并、扶贫式兼并和联合式兼并构成了村庄合并的三种主要方式[②]。吴娱（2011）从山东省内村庄合并的类型分析入手，将村庄合并的类型归结为三种：行政主导型村庄合并、产业转型导向的企业扩张型村庄合并、区位优势下的村庄消亡型合并[③]。刘卫东（1997）在探讨山东行政村合并实践的基础上，又提出联合式兼并，囊括了镇区吸纳、强弱兼并、区域联合三种方式[④]。此外还有“诸城模式”[⑤]、“德州模式”[⑥]等等。

关于农村社区建设类型和模式。项继权（2012）通过对温州农村社区建设的调查，认为温州初步形成了“政经分开、城乡一体、联村建社、合作共治”的社区建设和基层治理模式[⑦]。王金荣（2012）从国家和社会的理论出发，在总结国内外的社区自治模式后，认为中国农村社区新型自治管理形成了四位一体的管理模式，即围绕着维护农民利益这个共同圆心，基层党组织为督导、基层政府为协助、农村社区居民自治为主导、村民自治为辅助[⑧]。李增元（2010）则更加详细地将村庄合并的类型归结为：城市居民小区、农村大社区、城乡融合示范居民社区、多功能农村社区、以行政村落为

① 党国英：《不可盲目推行大村庄制》，《村委主任》，2009年第12期，第11页。

② 秦庆武：《村庄兼并：现代化中的农村社会变迁——山东村庄兼并现象考察》，《战略与管理》，1996年。

③ 吴娱：《基于村庄合并类型分析的农村变迁趋势探究——以山东省村庄的实地调查为例》，山东大学硕士学位论文，2011年，第17-35页。

④ 刘卫东：《联合兼并：创建农村区域经济发展新体制——山东荣成市宁津镇调查》，《中国农村经济》，1997年第19期，第44-56页。

⑤ 韩玉璞、张芳：《诸城市村村合并的实施与发展研究》，《安徽农业科学》，2012年第8期，第4971-4975页。

⑥ 王景新：《“两区同建”破解中国新型城镇化难题——山东德州农村产业园区和新社区同步建设调查报告》，《西北农林科技大学（社科学版）》，2014年第1期，第6-12页。

⑦ 项继权、李增元：《经社分开、城乡一体与社区融合——温州的社区重建与社会管理创新》，《华中师范大学学报（人文社会科学版）》，2012年第6期，第1-9页。

⑧ 王金荣：《中国农村社区新型管理模式研究》，中国海洋大学博士学位论文，2012年。

基础的村落社区等五种类型，并将各地区的自治实践模式归结为联村自治模式、城市社区化自治模式、跨区域性大社区自治模式三种[①]。王璐（2014）总结了当时农村社区管理模式："一村一社区""一村多社区""多村一社区""集中建社区"[②]。

关于村庄合并的影响。学者们的讨论主要集中在：一是传统文化损伤，文化认同度偏低。郑风田（2007）指出，村庄合并开始之前统筹规划不足，只追求与城市保持一致，无论对乡村的自然风景还是文化传统都有损伤[③]。王小军（2007）认为，村庄合并使原来的"半熟人"社会被动异质化，因而村民难以融入新成立的共同体[④]。李西杰（2011）提出，村庄合并的推行增强了农村人口的异质化，冲击了相对稳定的传统村落文化，这势必会对新农村居民在文化认同方面形成一系列的挑战[⑤]。胡月（2013）[⑥]、唐皇凤、冷笑非（2010[⑦]）等认为，村庄合并所形成的异质化结果会使村民难以建立起信任和融合的关系，产生意识理念上的、行为规范上的甚至是公共设施占用上的冲突，并对村民自治和基层民主政治建设造成了一些消极影响。二是利益分配难题，债务复杂，债务主体不明。邢健（2012）提出，村庄合并的核心

① 李增元：《村治模式新动向：农村社区自治的孕育与产生——基于对湖北省若干地区的考察》，《四川行政学院学报》，2010年第1期，第13–16页。

② 王璐：《城镇化进程中新型农村社区管理模式构建》，《国土与自然资源研究》，2014年第4期，第3–5页。

③ 郑风田、傅晋华：《农民集中居住：现状、问题与对策》，《农业经济问题（月刊）》，2007年第9期，第4–7页。

④ 王小军：《村庄合并后的治理难题——江西桃村、山村调查》，《中国乡村发现》，2007年第4期，第41–44页。

⑤ 李西杰：《农民"被上楼"现象的伦理反思》，《道德与文明》，2011年第3期，第41–44页。

⑥ 胡月、牛雪莹、魏杰等：《村庄合并中文化整合的研究》，《山西农业大学学报（社会科学版）》，2013年第11期，第1169–1172页。

⑦ 唐皇凤、冷笑非：《村庄合并的政治、社会后果分析：以湖南省A H县为研究个案》，《社会主义研究》，2010年第6期。

问题是“村债难以消肿”[①]。唐皇凤、冷笑非等（2010）也提到，由于村庄合并后产生了债务主体不明的问题，原村失去法人资格以致无法承担原村的债务，新合并后的村干部又会规避乃至逃避原来的债务问题，这使村级债务更加复杂[②]。三是集体资产处理问题。村庄合并之后，集体资产如何管理处置，有关的法律、法规、政策并没有明确的规定。邢健（2010）认为在村庄合并过程中的资产管理问题上，相对富裕的村庄不愿意将本村资产与相对贫穷的负债村共享[③]。李菁怡（2011）也进一步指出，村庄合并过程中忽略了村庄内部不同治理单元复杂的集体资产权属关系，而在资产处理问题上也并没有“合起来”，这导致在一些重要问题上如生老病死、户籍迁移等不能形成一致的处置意见[④]。

关于政策实施发生偏差，法律法规不规范、滞后及缺失。项继权（2008）认为，个别地方对中央文件精神断章取义，打着建设社会主义新农村的旗帜，损害了农民的利益。[⑤]在农民利益补偿和土地权属问题上，韩庆龄（2013）指出，集体土地产权不明晰，集体土地使用权不稳定以及房屋产权没有明确的规定，会导致一系列问题[⑥]。李菁怡（2011）总结村庄合并的权属问题有两大方面，以耕地为代表的农地权属存在争议和以宅基地为代表的建设用地转换问题[⑦]。禁止农村宅基地流转这一制度不仅使村容不整，更

① 邢建:《国家建设视角下的村庄合并政策研究》,《天津行政学院学报》，2012年第4期。

② 唐皇凤、冷笑非:《村庄合并的政治、社会后果分析：以湖南省A H县为研究个案》,《社会主义研究》，2010年第6期，第91–96页。

③ 邢建:《国家建设视角下的村庄合并政策研究》,《天津行政学院学报》，2012年第4期，第73–78页。

④ 李菁怡:《城乡统筹视野下“村改社区”制度的困境与政策建议》,《安徽农业科学》，2011年第30期，第18880–18882页。

⑤ 项继权:《是县减负，还是村减负？》,《社会科学报》第002版，2008年7月31日。

⑥ 韩庆龄:《合村并组对乡村治理的影响——基于辽宁省凤城市C村的调查》,《中国乡村发现》，2013年第1期，第152–155页。

⑦ 李菁怡:《城乡统筹视野下“村改社区”制度的困境与政策建议》,《安徽农业科学》，2011年第30期，第18880–18882页。

导致了宅基地利用率不高，而且由于这一制度，原本无法增值的农村宅基地，在村庄合并后，通过开发利用便可以实现增值，而增值的效益却不属于农民。陈锡文提到，村民对村庄合并中的置换用地问题有自己的选择权，如何用好地才是关键。夏正智（2015）认为，村庄合并虽然有多种方式，如拆迁直接新建楼房或者集体建设别墅等等，但是更换方案和补偿标准不完全统一，其中的利益得失不好直接评价[①]。马俊（2012）认为，失地农民的补偿安置问题集中在征地补偿标准不合理、征地补偿标的不合理和征地补偿费分配不合理三个层面[②]。

关于村庄合并对村民自治的影响及后续管理难题。主要体现在合并后选举以及新村委班子管理难等方面。邓燕华（2012）认为，村庄合并导致选举出符合法定程序的村干部难度增大，村级选举成本提高的问题[③]。廖虞（2007）认为，新村委班子按比例分配的村民代表人数方式制约选举，打击了村民自治的热情[④]。冯兴元等（2009）提出，一些村庄合并之后，乡镇政府不断加强对村庄管理的干预，村民自治更多地停留在形式上[⑤]。此外，林聚任（2012）提出的公共服务职能不完善[⑥]、王小军（2007）提出的“形合

① 曾向荣:《山东撤并行政村背后》,《广州日报》，2010年8月26日，第018版。

② 马骏:《我国当前农村村庄重构过程中的利益分割与泛续问题研究》，中央民族大学博士学文论文，2012年。

③ 邓燕华:《村庄合并、村委会选举与农村集体行动》,《管理世界》，2012年第7期，第76–82页。

④ 廖禹:《村庄合并对村级组织的负面影响 —— 以成都市郊赛驰村为例》,《中国乡村发现》，2007年第4期，第45–48页。

⑤ 冯兴元、柯睿思、李人庆:《中国的村级组织与村庄治理》，中国社会科学出版社2009年版，第167页。

⑥ 林聚任:《村庄合并与农村社区化发展》,《人文杂志》，2012年第1期，第160–163页。

实不合”[①]、郭利琴（2014）[②]、蔡慧敏（2015）[③] 提出的投融资困难、韩爱峰（2011）提出的耕地分配不均、耕地遗留问题[④] 等也应引起重视。

关于村庄合并规划问题。李芹芳等（2008）认为，要根据《村镇规划标准》进行科学规划，对村庄合并的实施地点和范围进行准确确定[⑤]。丁志铭（1996）指出，社区空间变迁是农村社区变迁不可分割的一部分，农村社区变迁要实现有计划的变迁，应当引起当地的重视[⑥]。赵之枫（2001）指出，当下的新型农村建设要有整体思维，不能盲目地将其各部分简单相加，在实现村庄集聚时要有创新和革新的意识，不能照搬[⑦]。曹大贵、杨山（2002）以南京市郊县冶山镇为例，从规划意义和难度出发，重点研究了村庄合并规划的方法与步骤，并为村庄合并规划的实施提供了一些策略[⑧]。另外，党国英（2009）认为，村庄合并的范围不宜过大，应本着方便农民办事的原则[⑨]。顾益康（2010）认为，要了解农民意愿，尊重农民的选择，找到适合农村生产、生活的路子[⑩]。张秀玲（2012）详细分析了村庄合并后合理

① 王小军:《村庄合并后的治理难题 —— 江西桃村、山村调查》,《中国乡村发现》，2007年第4期，第41–44页。

② 郭利琴:《影响村庄合并的制约因素及其破解》,《中共山西省委党校学报》，2014年第5期，第113–114页。

③ 蔡慧敏:《城乡一体化进程中旗村社巨发展的困境与出路 —— 基于全国农村改革试验区河南省新乡市的调研》,《农业经济》，2015年第11期，第43–44页。

④ 韩爱峰:《村庄合并中的耕地问题应及时解决》,《人民政协报》第3版，2011年8月1日。

⑤ 李芹芳、许晓婷、杨成斌、段刚:《新农村建设中村庄合并规划研究 —— 以宝鸡市金台区为例》,《农村经济》，2008年第9期，第32–34页。

⑥ 丁志铭:《农村社区空间变迁研究》,《南京师大学报（社会科学版）》，1996年第4期，第23–28页。

⑦ 赵之枫:《城市化加速时期村庄集聚及规划建设研究》，清华大学博士学位论文，2001年4月。

⑧ 曹大贵、杨山:《村庄合并规划研究 —— 以南京市郊县冶山镇为例》,《地域研究与开发》，2002年第2期，第36–40页。

⑨ 党国英:《不可盲目推行“大村庄制”》,《村委主任》，2009年12期，第11页。

⑩ 《山东诸城撤销全部行政村合并为农村社区》，2010年8月18日（http://www.chinanews.com/gn/2010/08-18/2476070.shtml）。

的房屋类型，她认为房屋类型不需千村一面，可以根据当地的主要产业一村一景①。

关于村庄合并中农民权益保障和社会保障问题。理清合并村的资产财务，理顺债务债权关系，是保护农民权益的一个重要方面。项继权（2014）认为，要确保农民土地产权的统一性②。郑风田（2007）指出，中央有关部门应该尽快明确和赋予农民宅基地以完整的物权，给农民发放统一的、具有法律效力的宅基地证书；同时，积极试点，探索宅基地进入市场的流转办法，确保农民土地财产权利不受侵犯③。张静海（2014）认为，村庄合并过程中应制定合理的搬迁和补偿政策，主要包括房屋补偿和安置补偿④。农民“被上楼”后，由于资金缺乏，各种公共设施没有到位，社会保障也不健全，引起学者的普遍担忧。王永超（2011）提出，应对农民在接受一次性补偿之后的后续问题进行持续关注⑤。李记（2010）认为，农民“被上楼”后，表面上似乎过上了城镇人的生活，但因为各种社会保障依然不健全，心理落差必将进一步淤积各种不良情绪⑥。林聚任（2012）更进一步指出，部分农民在失地后丧失经济来源，面临尴尬的职业身份转变问题，同时相应的保障制度和福利还没有建立起来⑦。杨世松（2009）以新乡县古固寨镇规划建设为三大产业园区为例，指出村庄合并必须以产业发展为前提和基础，“没有产业支撑，没有经济保障，就会失去对农民的吸引力。要千方百计培育和壮大

① 张秀玲：《试论村庄合并的路径选择》，《长白学刊》，2012年第3期，第64–66页。

② 项继权：《我国农地产权的法律主体与实践载体的变迁》，《华中农业大学学报（社会科学版）》，2014年第1期，第5–14页。

③ 郑风田、傅晋华：《农民集中居住：现状、问题与对策》，《农业经济问题》（月刊），2007年第9期，第4–7页。

④ 张静海：《“撤村改社区”进程中的问题与对策研究》，华中师范大学硕士学位论文，2014年。

⑤ 参见2011年1月19日中国政法大学举办的蓟门决策第三期论坛会议论文。

⑥《谁在利用“增减挂钩”政策》，《中国商报》第009版，2010年11月9日。

⑦ 林聚任：《村庄合并与农村社区化发展》，《人文杂志》，2012年第1期，第160–164页。

新的产业，解决村民的就业和增收问题”[①]。赵永平（2016）认为，村庄合并后要让“农民在家门口有活干”[②]。曹大贵、杨山（2002）也指出，农业生产集约化、规模化和现代化是村庄合并规划实施的重要策略之一[③]。

许多学者从不同的角度对村庄合并做了大量的研究，他们对村庄合并的原因、类型、困难、可能带来的积极或消极影响以及改革思路和对策已有一定的思考和审慎分析。但是总体来看，现有研究还处于初步探索阶段，一个成熟的、完善的村庄合并理论研究体系尚未形成，许多专题和问题尚需进一步探讨，如：目前村庄合并的行政化色彩仍然比较浓，如何更好地将行政引导和农民意愿相结合；农民搬迁之后，如何适应新的社区生活；合并中如何打破城乡二元制的藩篱；所涉及的法律问题如土地征用和房屋置换标准并不十分明确；农村集体资产和债务具体应如何处置，如何确立更明确的标准和规则；村庄合并之后，新建社区管理委员会的法律地位如何确定；政府在村庄合并的过程中应扮演何种角色；村庄合并后的村民自治如何实现等等，这些问题尚需进一步探索和深入研究。

#### 1.2.2.2 国外研究现状

伴随着现代化进程的快速推进，各国都经历着农村社会的深刻变革，为了克服农村日渐衰败的危机，实现乡村振兴，各国也对农村发展战略做了重大调整。从20世纪30年代开始到80年代末，国外许多国家和地区普遍兴起了基层政府合并的浪潮[④]。如美国、英国等国家的基层政府合并、欧盟的“2007—2013年农村发展政策”、加拿大的“新乡村地区治理模式”以及东

---

① 杨世松：《村庄合并是新型农村社区建设的一种选择》，《河南商业高等专科学校学报》，2009年第5期，第15–17页。

② 赵永平：《村庄合并不能“想当然”》，《人民日报》第011版，2016年1月17日。

③ 曹大贵、杨山：《村庄合并规划研究——以南京市郊县冶山镇为例》，《地域研究与开发》，2002年第2期，第36–40页。

④ 高秉雄、陈国申：《西方基层政府的合并浪潮及对我国的启示》，《社会主义研究》，2006年第2期，96–100页。

亚具有代表性的日本的“市町村”合并、韩国的“新村运动”等。国外学者也从不同角度对基层政府合并的理论和实践经验进行了深入的梳理和研究，其研究成果对我国村庄合并具有一定的启示意义。

在许多西方国家，村也是一级地方政府，村庄合并是地方政府合并和改革的一部分。国外学者针对西方国家的政府合并大致从合并的态度、原因、合并的方式及效果、合并的模式等方面进行研究。

第一，村庄合并态度分析。主要有两种看法：其一，部分学者对政府合并持肯定态度，认为合并会促成规模经济（Blesse and Baskaran，2016；Blume and Blume，2007；Reingewertz，2012）[①]。Dente and Kjellberg（1988）认为，地方政府单位数目的减少与提高效率、增强反应能力、增进总体业绩和扩大中央控制有关[②]。Carr 和 Feiock（Carr & Feiock，1999）认为，合并后的政府预期能够降低公共服务成本，增强政府官员的责任以提高政府效率，并能够通过区域经济合作促进经济发展[③]。另外，部分学者认为，合并后的政府统一税基、集中权力，是消除或是解决城市问题的有效手段（Downs，1994[④]；Rusk，1995）[⑤]。Altshuler 等人提出，合并后的政府能够缓解税收和公共服务的不公问题（Altshuler，1999）[⑥]。其二，也有部分学者持否定态度，认为合并效果并不显著，甚至有时会带来消极影响（Allers and Geertsema，

① Tang，W. and Hewings，G. J.D，Do City–County Mergers in China Promote Local Economic Development？ *Econ Transit*，（2017）25：pp.439–469.

② B. Dente，F. Kjellberg，*The Dynamics of Institutional Change：Local Government Reorganisation in Western Democracies Sage*，London（1988）.

③ Carr，Jered B. & Richard C.Feiock，Metropolitan Government and Economic Development，*UrbanAffairs Review*，1999，34（3）：pp.476–488.

④ Downs，Anthony，*New Visions for Metropolitan America.Washington*，D. C.：Brookings Institution，1994，p.132.

⑤ Rusk，David，*Cities Without Suburbs*.Washington，D.C.：Woodrow Wilson Center. Press.1995，p.96.

⑥ Altshuler，Alan，etc.（eds.），*Governance and Opportunity in Metropolitan Amercia*. Washington，D.C.：National Academy Press.，1999，pp.96.

2016；Carr and Feiock，1999；Moisio and Uusitalo，2013；Nelson，1992；Rouse and Putterill,2005）[①]。Jayne（1989）认为，当大都市地方政府单位超过12万个时，规模经济就会变得不经济[②]。Elinor Ostrom从实证角度论证了建立一个统一的组织适应多种类型的公共服务不但不切实际，而且有违规模效益（Elinor Ostrom，1973）[③]。

第二，合并原因的分析。主要包括：其一，基层政府合并是因为城镇化的快速推进，农村人口大量流向城市，农村空心化问题加剧。O' Sullivan、Sheffrin、Perezs（2009）等认为，赛德尔基金会提出的“等值化”理念，就是通过土地整理、村庄革新等方式，实现城乡均衡发展，也使涌入大城市的农村人口大大减少[④]。赫尔穆特·沃尔曼（2005）认为，德、美两国的城市化导致了人口大量聚集在城市，农业衰败；相反，郊区化则造成管辖权的分割，无法采取统一行动，并且还在某种程度上造成了对市中心财政的盘剥[⑤]。其二，认为合并可以缓解政府财政困境，提高政府行政效率。埃里克·阿尔贝克（2005）认为，挪威地方政府合并是为了保证有足够的资源，使地方政府在最低限度内履行其职责[⑥]。西原纯（2007）认为，平成大合并是为了解决日本市町村财政的巨额赤字、提高行政效率、居民生活圈的飞速扩大提出来的。尤其是在人口稀少地区的市町村，地方交付税和国库支

① Tang, W. and Hewings, G. J.D. , Do City–County Mergers in China Promote Local Economic Development？ *Econ Transit*,（2017）25：pp. 439–469.

② V. Jayne, Local Body Reform: the Biggest Merger of All, *Management*（*NZ*）(February)(1989）, pp.25–32.

③ Elinor Ostrom and Roger B. Parks, Do We Really Want to Consolidate Urban Police Force？ A Reappraisal of Some Old Assertion, *Public Administration Review*, 1973 September/October.

④ 转引自郭永奇:《国外新型农村社区建设的经验及借鉴——以德国、韩国、日本为例》，《世界农业》，2013年第3期。

⑤ [德]赫尔穆特·沃尔曼:《德国地方政府》，北京大学出版社2005年版。

⑥ [丹麦]埃里克·阿尔贝克等:《北欧地方政府：战后发展趋势与改革》，北京大学出版社2005年版。

出金的比例高达60%。市町村财政基础薄弱，成为日本平成大合并的最大理由[①]。Anne Vince（1997）认为，澳大利亚的地方政府合并一直伴随着地方政府的发展，改革的理由是为了建立更为负责、更为公开、更有效率的地方政府。新西兰为了解决当地捉襟见肘的财政问题，提高其行政管理效率，便开始进行划区域重组或改革[②]。其三，合并是为了扩大地方政府规模，节约管理成本，提高公共设施利用率，建立福利国家。赫尔穆特·沃尔曼（2005）认为，福利国家的到来，使德国地方政府承担着构建福利国家的重任，而分散的、小规模的地方政府没有能力和资源履行这一职责，“北莱茵 — 威斯特法伦州，未来合理人口规模约8000人，只有这样才可能设置带有操场和游泳池的小学校、敬老院和药店”[③]。理查德·廷德尔、苏珊·诺布斯·廷德尔认为加拿大“新斯科舍、新布伦克和魁北克在过去十年采取的城市合并，也都以促进成本节约为开场白”[④]。Fox and Gurley（2006）认为，二战后大量的市政合并是为了更好地利用规模经济的效益[⑤]。Hamilton（1999）[⑥] Stephens& Wikstrom（2000）[⑦] 认为，美国地政府合并不仅仅有上述原因，更多的是出于民众对目前低效政府的不满或者为了巩固某一党派的政治地位，这种动机

---

① [日]西原纯著:《平成市町村大合并的行政现状及区域内系统重组 —— 3种行政机构空间布局模式》，夏韵、杜国庆译，《国际城市规划》，2007年第1期，第41页。

② Anne Vince, Amalgamation in Brian Dollery and Neil Marshall（ed），*Australian Local Government Reform and Renewal*. Australian：Macmillan Education，1997，pp.151–153.

③ [德]赫尔穆特·沃尔曼:《德国地方政府》，北京大学出版社2005年版。

④ [加]理查德·廷德尔、苏珊·诺布斯·廷德尔:《加拿大地方政府（第六版）》，于秀明、邓璇译，北京大学出版社2005年版。

⑤ Fox, W. F. and Gurley. T Will consolidation Improve Sub–national Governments ？ *Policy Research Working Paper No. 3913*，Washington DC：World Bank，2006.

⑥ Hamilton，David K，*Governing Metropolitan Areas*：*Response to Growth and Change*.New York：Garland Publishing，Inc.1999，p111.

⑦ Stephens，G.Ross. & Nelson. Wikstrom，*Metropolitan Government and Governance*：*Theoretical Perspectives*，*Empirical Analysis*，*and the Future*.New York and Oxford：Oxford University Press，2000，pp.81–82.

下的合并由于拥有较好的政治基础，较容易成功。

第三，地方政府合并与市政合并效果的分析。部分学者认为，合并效果不尽如人意。Paul Rouse、Martin Putterill（2005）通过对地方政府合并之前和之后的效果和效率如结构变化等因素的测量指出，地方政府的合并不必然导致政府效率的提高①。Brian Dollery、Joel Byrnes（2007）也基本上持有类似看法，他们认为，尽管基层政府合并作为澳大利亚地方政府结构改革的主要动力，在过去一个世纪中享有显著地位，但越来越多的证据表明，合并并不能提高地方议会的效率，在改善财政困难方面也很乏力②。Allers,M. A. and Geertsema，J. B.在研究了荷兰的市政合并之后认为，地方政府合并对地方政府总支出没有显著影响，尽管行政支出减少了，也并没有带来更好的公共服务③。Philippe Koch、Philippe E. Rochat（2017）通过对瑞士地方政府合并的政治影响的描述和分析认为，地方政府合并对选举参与相对较小的地区影响更为明显④，并且地方政府合并对地方民主的运作产生了重大和令人不安的影响。Drew and Dollery 也认为，合并并没有改善地方政府的财务状况⑤。也有学者对合并进行了积极的评价。Edwin（2008）⑥ 通过分析合并与

---

① Paul Rouse，Martin Putterill，Local Government Amalgamation Policy：A Highway Maintenance Evaluation，*Management Accounting Research*，2005（3），pp.438–463.

② Brian Dollery，Joel Byrnes，Is Bigger Better ？ Local Government Amalgamation and the South Australian Rising to the Challenge Inquiry ，*Economic Analysis and Policy*，Volume 37，Issue 1，March 2007，pp.1-14.

③ Allers，M. A. and Geertsema，J. B. The Effects of Local Government Amalgamation on Public Spending，Taxation，and Service Levels：Evidence from 15 Years of Municipal Consolidation，*Journal of Regional Science*，2016，（56）pp.659–682.

④ Koch，P. and Rochat，P. E. The Effects of Local Government Consolidation on Turnout：Evidence from a Quasi–Experiment in Switzerland. *Swiss Polit Sci Rev*，（2017），23，pp215–230.

⑤ Drew，J. and Dollery，B，The Impact of Metropolitan Amalgamations in Sydney on Municipal Financial Sustainability. *Public Money &Management*，2104，（34）pp. 281–288.

⑥ Edward J. Jepson Jr，City-County Consolidation：Does It Lead to Better Planning？ *.Planning Practice and Research*，Vol.23，No.1（February 2008），pp.147~ 162.

城市规划之间的关系、Martin 和 Schiff（2011）[①] 从合并预期目标与实际所取得的效果比较等角度论证了美国市县合并对提高政府效率、促进经济发展起到明显的作用。Hamilton（Hamilton，2000）通过比较地方政府合并前后状况认为，合并后在税收和服务的满意度、政府的责任与效率、公民的政治参与等政府绩效评估的主要方面都有不同程度的提高[②]。Stephens 与 Wik–strom（Stephens & Wik–strom，2000）也认为，印第安纳波利斯建立了“统一政府”后，大大节约了成本，提高了行政效率[③]。Duvall（1999）和 Rosentraub（2000）也同样认为，合并后的政府在区域经济方面合作，从而使政府的信用等级、城市的基础设施和服务得到了较大改善[④][⑤]。还有学者论述了合并的优点与不足。Fleischmann（ 2000 ）通过比较看到了合并的积极与消极作用，一方面他认为，合并并不是解决美国公共服务、种族以及税收问题的有效方法，另一方面又承认，合并政府在处理区域问题上的效率更高[⑥]。

第四，合并的方式。总体来说，学者将国外基层政府合并的方式总结归纳为以下三种：一是中央政府发动的依法强制的统一式合并。此种方式，合并一般由政府以颁布法案的方式首先发起。如日本的多次合并都是以制定

① Lawrence L.Martin and Jeannie Hock Schiff .City-County Consolidation：Promise Versus Performance.*State and Local Government Review*，Vol.43.No.2（August 2011），pp.167~177.

② Hamilton，David K，*Governing Metropolitan Areas*：*Response to Growth and Change*.New York：Garland Publishing，Inc.1999.

③ Stephens，G.Ross. & Nelson. Wikstrom，*Metropolitan Government and Governance*：*Theoretical Perspectives*，*Empirical Analysis*，*and the Future*.New York and Oxford：Oxford University Press.，2000.

④ Duvall，Julianne，*City-County Consolidation*：*A Matter of Efficiency*？ in RogerKemp（ed.），*Forms of Local Government*：*A Handbook on City*，*County and Regional Options*.Jefferson. NC.：McFarland & Company，Inc.，Publishers，1999.

⑤ Rosentraub，Mark，City-County Consolidation and the Rebuilding of Image：The Fis-cal Lessons from Indianapolisps UniGov Program.*State and Local Government Review*，2000，32（3），pp.180-191.

⑥ Fleischmann，A. Regionalism and City -County Consolidation in Small Metro Areas.*State and Government Review*，2000，32（3），pp.213 -226.

或修改法律为基础的，使其合并有法可依。为鼓励町村合并，日本政府多次修改《合并特例法》，将合并纳入法治轨道，同时给予优惠政策，并放宽市町村合并条件。明治大合并是以1889年近代市町村法——《市制町村制》的实施为基础的；昭和大合并时，日本政府于1953年制定了“町村合并促进法”，1956年与1961年分别颁布《市町村合并促进法》与《新市町村建设促进法》①。1952年，瑞典中央政府开始首次基层政府合并，成效显著，并于1959年成立委员会，在自愿的基础上进行第二次合并，但遭到多次阻挠；1969年，政府通过议案再次强制推行合并，是合并幅度最大的国家。英国的地方政府改革也是在法治框架下进行的，在1972年颁布了《地方政府改革法案》，为地方政府的改革提供了法治依据。在这次改革中，英国地方政府的数量从1500个减少到400个②。英国和瑞典这种激进的改革方式取得的成效都比较显著，因此赫尔穆特·沃尔曼将其称为“北欧模式”③。Giuseppe Bruno认为，意大利公共开支的削减要求通过合并（通常是通过自上而下的改革进程）设计促成足够大的司法管辖区④。二是地方政府发起的自愿和强制结合的渐进式合并。二战后，德国进行战后重建，为了提高地方政府的行政效率，进行了大规模的合并改革⑤。但是由于德国地方自治是重要的历史传统，各地方州采取的合并方式多有不同。从整体上看，德国属于自愿和强制结合的渐进式合并。而挪威的合并方式在不断改变：改革之初，基层政府

① 群马县总务部地方课:《市町村合并制度解说》，曰本群马县总务部，2003年，第19–46页。

② David Wilson，Chris Game，*Local goverment in the United Kingdom*.Fifth Edition.p56.

③ Hellmut Wollmann，Local Government. Reforms in Great Britain，Sweden，France and Germany：Between Multi-function and Single-purpose Organizations. *Local Government Studies*，2004：Vol.30/4：pp.639-666.

④ Giuseppe Bruno，Andrea Genovese，Carmela Piccolo，Territorial amalgamation decisions in local government：Models and a case study from Italy，*Soci-Economic Planning Sciences*，2017，（57）：pp.61-72.

⑤ Alan Norton，*International Handbook of Local and Regional Government*，P.38.

合并是在专门委员会的领导下进行的，合并成效十分显著，但由于地方强烈抵制强制合并，合并戛然而止。赫尔穆特·沃尔曼认为，德国和挪威的合并方式虽没有北欧那么激进，但比南欧更积极，属介于北欧和南欧的“中间道路”[①]。三是在自愿基础上的缓和式合并。美国市县合并的方式多为公民投票。Suzanne Leland和Kurt（2005）对堪萨斯—怀恩朵特县合并进行了调查，认为合并成功的原因在于合并后的政府符合公民期待，并分析了美国近30年来的市县合并案例，认为成功合并的皆是由民间力量率先发起的[②]。法国的市镇合并由参加合并的双方采取签订契约的方式，双方自主决定是否合并，同时法国政府在税收和补助方面给予优惠政策。若未能达成统一意见，则采取公投方式，公投中若超过2/3的选民反对，法国政府则不能强迫市镇合并[③]。这种自愿合并的方式效率较低，因此法国又被赫尔穆特·沃尔曼称之为“南欧模式”。

第五，合并的主要模式。地方政府的合并模式以日本、德国和美国为典型代表。其一，日本的“新设合并”和“编入合并”模式。在日本的平成大合并中，市町村合并的形式主要有“新设合并”和“编入合并”两种。新设合并，是废除所有的组织、条例和规则，先解散原有的自治体，再重新设立自治体，同时更换新的领导团队，变革原来的行政机构。编入合并方式是准备合并的市町村中仅一个保留原来自治体机构不变，将某一市町村区域的全部或部分编入其他的市町村，因此不会在领导和议会选举及行政机构中产

① Hellmut Wollmann，Local Government. Reforms in Great Britain，Sweden，France and Germany：Between multi-function and single-purpose organizations. *Local Government Studies*，2004：Vol.30/4：pp.639-666.

② Suzanne Leland and Kurt Thurmaier，When Efficiency Is Unbelievable：Normative Lessons from 30 Years of City-County Consolidations，*Public Administration Review*，Vol.65，No.4（July /August 2005），pp.476~489.

③ [德]赫尔穆特·沃尔曼著，陈伟、段德敏译：《德国地方政府》，北京大学出版社2005年版。

生重大变革[①][②]。其二，德国的区划合并与市镇“联合会”模式。其中区划合并的模式和日本的“新设合并”类似，即在合并区划范围内建立统一政府，以此取代原各自独立的行政单位。市镇联合会由合并的市镇成立，各市镇原政治单位保留，新成立的联合会由各市镇议会选任出的委员组成委员会领导。[③] 其三，美国“联邦式区域政府”模式。美国市县合并后由统一的议会取代合并前县和市的独立议会，组成“统一政府”。一般而言，市长成为县首要选任官员，任命统一政府所有部门首长。但统一政府只设立负责公共服务和公共安全的部门，县内仍然设立独立的服务区和管理机构，尤其是税收机构是无法统一的[④]。

国外学者将对村庄合并的研究置于基层政府合并或者市政合并这两个范畴下，详细探讨了地方政府合并或市政合并的动力、原因、模式、路径等问题，为我国的相关研究提供了有益借鉴，但整体上缺乏一个完善的评估指标体系，缺乏对基层政府合并的宏观性思考，因此，我们需要在借鉴国外成熟研究的基础上，进一步提升研究层次和拓展研究视野。

1.2.2.3 综合述评

村庄合并是在我国乡村现代化和城市化过程中出现的一种组织创新模式，有利于农村要素的合理流动以及资源的优化配置[⑤]。在城镇化快速发展的今天，村庄合并作为新时期农村改革和发展的重要举措，有助于促进农村

① [日]西原纯著:《平成市町村大合并的行政现状及区域内系统重组 —— 三种行政机构空间布局模式》，夏韵、杜国庆译,《国际城市规划》，2007年第1期，第43页。

② 重森晓他:《市町村合併的验证》，日本自治体研究社，2002年，第15-18页。

③ Hellmut Wollmann, *The Development and Present State of Local Government in England and Germany-a Comparison*, in Hellmut Wollmann and Eckhard Schroter (ed.), *Comparing Public Sector Reform. In Britain and Germany: Key Traditions and Trends of Modernization*. Ashgate: 2000.

④ Rosentraub, Mark, City-County Consolidation and the Rebuilding of Image: The Fiscal Lessons from Indiana-polisps UniGov Program, *State and Local Government Review*, 2000, 32 (3), pp.180-191.

⑤ 马春笋:《村庄合并和村级组织建设》,《中国行政管理》，1998年第3期。

资源的有效利用和各要素之间的良性互动，有助于推动城镇化和现代化的发展，它为乡村振兴战略提供了新形式和新路径。

通过对国内村庄合并和国外基层政府合并进行数据化的分析和理论研究的梳理，可以看到已有的文献涉及了产业集聚和劳动力转移、村民自治、基层政府合并、农民利益保障、乡村治理转型等诸多方面，为本书奠定了坚实的基础。国外学界将对村庄合并的研究放在市政合并与基层政府合并的角度上，与国内的研究相比，其研究视角有着较大差别。总体而言，现有的研究成果局限包括：对“村庄合并”的概念、范围等的界定并不清晰，缺乏微观深入细致的剖析；侧重于新型农村社区建设中公共服务研究，忽视了“农村社区”本身的定位问题；总体上理论建构不足，尚未形成系统的理论体系。因此，本书以村庄合并中存在的问题为切入点，探讨村庄合并实施的可能性与合理性，继而针对出现的一系列问题展开深入思考和对策研究。

## 1.3. 基本框架和主要方法

本书以村庄合并为主线，以比较研究、问卷分析为方法，综合运用管理学、政治学、经济学、社会学理论，大致从以下几个方面进行理论梳理、实证探索、分区域阐述合并过程，并对各地的村庄合并进行现状分析，探讨其存在问题，探寻这些问题背后的原因，并在此基础上提出对策建议。

### 1.3.1. 基本框架

全书共8章，可分为四大部分：

第一部分：村庄合并的演进与政策变迁。这部分详细介绍村庄合并的研究背景及历史发展进程，对村庄合并的相关理论进行整理和评述，对村庄合并在国内外的发展脉络进行梳理和总结，对公共政策进行分析和归纳，对村庄合并的涵义进行清晰界定，并探讨其发生机理，指出村庄合并与村庄变迁是现代化推动的工业化与城镇化发展的结果。伴随着城镇化的推进，部分农村内部出现了衰败，为了挽救这种危机，实现乡村振兴，达到城乡一体化，许多省市和地区本着节约资源、减轻财政负担、提供公共服务的目的进行了村庄合并。进入21世纪之后，在政府主导与村庄内生因素的合力推动下，山东、安徽、河南、浙江、江苏等地大批村庄快速进行了合村并点实践，合并浪潮方兴未艾。

第二部分：村庄合并的动力与路径。从全国概况来看，村庄合并的实践形式有多种，由于中国农民多安土重迁，是否搬迁集中居住对农民来说其意义深远。因此，是否集中居住是村庄合并划分的重要维度，据此，可分为两种类型：集中居住的合并与单纯的村级组织合并[①]。二者在合并影响范围、合并模式、合并效率等方面都大大不同。以下论述即以这种划分为基础：首先，针对居住维度的村庄合并，笔者基于样本的典型性选取山东、河南为代表。阐述地方政府的政策目标、合并原因、合并社区的基本建设、合并过程及表现特征。其次，行政维度的村庄合并以湖南为代表。阐述地方政府的政策意图、具体政策与措施，合并过程与阶段。在此基础上对两种不同的演化路径进行对比，试图弄清引发两种路径差异的原因是什么，两种路径的实施效果是否达到了原本的政策意图等问题。

第三部分：村庄合并中的问题及其成因。首先，深入研究村庄合并中的问题。主要包括四种类型：第一，村庄合并之前就已经普遍存在、合并后又加重了的问题。这类问题包括：农村精英的流失、自治组织行政化导向等。第二，村庄合并之前没有，由于合并产生的新生问题。如资产合并、合并资金短缺、新村建设、社区定位、新村村委矛盾、社区与村及乡镇政府关

① 为方便称谓，笔者将集中居住的合并称为“居住维度的合并”（下同），单纯的村级组织合并称为“行政维度的合并”（下同），当然，行政维度并不是指行政组织的合并，而重在村两委的合并。

系处理、管理幅度变大、集体融入等问题。第三，合并之前就存在，但合并之后有所减轻或减少的问题，如农村衰败、基础设施建设、村干部数量等问题。第四，合并前后没有发生大的变化一直延续的“老”问题，如乡村治理模式落后、村民公共参与积极性不高、行政权力内卷化等问题。通过对居住维度和行政维度村庄合并问题的归纳，探究经济、行政、公共服务、社会文化等方面的困境。其次，对这些问题的发生机理进行详细剖析。分析各类主体在治理网络中的复杂交错关系及背后的利益驱动、价值选择、心理依赖，并展现合并中推动力与排斥力的博弈过程，交替穿插分析两种模式出现困境的原因。

第四部分：解决村庄合并困境的治道变革。提出优化村庄合并、推动乡村变革的路径。首先，针对村庄合并的背景，从村庄合并的关联性和背景性因素思考，究竟要不要合并？毫无疑问，工业化和城镇化是现代社会的发展趋势，但与城市化发展相伴随的农村衰落问题引发了人们对农业、农村、农民的关注。伴随着城镇化的发展，人口的流动越来越频繁，农业产值在社会发展中的比重呈下降趋势。人口在某种程度上的集中成为社会发展的潮流，也是乡村振兴战略的必经之路，而村庄合并正是顺应了这一潮流。它不仅仅是把农民聚集到一起，促使农民生活方式和社会关系发生转变，它也是我国农业农村现代化和城乡融合发展绕不开的问题。其次，怎样合并？即合并的时间、路径、模式等问题的解决，尤其要注意处理好几大关系。从经济、行政、法治、社会、文化等角度提出摆脱村庄合并困境的对策建议，并厘清各行动主体在村庄合并中的地位、作用、扮演的角色和各主体的行动逻辑。

### 1.3.2. 主要方法

#### 1.3.2.1 理论研究方法

在问题研究中，在对某一问题进行全面、深入的剖析和把握时单纯地运用一种理论分析范式是比较困难的，因此本研究综合运用了管理学、经济学、政治学、社会学等多学科交叉理论，在具体理论上采用了区域经济发展理论、制度变迁理论、国家与社会理论、社会整合理论、乡村治理和善治理论、村民自治理论、城乡一体化理论等多种角度观察分析方法。

1.3.2.2 问卷调研与访谈法

样本选择与问卷调研。在选择地区样本时，基于以下几个特征：①典型性。主要选择全国农业大省，农业人口较多、样本覆盖人口密度较大和村庄数量较多的区域。近年来村庄合并较多、力度较大且较典型、引起媒体持续关注与报道的区域。②村庄合并过程相对完整。包括了村庄规划、合并实施步骤、合并过程、合并后显现出来的部分结果。③数据可得性原则。通过大量问卷调查、深度访谈、统计年鉴、相关图书文献、网络资源获得。④地域分布均衡性原则。因西部地区近年来无论在实施力度还是速度上与东中部相比较缓，所以选择样本时考虑了两个差异：中东部差异和南北部差异。总体而言，南北差异要大于中东部差异。⑤村庄密集性。腾冲 — 瑷珲人口线以东的东南半壁区域，村庄空间分布密度高于西部地区和北方边境地区[①]。基于以上要求，笔者选择了山东、河南、湖南三个样本省区进行研究（表3）。

**表3 样本省区**

| 名称 | 所属地区 | 村庄合并实践 | 是否搬迁 |
|---|---|---|---|
| 山东 | 东部、北方 | 居住维度合并，进行农村社区建设，集中居住 | 是，物理形态发生变化 |
| 河南 | 中原、北方 | 居住维度合并，进行农村社区建设，集中居住 | 是，物理形态发生变化 |

① 杨忍、刘彦随、龙花楼等:《中国村庄空间分布特征及空间优化重组解析》,《地理科学》, 2016年第2期，第172页。

续表

| 名称 | 所属地区 | 村庄合并实践 | 是否搬迁 |
|---|---|---|---|
| 湖南 | 中部、南方 | 行政维度合并，不搬迁，但建设村级服务中心 | 否，物理形态不变，仅两委组织合并 |

数据来源：根据统计整理制作。

选择社区样本时，尽量考虑社区的类型和代表性。类型上，在山东与河南，我们选择了有代表性的模范社区和一般社区，既有距离城镇较近的城郊村，又有距离城镇较远的纯农村社区。而在湖南，我们也选择了示范型和一般型两种社区。在经济发展程度上，选择经济发达地区与经济欠发达地区，以便于进行某些变量的比较。考虑到村庄的大小不同，我们也进行了不同数量的问卷发放（表4）。

**表 4　社区样本**

| 县（市、区） | 社区 | 样本发放数量（份） | 样本回收数量（份） | 有效样本数（份） | 类型 |
|---|---|---|---|---|---|
| 山东诸城 | 邱家七吉 | 130 | 124 | 121 | 城郊、平原 |
| 山东青州 | 高木社区 | 120 | 121 | 112 | 丘陵 |
| 山东临港 | 金龙河社区 | 120 | 116 | 110 | 丘陵 |
| | 厉家寨社区 | 130 | 125 | 120 | 丘陵 |
| 河南卫辉 | 四和社区 | 100 | 98 | 96 | 丘陵 |
| 河南辉县 | 裴寨社区 | 100 | 100 | 93 | 丘陵 |
| | 冀祥社区 | 100 | 98 | 96 | 平原 |
| 河南滑县 | 锦和社区 | 100 | 94 | 87 | 丘陵 |
| 河南叶县 | 东礼社区 | 100 | 98 | 94 | 平原 |

续表

| 县（市、区） | 社区 | 样本发放数量（份） | 样本回收数量（份） | 有效样本数（份） | 类型 |
| --- | --- | --- | --- | --- | --- |
| 湖南张家塞乡 | 高坪村 | 100 | 94 | 90 | 一般型 |
| | 合兴村 | 100 | 98 | 97 | 示范型 |
| 湖南沧水铺镇 | 碧云峰村 | 100 | 96 | 95 | 示范型 |
| 湖南长春镇 | 皇家湖村 | 100 | 96 | 94 | 一般型 |
| | 龙凤港村 | 100 | 99 | 97 | 示范型 |

数据来源：根据统计整理制作。

在选择样本的基础上，我们进行了问卷发放与回收。此次问卷调查共发放问卷1500份，回收1457份，回收率为97.13%。其中，废卷55份，有效问卷1402份，问卷总体有效率为93.47%。此次问卷调查的村民在性别、年龄、文化程度、收入等方面的基本情况如下（表5）：

**表5　村民基本情况**

| 项目 | 选项 | 百分比（%） |
| --- | --- | --- |
| 性别 | 男 | 56.2 |
| | 女 | 43.8 |
| 年龄 | 30岁以下 | 10.14 |
| | 31—40 | 17.50 |
| | 41—50 | 23.26 |
| | 51—60 | 21.47 |
| 年龄 | 61以上 | 27.63 |
| 文化程度 | 不识字或识字很少 | 12.2 |
| | 小学 | 21.3 |

续表

| 项目 | 选项 | 百分比（%） |
| --- | --- | --- |
| 文化程度 | 初中 | 40.2 |
| | 高中（中专） | 20.3 |
| | 大学专科 | 3.7 |
| | 大学本科及以上 | 2.2 |
| 家庭总收入（元/年） | 10000及以下 | 24.69 |
| | 10001—20000 | 16.21 |
| | 20001—30000 | 15.96 |
| | 30001—40000 | 7.48 |
| | 40001—50000 | 12.97 |
| | 50001—80000 | 12.47 |
| | 80001—100000 | 6.48 |
| | 100001及以上 | 3.74 |
| 政治面貌 | 中共党员 | 23.97 |
| | 非中共党员 | 76.03 |
| 身份 | 村干部 | 11.67 |
| | 非村干部 | 88.34 |
| 对村庄合并的态度 | 同意 | 72.4 |
| | 不同意 | 6.1 |
| | 一般 | 21.5 |

数据来源：根据统计整理制作。

访谈情况。团队走访了三省的农办、民政、国土、建设、规划、审批、公安、司法、电力、市政、环保等相关部门，访谈约100人，其中对某些部门如国土、规划、建设、民政、农办的相关负责人进行了深度访谈，与长期研究和关注社区建设的部分学者也进行了交流。收集和梳理了中央和地方政府的相关政策法规、做法、工作总结、调研报告、统计年鉴和乡镇发展的史料汇编书籍等，对相关新闻报道、报纸、档案、已有的研究成果进行筛选甄别，力图使研究结论更加准确、真实、客观。

## 1.4. 核心概念及相关理论

### 1.4.1. 核心概念

我国的村庄合并经历了从初步尝试到全面推广的发展历程，对当前中国的城镇化建设和乡村振兴产生了重要影响。“村庄合并”是本书使用的基本概念，然而，究竟什么是“村庄合并”，无论在实践中还是在学术界并没有统一的规范标准，对其研究尚没有很严谨且受较多援引的定义，笔者在相关政策文件中也没有查到严格的术语界定，相关术语混用在现实中较为普遍。因此辨析相关术语，明确其使用的语境，界定其范围，梳理其使用情况，可为以后的研究和使用奠定基础。

村、乡村、农村、村寨等相关概念。“乡”在《现代汉语词典》中解释为“我国行政区划的基层单位，由县或县以下的区领导”。“村庄”在《现代汉语词典》中解释为“农民聚居的地方”[①]。北方居住地形集中，往往将聚集点称为“村庄”；而在南方，许多地区特别是少数民族地区称为“村寨”。根据地形特点的不同或地理区位的不同，村有不同的名称，如在黄河流域，又称为庄、寨、屯、卫，在长江流域多以岗、冲、垸、台、湾等冠名。此外，堡、铺、店、关、围、垸、屋、埠、嘴、冈、厦、驿、坝等也表达了村的意思。在“词源”中，“乡村”被解释为相对于城镇而言，人口分散且从

① 见“乡”“村庄”释义，《现代汉语词典》（修订本），商务印书馆，2001年版。

事农业的聚居点；是乡村居民以农业为经济活动基本内容的一类聚落的总称。乡村人口稀少，家族聚居较为明显。根据乡村是否附加行政性质，可分为自然村和行政村。自然村通常是自然形成的村落实体，而行政村是经过行政组织附加其特殊意义的行政实体。一个大自然村可设几个行政村，一个行政村也可以包含几个小自然村。村庄具有天然的封闭性和保守性，但事实上也有其开放的一面，是一个特定的开放性的"场域"。布迪厄认为，"根据场域概念进行思考就是从关系的角度进行思考……一个场域可以被定义为在各种位置之间存在客观关系的一个网络（network），或一个构型（configuration）"①。

"村庄合并"是本书最核心的概念。现代社会科学通过不同的概念对村庄合并进行多维度概括，如地理学领域的"村庄规划"，生态学领域的"村庄整治"，经济学领域的"村庄集聚"，社会学领域的"村庄整合"等。村庄也是社会共同体的一种古老形式，亦是人们"生于斯，逝于斯"的地方。费孝通将中国农村社会描述成"没有陌生人的社会"及"熟人社会"，其结构是"一根根私人联系构成的网络"②。费正清描述中国的村落时说，"一个村落通常包含若干世代定居在那里的家庭，或同宗的一些单位，它们持续不断地靠着使用占有的一定土地为生"③。徐勇（2016）对村庄进行了详细的分析，并认为村庄是农村社会成员的居住聚落。他在自然村与行政村划分的基础上提出了聚居村和散居村区别的概念。聚居村的特点是人口居住的聚集度较高，散居村是人口居住相对分散的农村聚落，主要特征是聚集并不紧密，

① [法]皮埃尔·布迪厄、[美]华康德:《实践与反思》，李猛、李康译，中央编译出版社1998年版，第133–134页。

② 费孝通:《乡土中国》，上海人民出版社2006年版，第22–23页。

③ [美]费正清:《美国与中国》，商务印书馆1973年版，第32页。

具有散漫型的特征[①]。而鲁西奇（2013）认为，与南方相比，北方平原较多，聚落相对规模较大；而在南方，散居村落占主导，无论是其数量还是居住人口总数一直占据压倒性多数，虽然有部分也是聚居村，但其比例较低[②]。施坚雅认为，中国居民点在初次建立时就离得相当远，村庄是“基层城镇下面唯一的定居点类型”，“聚居型”村庄和“分散型”村庄都可以被视为村庄[③]。2008年国家统计局发布的《统计上划分城乡的规定》指出：“乡村是指本规定划定的城镇以外的区域。”而城镇包括城区和镇区。城区显然与乡村有着明确的不同的特征，而镇区指代范围是“与县级或镇级人民政府驻地及其实际建设连接到的居民委员会和其他区域”。在此需要说明的是，“与政府驻地的实际建设不连接，且常住人口在3000人以上的独立的工矿区、开发区、科研单位、大专院校等特殊区域及农场的厂部驻地视为镇区”[④]。这种划分方式明确了乡村与城区和镇区的范围。而“合并”在《现代汉语词典》中的释义是“结合到一起”[⑤]。这里的“结合”必定是两个（包括两个）以上的个体的联结与整合。

第一，从字面意义理解“村庄合并”。“村庄合并”有狭义与广义之分。狭义上的“村庄合并”是指将两个或两个以上的村（自然村或行政村）合并成为一个村（社区），合并后的社会管理基本单位即村委会或社区委员会只有一个，侧重于合并这个动作。广义上的“村庄合并”不仅仅表示合并这个动作，而且合并前、合并中、合并后的发生发展过程都属于村庄合并的研究

① 徐勇：《分与合：质性研究视角下农村区域性村庄分类》，《山东社会科学》，2016年第7期，第30–40页。

② 鲁西奇：《散村与集村：传统中国的乡村聚落形态及其演变》，《华中师范大学学报》，2013年第4期，第113–130页。

③ [美]施坚雅：《中国农村的市场和社会结构》，史建云、徐秀丽译，中国社会科学出版社1998年版，第7页。

④ 参见《统计上划分城乡的规定》。

⑤ 见“合并”释义，《现代汉语词典》（修订本），商务印书馆，2001年版。

范围。本书采用的是广义的“村庄合并”概念。在中国传统社会中，由于小农经济特征，交通和通讯局限，村庄内部同质性较高。各村自然禀赋、经济发展、风俗习惯差异性较大，因而有着不同的人文环境和社会关系，各村各有自己的特色。正因如此，我们在此以区域作为重要的研究单位。在中国，最大的区域差异是北方与南方。我们将以湖南为代表的南方和以山东、河南为代表的北方进行差异比较，有助于更好地理解村庄合并的区域差异，对不同的区域进行准确分类并因地制宜地分析。

第二，特定政策和语境下村庄合并的含义。2004年民政部在《关于贯彻中发〔2004〕1号文件精神继续做好乡镇行政区划调整工作的通知》中指出的四个原则提到“坚持整建制撤并原则，尽量以村委会为单位进行调整”。这里的“整建制”是指以村委会为一个社会管理单位的建制形式，整建制村即行政村。长期以来，自然村是村民自发地聚居在一起、自然而然形成的村落。通常情况下，它不是一个社会管理单位，而只是农民方便生产生活和社会交往的单位，它数量大、分布广、规模大小不一，一般有自己的名称。行政村是国家组织村民从事各种农事活动的基层组织单元。1949年中华人民共和国成立后，为便于国家管理，实行集体化，集体经济以村庄为单位进行组织，同时将村庄划定为具有明确和固定边界的单位，称之为“生产大队”，它是国家有意设立的管理单位，从体制上纳入国家管理体系之中，又称为“建制村”。

2004年中央1号文件中提及：有条件的地方可实行并村。在此，“村”并没有特定解释。但从此后各地的实践情况及不同文件的解释来看，我们可以将其理解为自然村和行政村。2006年10月，中共中央十六届六中全会通过的《中共中央关于构建社会主义和谐社会的若干重大问题决定》中，村庄第一次被称为“（农村）社区”，提出要“把社区建设成为管理有序、服务完善、文明祥和的社会生活共同体”[①]。

伴随着村庄合并轰轰烈烈地展开，个别地方利用政策漏洞，歪曲政策本意，出现了拆并运动，农民“被迫上楼”。为此，2013年中央1号文件特别提出，“不提倡、不鼓励在城镇规划区以外拆并村庄，建设大规模的农民居住区”，意即村庄合并的区域仅限于城镇规划区内。什么是城镇规划区？早在1990年开始实施的《城市规划法》第三条规定：城市规划区通常是指城市市区、近郊区以及城市行政区域内因城市建设和发展需要实行规划控制的区域，城市规划区的具体范围，由城市人民政府在编制的城市总体规划中划定[②]。一般包括三个层次：城市建成区、城市总体规划确定的市区（或中心城市）近期发展用地范围、城市郊区[③]。尽管《城市规划法》已被2008年1月1日开始实施的《城乡规划法》所取代，但城镇规划区的指代范围并没有因此改变。由此可知，2013年1号文件提出的“不提倡、不鼓励”的范围是指我国城市郊区以外，距离城镇较远的区域不宜进行并村。从现实发展来看，基于区域条件、经济发展、风俗民情等角度，就一般情况而言，距离城镇越偏远的地区经济发展越落后，村民同质化程度高，合并阻力大，合并效果较之城郊村差。

当前国内学界对村庄合并的定义有多种，如唐鸣、谭荧（2016）认为村庄合并是“两个以上（含两个）的建制村合并为一个建制村”[④]，从并村结果即村庄数量减少和平均人口增加角度论述村庄合并的含义。刘传江（1999）将合村并居定义为“通过两个或多个村庄土地、人口和其他经济资源的全方

① 景跃进：《中国农村基层治理的逻辑转换》，《治理研究》，2018年第1期，第49页。

② 《中华人民共和国城市规划法》在1989年12月26日通过，于1990年1月1日开始施行。2008年1月1日《中华人民共和国城乡规划法》施行，《中华人民共和国城市规划法》废止。

③ 见《中华人民共和国城市规划法》。

④ 唐鸣、谭荧：《关于建制村数量和规模的几个问题》，《当代世界社会主义问题》，2016年第1期，第16页。

位流转实现生产要素的集聚和规模经营”[①]，并将其看作是一种制度创新。刘艳敏将村庄合并定义为“将两个或两个以上村庄的人口、土地以及其他资源进行合并，形成一个大的农村社区”[②]，从合并形式视角触及管理体制问题。唐皇凤进一步指出，合村并居不是村庄的简单合并，合并后的社区治理、居民认同等问题不能忽略[③]，拓展了村庄合并的内涵。

学者们对村庄合并的目的、结果、要素及问题等进行了论述，但或没有清晰界定村庄的含义，或只将其界定为行政村的合并，范围相对狭窄。本书中的合并，不但包括两个以上（包括两个）行政村的合并，还包括自然村的合并，或者自然村与行政村的合并。从形式上既包括多村一社区，也包括一村（由自然村合并的行政村）一社区。它不但包括村委会及村民小组的合村并组，而且也包括地域范围的改变、社会交往的扩大及社会生产生活方式的改变。如前所述，由于中国农民安土重迁，搬迁对他们具有特殊的意义。笔者在此以村庄是否搬迁作为划分标准将村庄合并分为两种：行政维度的合并与居住维度的合并，下文也侧重从这两个角度详细论述。行政维度上的村庄合并仅仅指两个或两个以上的村委会和村党支部各自合并为1个，其特点是撤销原有村党政机构，将几个村在管理上合并在一起，建立新的村委会和党支部（党委）。村庄并不搬迁，村民依然在原来的村庄居住和生活，这类合并短期来看对村民的生活方式和居住方式影响不大，却可以大大减少村两委的数量，如辽宁、湖北、湖南等一些地方的村庄合并就是如此。居住维度的村庄合并指的是迁村并点，即两个以上的自然村或行政村合并成为1个社区，其形式表现为以1个村为中心村，周围村向中心村聚集，或者是重新

① 刘传江：《村庄合并重组型农村城镇化及其制度特征》，《社会经济研究》，1999年第7期，第16页。

② 刘艳敏：《村庄合并后农村居民社区意识的重构》，《城乡建设》，2012年第1期，第202页。

③ 唐皇凤：《村庄合并的政治、社会后果分析 —— 以湖南省AH县为例》，《社会主义研究》，2010年第6期，第91页。

选择一块足够大的空地，建设新社区，两个以上的村集体搬迁安居到新社区。它打破了村与村的区域界限，不但使农民居住方式和生活方式发生改变，更是社会关系和社会结构的变革。它使得农民生活聚集区变得更大更具有规模，拓展了村民活动和社会交往的范围，原有村落聚居的格局短时间内被改变，社区的异质性大大增加。因此这些迅速出现的大社区，对社会管理提出了新挑战。其组织形式可以分为一村（行政村）一社区、多村一社区。无论是行政意义的合并还是居住维度的合并，都以尽量不将原有完整的一个自然村或行政村拆分为多个为原则。村庄合并也不是村庄的简单相加，而是基层组织、公共服务、社会关系、生活方式等多重因素发生变革的一种乘法效应。

从时间维度上看，村庄合并是一个长期渐进的过程。当下在有些基层领导和村干部中存在一种误区：认为村庄的村委会组织和领导班子合并了或者社区建设完成了，公共服务水平提高了，村庄合并就完成了。其实不然，合并涉及集体资产处置、社区建设、人口管理、农民就业等一系列问题，这些问题的解决需要一个长期的过程，各组成部分、各个发展阶段问题层出不穷，杂糅在一起，相互作用、相互影响，彼此依存，必须将之视为一个有机的整体。一步到位的现代化规模生产方式会带来种种不适应，合并后的管理体制在短期内难以转型，区域发展不平衡将长期存在，农民共同体意识的重新塑造需要持续不断的培育，小农意识不会轻易改变。因此，村庄合并的最终效果在短期内难以显现和衡量，社区融入和社会关系的重构等都需要一个长期的过程，不可能短时间完成。村庄合并要处理好短期有限度分散与长远集中的关系，处理好发展的阶段性与目标的终极性之间的关系。在规划设计时考虑短期内可以适度分散，这并不是无原则、无控制的分散，它是基于对现状的尊重和确保改革的稳定做出的适当安排。此外应该选择适宜的时机，掌握时机降低成本。比如河南的部分村庄在合并时考虑到村里大批农民要翻盖新房，这时候选择合并到新社区集中居住他们往往意愿更高。村庄合并需要适时调整，在整体上保持长期的、动态的平衡。科学合理的规划是前提，因此在规划上需要灵活、能动，在村庄合并的设计上要对技术指标、各种影响因子进行分析、比较，从宏观整体上不断地调整、修改和完善设计方案，保证其合理性[①]。正如其政策制定的曲折变化一样，随着合并进程的推进，可能出现弊病和问题，需要不断地进行修正。

第三，现实语境中，村庄合并是一个具有中国特色的概念，它具有许多“别称”和“代称”。如“村组合并”“合村并组”“撤村并组”“乡村合并”等，这些名称虽然形式多样，但本质相同，都是在打破村庄和村组界限范围的基础上对其进行的重组和建构，都可以纳入村庄合并的范畴。它不但是村庄地域范围和村组界限的变更，更意味着村庄社会关系和社会结构的变化。

第四，除此以外，还有些与村庄合并部分内容交叠的相关概念和词语，它们都是在城市化发展过程中出现的，如“村改社”“村改居”“大村庄制”“超级村庄”“村庄兼并”“村镇合并”“合村并居”“迁村并点”等，其目的都是为了加快城镇化步伐，消除城乡二元结构、促进城乡协调发展。

“村改社”指的是农村村委会改为农村社区委员会或居委会。这里的“社”既可以是城市社区，也可以是农村社区。这个社可能包括一个村，也可能包括两个以上合并的村。

“村改居”是一个非常复杂的现实问题，它指的是农村村委会改为居委会或社区委员会，农民变市民、不再以农业生产为主。村改居后自治组织的工作重心和社区管理运行体制机制也应该相应地发生改变。当前，“村改居”也遇到了农民变市民、组织管理体制改革、社会关系转变等一系列问题。

村庄合并与大村庄制不同，村庄合并可能会产生大村庄，也的确产生

① 赵之枫:《乡村城镇化进程中村庄集聚的时空方略》,《小城镇建设》，2002年第10期，第32–33页。

了许多大村庄，如河南滑县的万人村，但不是所有的村庄合并都会产生大村庄，这里首先需要弄清楚几个问题：大的标准是什么？人口数量？村庄土地规模？大的核心是什么？大村庄制并非简单地将村庄摊大、将农民变市民、农村变社区，其核心是在更大范围内建立农村社会共同体。

村庄兼并包括强村兼并弱村（富村兼并穷村）和强企业兼并弱村（村企联合）两种形式，它是市场经济带向纵深发展的产物。它意味着生产要素和资源某种程度上的重新配置，体现了互利性、自愿性、开放性等市场经济特点。尤其值得一提的是企业兼并村的形式，其特点是经济上原有弱村的一切财、物转由企业管理，成为一个经济实体，村民就地转为企业职工，由企业统一调配使用[①]。这种企业的创建者通常是乡村精英或乡村能人，他们在自己发家致富的基础上希望通过某种途径和方式回报家乡和社会。这类企业家常常成为当地政府宣传城镇形象、进行城镇推广的名片和对象。山东荣成（西霞口村）、诸城（希努尔社区）等地都存在这种形式。而“村镇合并”在概念范围上更广，它不但包括村庄合并，还包括乡镇合并，而乡镇合并强调的是乡镇政府组成机构和人员的合并。

超级村庄作为一种新的社区形态始于20世纪90年代，它与传统的“乡”和现代的“城”既有不同，又有相似之处，表现出诸多的中间性特征。超级村庄其形式多种多样，在国家与社会之起着桥梁纽带作用，它既可能是村庄兼并也可能是村改社的结果；它既带有自治性质，同时又兼具“行政性质”的职能；既保留乡土社会的气息和秩序，同时又有工业化的意味。总而言之，它“表现出非城非乡又亦城亦乡的特点”[②]。

而迁村并点只是村庄合并的一种形式。村庄合并包含了迁村并点，也

① 马春笋:《村庄合并与村级组织建设》,《中国行政管理》，1998年第3期，第27–28页。

② 折晓叶、陈婴婴:《超级村庄的基本特征及“中间”形态》,《社会学研究》，1997年第6期，第35–43页。

包含不迁村的行政意义的村庄合并。

村庄合并作为乡村治理和乡村变革的一种方式，需要从行政维度、空间转换、时间角度等多视角分析，它是时空结合的多维综合体。它既不同于村改社，也不同于村庄兼并，它是城镇化进程的副产品之一，表现出异质性、多元性等共性特征，同时也保留有自己独特的特点。它既可以采取农民搬迁集中居住方式，也可以采取就地合并农民不搬迁模式，既可以保留典型的农村社区特点，也可以合并成为城市社区。因此“村庄合并是什么”不但是一个实践问题，而且还是一个耐人寻味的理论问题。在乡村治理和乡村改革中，村庄合并该如何定位，它的预期目标是否达成，其发展前景和未来趋势走向何处，这就需要进行深入的探讨和分析。

综上所述，本书中的村庄合并特指始于20世纪八九十年代，在中国城镇化浪潮的席卷下，在村庄内部发展或外力驱动等因素的相互作用下，将地理区位上相邻或距离相对较近村庄① 的人口、经济、土地等资源合并到一个村（社区）单位内，以使各种资源得到有效整合和利用的过程。它既包括村民联合自发组织的合并，也包括政策推进的合并；既包括物理空间改变的合并，也包括居住格局并不发生任何变化的两个以上的村两委组织的合并；既包括行政村的合并，也包括自然村的合并；它不是简单的扩大村庄规模，而是包括组织重构、社区建设、基层选举、集体资产处置、土地资源整合、公共服务、基础设施建设和管理、社会保障、农民就业、社会身份认同、社区融合及社会适应等在内的一系列社会变迁过程，带有持久性和不稳定性特征，不但涉及社区内部两委关系、社区与基层政府关系、社区与村的关系，而且涉及国家、社会、市场及公民个人之间的关系、利益分配与协调等，它深刻影响着基层社会的稳定与发展。在村庄合并的过程中，农民合并的动力

① 地理区位上相邻或距离相对较近村庄通常指同一个乡镇（街道）区域范围内的村或者相邻乡镇/街道的相邻村，但因扶贫搬迁或其他客观原因的搬迁除外。

是什么？政府怎样才能正确地引导？村庄合并后新的社区如何管理？如何保障农民在合并中的利益不受侵害？其绩效如何评价？这些合并进程中产生的公共治理问题都是本书书研究的范围。

### 1.4.2. 相关理论

#### 1.4.2.1 劳动力转移与产业结构演化理论

对农业劳动力向非农产业转移规律的研究，起始于配第，后经亚当·斯密、费雷、克拉克、库兹涅茨以及钱纳里·塞尔昆等经济学家进一步不断深入研究而得到完善与发展，创立与发展了产业结构演化理论[①]。配第认为，正是因为一二三产业之间存在着收入差异，劳动力转移才会发生。在此基础上克拉克也证明了收入差异定理，工业社会发展过程中劳动力转移的规律是：在劳动生产率和人均国民收入提高的形势下，第一产业的劳动力逐步向第二产业流动，当生产率和收入进一步提高时，就业人口大量转移到第三产业，这也是不同产业结构演变的结果，第一产业就业比重不断减少，第二尤其是第三产业劳动力就业比重将逐渐增加。刘易斯、托达罗、乔根森等人从城市与乡村二元结构理论出发论述了不同国家不同情况下劳动力转移的要素条件、巨大差异、不同结果，对在区域内寻求最低成本的“合理布局”有很大启发意义。刘易斯认为，发展中国家普遍存在着二元经济结构：传统农业和现代工业。生产落后的传统农业部门其边际生产率极低甚至为零和负数，隐含着大量的剩余劳动力，而工业部门由于先进的生产方式，能产生经济剩余，由此，剩余劳动力为了提高收入，追求更好的生活，从农业部门转移到工业部门，工业部门付给劳动力的报酬只要稍微高于农村维持基本生活的水平，农业劳动力就会持续不断地涌入工业部门，工业部门也可以获得较为丰富的廉价劳动力。除此以外，费景汉-拉尼斯模型、哈里斯-托达罗模

① 毛隽：《中国农业劳动力转移研究 —— 基于制度变迁视角》，复旦大学2011年博士学位论文，第65-66页。

型、推拉理论等从不同角度阐述了产业结构变迁、劳动力转移与就业结构演变的关系。

产业结构的变迁伴随着改革开放的脚步缓缓而来，农业增加值的比例在三产业增长中的比例不断下降，第二和第三产业占比不断上升，农村出现剩余劳动力是三产业这种演化规律的必然结果。农村剩余劳动力向非农经济转移，是现代化和工业化的必然趋势，城乡收入差距是农业劳动力转移的主要动因。农业劳动力向城市的聚集不断加速经济形态结构、居民点体系空间形态、村庄发展模式的转变，尽管我国农业劳动力向城市转移的趋势在逐渐放缓，但从相当长的一段时期来看，其转移趋势仍不可逆转。

#### 1.4.2.2 治理与善治理论

“治理”一词原意为管理、统治之意。20世纪80年代，随着西方公共管理运动和民主化浪潮的兴起，治理一词的内涵发生了重大变化：逐渐由以控制为主转向以自治为主，治理的主体趋向多元化的网络结构，治理向度由单一的自上而下转向自下而上与自上而下相结合的互动过程。治理主体的多元化要求各主体之间必须协商与合作，同时实施多样化的管理机制。它强调民主、效率、多元、合作等公共秩序。20世纪90年代以后，它迅速成为西方学术界频频使用的理论分析框架和分析工具。全球治理委员会在1995年发表《我们的全球伙伴关系》研究报告，其中关于“治理”一词的解释相对比较权威，获得了较多认同，它将治理定义为：各种公共的或私人的机构管理共同事务的诸多方式的总和，是使相互冲突的或不同的利益得以调和并且采取联合行动的持续的过程[①]。因此，治理的主体可以是政府，也可以是私人机构，它需要联合行动完成，它未必使用强制力，也可以通过协商达成一

① 联合国全球治理委员会:《我们的全球伙伴关系》，牛津大学出版社，1995年版，第2页。

致[①]。文森特·奥斯特罗姆夫妇提出了涵盖多中心的自主治理理论和多中心的公共行政理论等理论体系[②]，揭示了多中心治理所带来的和谐与效率。事实上，这也是对西方国家日渐出现的国家和市场对公共资源配置失灵反应的结果。治理是多维度管理的互动过程，以调和为基础，它同时涉及公私部门，各不同主体之间形成相互合作的网络体系，通过管理方式的改变实现公共利益最大化。治理是官方或民间的公共管理组织在一个既定的范围内运用公共权威维持秩序、满足公众需要的过程[③]。治理理论进一步拓展了政府改革的视角，逐步成为政府和社会事务管理的主要理论，为乡村变革和乡村转型提供了新的管理理论范式。

"善治"是伴随治理理论的发展而提出的新概念，英文为"good governance"。20世纪90年代，善治理论和实践开始在西方国家蓬勃发展。它是基于治理失效出现的，它着眼于政府与公民的合作网络，体现于国家权力向社会的回归。如果说"治理是一种分析'是什么'的实证主义概念"，那么"善治显然是一种分析'应该是'什么的标准化概念"[④]。伴随着西方国家公民社会的日益发展壮大，需要新的公共权威和公共秩序，而善治为这种新权威和新秩序提供了可能。俞可平在此基础上进行了总结并进一步分析和拓展。他认为"善治"的要义核心是政府与公民之间的合作与协商，社会治理既需要政府的有力推动，也需要公民的自觉遵守，善治要求社会治理的合法性、公平性、透明性、责任性、参与性、可持续性[⑤]。这些善治要素与村

① [美]詹姆斯·罗西瑙:《没有政府的治理》，张胜军等译，江西人民出版社2001年版，第75页。

② [美]文森特·奥斯特罗姆、罗伯特·比什、埃利诺·奥斯特罗姆:《美国地方政府》，井敏、陈幽泓译，北京大学出版社2004年版，第25页。

③ 俞可平:《全球化：全球治理》，社会科学文献出版社2003年版，第1–31页。

④ [英]托尼·鲍法德、爱尔克·劳夫勒:《对公共管理和治理的了解与认识》，载《公共管理与治理》，陈福今、袁曙宏译，国家行政学院出版社2006年版，第10页。

⑤ 俞可平:《治理与善治》，社会科学文献出版社2000年版，第6–10页。

庄合并的价值追求相契合，同时也是乡村治理对社会中的公共权威、参与主体、组织结构的重构组合、运作的内在要求。

1.4.2.3 制度变迁理论

制度变迁理论作为新制度经济学的重要内容，是指在历史发展过程中，旧制度不断被新的制度（或制度结构）所改变、取代的动态过程。作为制度变迁理论创始人之一的诺斯认为，制度变迁是一个过程，制度对一个国家的经济发展成败起着决定性的作用，“是一系列被制定出来的规则、服从程序和道德、伦理的行为规范”，诺斯称之为“制度安排”[①]，并将之分为渐进式变迁与激进式变迁。渐进式变迁强调连续性与演进性，而激进式变迁强调革命性与非连续性。路径依赖是新制度经济学首要考虑的问题，为此他和戴维斯共同建立了一个制度分析框架。诺斯对产权理论、国家理论、意识形态理论三大理论内容都进行了详细的分析和阐述。实际上，在诺斯的制度变迁理论中，制度的转变不仅仅是一个替代过程，而且包含着交易和博弈的过程。在此基础上，保罗·皮尔逊将路径依赖分析方法拓展到产权制度以外的政治制度和福利制度[②]。埃格特森力图构建经济学中的制度框架[③]。利贝卡普以产权缔约为研究对象，解释了无效制度的存在是经济增长的障碍[④]。奥尔森在《集体行动的逻辑》中从增进成员利益的利益集团中存在个体行动和集体行动的固有矛盾出发，阐述了许多情况下小集团比大规模的集团更富有效率，认为制度变迁的根源在于利益集团的形成和发展。利益集团的强大或削弱会影响好的经济制度的发展或出现，但是他也陷入了“如果抑制强大利益集

① [美]诺斯:《经济史中的结构与变迁》，陈郁，罗华平等译，上海三联书店1999年版，第225-226页。

② 段宇波:《作为制度变迁模式的路径依赖研究》,《经济研究》，2016年第2期，第24-31页。

③ [冰岛]埃格特森:《经济行为与制度》，商务印书馆2010年版。

④ [美]利贝卡普:《产权的缔约分析》，中国社会科学出版社2001年版。

团，是否会获得一个好的经济制度”的困惑之中[①]。同样的困惑也出现在哈耶克身上，哈耶克将自然秩序的原理应用于制度，并认为既然制度是人们自由选择的结果，是自然演进的过程，那么制度应该朝着越来越优化的方向发展，然而事实并非如此[②]。实际上，无论是奥尔森还是哈耶克都忽视了对制度变迁过程的剖析。

我国在改革开放以后由计划经济转入市场经济，社会转型和剧烈变革带来了国家、社会、市场、个人之间关系的巨大转变。尤其是制度变迁对产业发展、经济增长、居住格局、社会生活、组织建构、组织运行等等产生了巨大影响。林毅夫把制度变迁进一步划分为强制性制度变迁和诱致性制度变迁两种形态[③]。他认为，诱致性制度变迁是由社会本身内生出来的要素在具备获利机会时自发地行动、组织和争取，其重点在于自发性；而强制性变迁主要由法律法规和国家的强制力执行。由农村社会变迁引发的村庄合并既包涵村庄内部变革导致的诱致性变迁因素，又带有政府的引导和强制性变迁因素，如何将二者恰当地融合是贯穿我国村庄合并过程及乡村治理变革的重要问题。

1.4.2.4 社会分化与整合理论

分化与整合是现代社会的一对矛盾统一体。自社会学产生以来，就是其重要的研究课题，后逐渐扩展至政治学领域。1893年法国社会学家涂尔干最先提出了社会整合概念并进行了相关研究，用于解决社会问题[④]。他认

① [美]奥尔森:《集体行动的逻辑》，生活·读书·新知三联书店 上海人民出版社1995年版，第4–212页。

② [英]哈耶克:《自由秩序原理》上卷，邓正来译，生活·读书·新知三联书店1997年版，第22页。

③ 林毅夫:《关于制度变迁的经济学理论——诱致性变迁与强制性变迁》，载R·科斯、A·阿尔钦、D·诺斯等著:《财产权利与制度变迁——产权学派与新制度学派译文集》，上海三联书店、上海人民出版社1994年版，第397页。

④ [法]涂尔干:《社会分工论》，渠东译，生活·读书·新知三联书店2000年版。

为，社会分工越细，个人就越依赖于团体，社会团结的基础是社会分工。“一方面，劳动越加分化，个人就越贴近社会；另一方面，个人的活动越加专门化，他就越成为个人。”[①] 当然，分工既可以带来合作，也会在某些时候带来意想不到的后果，比如社会失范。当社会遭遇失范危机的时候，就需要重建集体意识和社会规范，而这种重建需要职业群体。此后，不同学者在此基础上将其置于宏观与微观的社会理论体系中，从抽象的意义上予以解释和运用。如马克思运用生产力与生产关系来考察五种社会形态的变迁，并最终提出社会发展的最终目标之一是“自由人的联合体”，这无疑蕴含着他对社会发展与社会整合的关注。20世纪50年代，帕森斯（Taleott Parsons）将社会整合融入其庞大的结构功能主义分析框架，作为一种理论范式提出了其基本观点：A—G—I—L框架（A，adaptation，适应；G，goal attainment，目的达成；I，integration，整合；L，lateneypatternmaintenanee，模式维持）[②]。其中“整合”以社会系统内部关系协同为基础。洛克伍德（David Lockwood）从系统整合与社会整合二分角度赋予抽象框架中的整合以具体的概念和意义；[③] 尼克拉斯·卢曼（Niklas Luhmann）（1971）从微观系统出发，聚焦于个人能动系统，并将之与社会的纳入或排斥相结合，阐述了他的“系统自为”社会整合理论[④]；1977年，美国社会学家彼特·布劳（Peter Michael Blau）在其《不平等与异质性》中通过对社会结构的考察，描述了

① [法]涂尔干:《社会分工论》，渠东译，生活·读书·新知三联书店2000年版，第91–92页。

② 吴晓林:《社会整合理论的起源与发展：国外研究的考察》,《国外理论动态》，2013年第2期，第38页。

③ [英]洛克伍德:《社会整合与系统整合》，李康译，译自“Social Integration and System Integration”，G.K.Zollschan & W.Hirsch（eds.），*Explorations in Social Change*，London，Routledge & Kegan Paul，1964.

④ 吴晓林:《社会整合理论的起源与发展：国外研究的考察》,《国外理论动态》，2013年第2期，第39页。

社会整合需要的两个条件，即异质性增加和不平等降低[①]。哈贝马斯指出洛克伍德社会整合理论中的不足，在“生活世界 — 系统”二元社会观之上重新阐释了社会性整合与系统性整合之间的关系[②]。吉登斯从时空结构中的资源、权力、时空伸延等问题出发阐释其时空社会整合理论，社会整合的研究对象也逐渐扩展到了不同群体、不同区域、不同时空等，计量方法、实证研究、历史分析等方法论应用于社会整合理论中，为社会整合理论提供了实证工具[③]。亨廷顿认为，“现代化中社会基本的政治问题之一，就是通过政治手段重建已经被现代化所破坏的社会一体性”[④]。转型中社会经济、政治、文化等剧烈变迁引出传统整合方式的困难和对新的整合体制及方式的探讨。

历史的发展一再证明，在社会整合能力和整合程度低的社会中，社会差异和社会分化容易陷入失控的状态，导致社会失序和混乱，“从而最终将社会推向破裂的边缘，最终阻碍了现代化的进程”[⑤]。改革开放后，我国社会由原先的过度整合迅速进入社会分化，社会分化增强了异质性，一些个体被甩出快速变迁的社会结构，农民原子化使得其集体意识逐步萎缩，其社会行为更多地与理念要求的集体性相悖，一些个体缺乏适应和融入的能力。伴随着社会转型，农村的流动性、多元化加快，部分地区农村出现失序，社会共同体趋向断裂，社会分化加剧，不断分化的乡村社会给乡村稳定带来了挑战。村庄合并就是将不同社会生活、不同价值观念、不同习俗、不同利益的人整合在一起。在碰撞冲突频发的情况下，如何构建农民认同的普遍性规范、整合农民利益、挽救村庄衰败引发的社会关联断裂，对促进农民社会融

① [美]彼特布劳:《不平等和异质性》，王春光、谢圣赞译，中国社会科学出版社1991年版。

② 肖小芳、曾特清:《马克思社会整合理论的新诠释 —— 从帕森斯、洛克伍德到哈贝马斯》，《伦理学研究》，2015年第2期。

③ [英]吉登斯:《历史唯物主义的当代批判》，上海译文出版社2010年版。

④ [美]亨廷顿:《变革社会中的政治秩序》，华夏出版社1988年版，第72页。

⑤ 吴晓林:《现代化进程中的社会分化与整合》,《河南大学学报》，2012年第3期，第28–33页。

合、重构乡村权威和乡村共同体具有重要的意义，同时需要准确地把握社会整合的影响因子。

1.4.2.5 城乡一体化理论

城乡一体化是将城市与农村、工业与农业、市民与农民纳入统一的经济社会发展规划中去思考，使城乡协调发展，形成一个统一联系的不可分割的整体，实现城乡融合发展。19世纪中期，城乡一体化就成为西方国家经济社会发展的主流。恩格斯在《共产主义原理》中提出，通过消除旧的分工，进行城乡融合，使全体成员得到全面发展。“城市和乡村的对立的消灭不仅是可能的”，而且是“工业生产和农业生产的实际要求”，并提出城乡融合的标志：阶级差别和人口分布不均衡消失①。马克思认为，城乡融合是一个漫长的过程，需要生产力发展到一定程度，在工业化、现代化发展成熟的基础上，才能最终达到。马恩将城乡融合作为未来共产主义的目标之一，既揭示了城乡关系演化的一般规律，又指明了城乡关系研究的方向②。二战之后，城乡一体化的实践伴随着逆城市化现象的出现而变得可能。城市空间的扩展不但为产业和人口提供了更广阔的发展天地，而且当它们聚集到一定程度时，通过城市的带动和辐射改造农村，农村也逐步趋向城镇化。

城乡互动和协调发展也逐步进入中国领导人和学者的视野。中华人民共和国成立后，毛泽东在《论十大关系》中就提出只有重视农业，轻工业，重工业才能发展，这从侧面反映了毛泽东对城乡关系的认识，但是长期以来，城乡二元分割的局面并没有改变。改革开放以来，我国经济社会发展最大的结构问题是城乡二元结构问题，如何缩小差距成为我国经济社会发展面临的重要任务。进入21世纪之后，胡锦涛总书记在党的十六大报告中提出

① 《马克思恩格斯全集》第四卷，人民出版社1995年版。

② 薛晴、霍有光:《城乡一体化的理论渊源及其嬗变轨迹考察》,《经济地理》, 2010年第11期，第1780页。

城乡统筹发展，对城乡发展再次谋划和布局，初步构建了一套城乡统筹的政策体系和制度框架。在此基础上，党的十八大提出，“城乡一体化”是解决我国三农问题的根本途径。所谓城乡一体化并非城乡一样，而是城乡实现平等发展，但因为城市的强大吸引力和体制的原因，城乡发展不平衡依然持续，三农问题依然突出。为此十九大提出乡村振兴战略，按照产业兴旺、生态宜居、乡风文明、治理有效、生活富裕的总要求，建立健全各种体制机制，使各种资源要素在城乡之间双向流动，互通有无，呈现出城中有乡、乡中有城的局面，城乡居民在公共服务、社会保障等方面实现均等，最终实现城乡一体化。

1.4.2.6 乡村治理与村民自治理论

乡村治理理论是在西方国家治理理论和中国乡村治理实践的基础上提出来的。1997年，乡村治理概念首次在我国使用，此后，学界和政界都试图运用这一术语来解释和重构中国乡村社会。作为治理理论的一个分支，它强调治理主体多元化、治理形式多样化、治理过程自主化。乡村治理要求市场机制的引入、政府职能的部分下放、农村社会组织的兴起和农民个人的积极参与，具体体现为国家、市场、社会组织、农民个人之间的协商与合作，涉及各种权力在农村地域的重构、组织、运作、互动、协调。农村中良好秩序的形成需要解决好各种权力的冲突、矛盾、博弈等问题，使各种主体相互依存、相互作用，最终走向稳定与和谐①。目前，我国的乡村治理仍然需要提升法治化、科学化、精细化水平和组织化程度。

1982年《宪法》第111条规定“村民委员会是基层群众自治性组织”，首次正式提出村民自治，并将其纳入基本政治制度范畴。其核心内容是四个民主②，简言之就是广大群众依法自己管理自己的事情，实行自我管理、自

① 郭亮：《桂西北村寨治理与法秩序变迁》，西南政法大学博士学位论文，2011年，第4–20页。

② 即民主选举、民主决策、民主管理、民主监督。

我教育、自我服务；其重点是为广大群众公共事务的自主治理、农民权利的发挥和自己当家提供制度平台。现阶段，村民自治深化的趋向是权利保障与社区重建[①]。自20世纪80年代村民自治诞生以来，经历了80–90年代初的发展热潮、90年代后期逐步沉寂、21世纪之后又重新焕发生机与活力的过程，村民自治的实现形式逐步出现了突破。徐勇认为，目前的村民自治已进入"第三波段"或"村民自治3.0版"，有些地方将自治单元下沉到自然村，有助于激活村民自治[②]。当然，村民自治的下沉也有一定的限度[③]，村民自治单元的划分可以以利益相关、地域相近、文化相连和规模适度、群众自愿为原则[④]。在运行的过程中，村民自治也出现了一些难题，如价值期望与实际发展断裂、民主失衡、间接民主取代直接民主、村庄民主政治不畅通等[⑤]。在村民自治中理顺和处理好村两委之间、村委会与基层政府之间的关系等问题，对乡村治理现代化和国家治理能力的提升有重要意义。

## 1.5. 可能的贡献及不足

### 1.5.1. 可能的贡献

村庄合并是一件方兴未艾的事情，但对其进行精确的理论分析、逻辑演绎、结构性审视的相关材料并不多，且大多数局限于个案。本书试图提供一些实例，从实证角度尝试给予两种合并路径比较且详尽探究物理性变迁的

① 徐勇：《村民自治的深化：权利保障与社区重建》，《学习与探索》，2005年第4期，第61–67页。

② 徐勇：《积极探索村民自治的有效实现形式》，《中国乡村发现》，2015年第3期，第20–23页。

③ 肖立辉：《"微自治"：村民自治的有效实现形式探索》，"探索村民自治的有效实现形式经验研讨会"主题发言，2014年4月27日。

④ 邓大才：《村民自治有效实现的条件研究》，《政治学研究》，2016年第4期，第71–83页。

⑤ 戴玉琴：《村民自治四大发展瓶颈的理论反思》，《湖北社会科学》，2015年第3期，第19–24页。

原因，在比较的基础上，挖掘治理主体在不同时期的变化、影响因素及政策变迁带来的影响，并在透视村庄合并发生机理的同时，为政府有关部门制定有关村庄合并的公共政策，重新审视我国的村庄转型及城乡关系，提出一些新的思路和对策建议。

1.研究方法上的贡献。本书运用实证与比较研究相结合的方法，通过大量的实地访谈和调研，获得了大量的第一手资料，使得研究的结论可信度高。作者亲自对山东省的11个社区、河南省的9个村、湖南省的5个合并行政村进行调研，并对这些省份的县、市、区的规划部门、财政部门、国土资源部门、农经部门、政策研究室等部门领导人进行深度访谈，同时发放了1500份调查问卷，回收1457份，回收率为97.13%，获得了本书研究所需要的大量第一手资料和数据，有效地支撑了本书的研究。

2.对学术观点的贡献。本书通过对三个省不同地域、不同经济条件、合并类型、合并原因、合并效果的大量研究，提出以湖南为代表的南方采取的是居民并不搬迁的行政维度合并模式，以山东、河南为代表的北方采取的是侧重居民搬迁的社区建设的居住维度合并的思路；文章较为系统地梳理了村庄合并的时间、类型、动力、结构、实施过程等要素，分析了两种维度下的村庄在村庄合并中的建设思路、政策引导、政策理解、政策倾向、合并路径、合并模式等方面的差异。通过对案例的研究和分析，本书希望尽可能全面地呈现目前村庄合并主要遭遇的经济利益、治理体系和社会整合方面的困境；最终，通过对现阶段村庄合并困境的分析和呈现，对如何走出困境进行了理论探讨，并尝试提出乡村治理治道变革的可能路径与建议，以期为当下以及将来一段时间的乡村治理改革和进一步学术研究提供有价值的参考。

### 1.5.2. 局限与不足

一是选点的不足。从客观来说，难以覆盖全面。全国进行合并的区域、类型很多，各地情况不一，我们只选择山东、河南、湖南三省，虽然三省在区域、村庄数量、合并力度等方面具有代表性，但对其余地区的合并情况是否具有代表性不得而知，因此在覆盖范围和代表性上尚需进一步探讨。样本数量未达到理想状态，量化研究相对较难，样本与研究整体的相似度和科学性还需进一步提高。

二是我们的问卷提纲采取的是半结构式访谈提纲，用以完成一些基本问题的提向，并不是完全按照此提纲完成访谈内容，提纲只是作为一种主题和线索穿插在访谈过程中。问卷中问题的涵盖度和访谈深度能否全面揭示出村庄合并的问题和发生机理尚待验证，其科学性也有待提高。

三是此问题涉及政治、经济、社会、文化、心理等多方面研究，而本书所作研究只是开创性、架构性、探索性的，其中每一方面都可作为一个专题进行深入研究，比如村庄合并中的“农民权益保护”“村庄合并中的资产重组问题”“村庄合并中的社会融入”等都可作为专题进行深入探究。本书尝试向这个方向作一般开创性努力，具体专题研究还需要研究者长期调研、细心观察和深思熟虑以详尽探索夯实。村庄合并涉及多学科，本书只是从公共管理视角切入，但公共管理中国家与社会、基层自治、乡村治理、乡村振兴等涉及与公共管理相关联的其他社会学问题及其他问题的理论剖析，限于研究者本身的局限，理论分析和模型建构还远远达不到精准地步。

# 第 1 章 村庄合并的实践演进与政策变迁

## 1.1. 村庄合并实践的总体分析

从传统的乡土中国格局到中华人民共和国成立后城乡二元结构的形成，我国的乡村建设经历了两个十分重要的发展阶段。中华人民共和国成立后，出于国家发展的需要，城市以丰富的、高密度的资源保有量在城乡社会结构的排序中占据了“绝对”优势的地位，城乡之间的差异和失衡加大，这种城乡“位差”和“势差”分野程度的加剧，聚合在“三农”问题上，折射出的矛盾使得乡村的治理和发展面临着新的挑战。改革开放后，在城镇化加速发展带来巨大社会红利的时代背景下，部分农村空心化严重，村庄合并由此被作为乡村治理的一个重要组成部分纳入整个国家统筹发展的治理体系中。党的十九大明确提出，“要坚持农业农村优先发展的原则，实施乡村振兴战略”[①]。村庄合并的实践也逐步融于乡村振兴的战略行动中。

### 1.1.1. 多视角下的村庄合并分析

改革开放以来，我国城乡统筹一体化进程伴随着城镇化的发展不断加快。缩小城乡差距、破解“三农”问题成为农村改革的着力点和落脚点。旧村改造、迁村并点、合村并居、农村居民点整理、美丽乡村建设、特色小镇

① 《决胜全面建成小康社会 夺取新时代中国特色社会主义伟大胜利——在中国共产党第十九次全国代表大会上的报告》,《人民日报》，2017年10月28日。

建设等既受现代化发展农村转型的推动，同时又是国家在社会发展的不同阶段对农村改革政策方面的指导和技术层面的支持。纵观我国的乡村变迁，村庄合并作为一种社会结构变迁存在于我国农村发展的漫长历史进程当中。这种以改变传统农村社会结构、建立新型居住空间和行政组织的合并，在一定程度上能够直接影响当地社会结构和公共决策。

进入21世纪之后，基于农村若干机制体制改革的需要，为兼顾全国各个省区市不同的发展特点，村庄合并以区域试点的方式在全国范围内逐渐推广开来。以2004年的中央1号文件"进一步精简乡镇机构和财政供养人员积极稳妥地调整乡镇建制，有条件的可实施并村"① 的政策为标志，全国范围内掀起了大规模村庄合并的浪潮，由此产生的影响延续至今。笔者从村庄规模的变迁、村庄的空间分布、村庄的类别这三个维度出发，对村庄合并在全国范围内开展的状况进行宏观剖析。

1.1.1.1 规模变迁的视角下的村庄合并

20世纪90年代，我国村庄（包括自然村和行政村）的数量达到350多万个（如表6）。在城镇化浪潮的推动下，随着我国农村生产力水平的提高、经济的快速发展，农村的生产生活方式逐渐由传统粗放向现代集约化转型，村庄合并成为农村地区的发展趋势。然而面对当时全国行政村数量多达94万余个的情况，农村的发展势必会受到原有村庄规模庞大、布局杂乱的影响，同时还会受较为陈旧的管理体制造成的行政壁垒的制约。这无疑会给农业农村的发展造成严重的阻碍。

---

① 《中共中央国务院关于促进农民增加收入若干政策的意见》，中国政府网，2003年12月31日。

**表6 全国村庄个数（万个）、现状用地面积（万公顷）和村庄户籍人口数量（亿人）**

| 年份 | 1990 | 1991 | 1992 | 1993 | 1994 | 1995 | 1996 | 1997 | 1998 |
|---|---|---|---|---|---|---|---|---|---|
| 村庄个数 | 377.3 | 376.2 | 375.5 | 372.1 | 371.3 | 369.5 | 367.5 | 365.9 | 355.8 |
| 现状用地面积 | 1140.1 | 1127.2 | 1187.7 | 1202.7 | 1243.8 | 1277.1 | 1336.1 | 1366.4 | 1372.6 |
| 村庄户籍人口 | 7.92 | 8.00 | 8.06 | 8.13 | 8.15 | 8.29 | 8.18 | 8.18 | 8.15 |
| 年份 | 1999 | 2000 | 2001 | 2002 | 2004 | 2005 | 2006 | 2007 | 2008 |
| 村庄个数 | 359.0 | 353.7 | 345.9 | 339.6 | 320.7 | 313.7 | 270.9 | 264.7 | 266.6 |
| 现状用地面积 | 1346.3 | 1355.3 | 1396.1 | 1388.8 | 1362.7 | 1404.2 | / | 1389.9 | 1311.7 |
| 村庄户籍人口 | 8.13 | 8.12 | 8.06 | 8.08 | 7.95 | 7.87 | 7.14 | 7.63 | 7.72 |
| 年份 | 2009 | 2010 | 2011 | 2012 | 2013 | 2014 | 2015 | / | / |
| 村庄个数 | 271.4 | 273.0 | 266.9 | 267.0 | 265.0 | 270.2 | 264.5 | / | / |
| 现状用地面积 | 1362.8 | 1399.2 | 1373.8 | 1409.0 | 1394.3 | 1394.1 | 1401.3 | / | / |
| 村庄户籍人口 | 7.70 | 7.69 | 7.64 | 7.63 | 7.62 | 7.63 | 7.65 | / | / |

资料来源：《2016年城乡建设统计年鉴》。

尽管村庄合并在20世纪80年代中后期就已经开始，但直到2000年后，伴随着人们对三农问题的关注才引起热议。在2004年“并村”政策的指导下，截至2015年，全国村庄数量减少至264.5万个，与十年前相比，我国村庄的数量减少了56.2万个，减幅达到17.52%（如表6）。

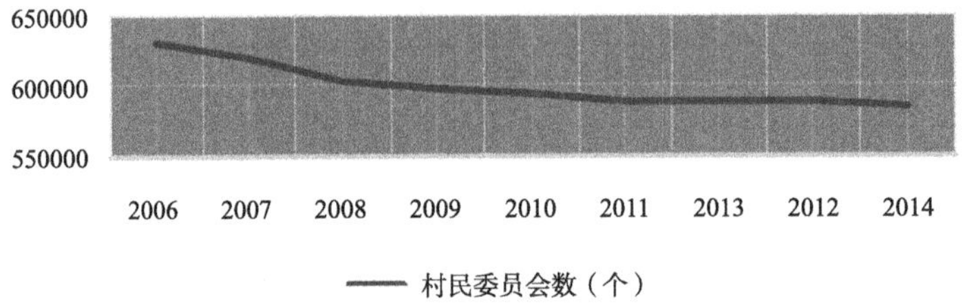


**图11　2006—2014年我国村民委员会数量（单位：个）**

数据来源：国家统计局。

从行政村的数量来看，1990年我国行政村多达100多万个，2000年减少到73万多个[①]，2014年减至58万余个（如图11），总体呈现出平均每十年减少20余万个的趋势。从村庄人口结构变迁对村庄数量的影响来看，改革开放后，伴随着农村城镇化发展的不断深入，农业产业结构发生了相当大的转变，这在一定程度上影响到了农民的职业选择。一方面，进城务工或者转变为城市居民的农村人口日益增多，导致部分地区村庄“空心化”的趋势不断加深。另一方面，农村社会资源占有的不均衡性带来的经济发展差异，使得不同区域的村庄发展形成了“强村”或“弱村”的差距[②]。从村庄合并的实践过程来看，推行村庄合并较早、规模较大、持续时间较长的区域多集中在经济水平发展较高的中部、东部地区。而西部经济发展水平相对落后的地区，村庄合并数量少且进展迟缓。

1.1.1.2 空间分布视角下的村庄合并

从空间分布的视角来看，分析我国各个省市（区）推行村庄合并的现实状况，可以将“四大地区”即东部地区、中部地区、西部地区和东北部地

① 国家统计局:《中国统计年鉴2011》，中国统计出版社2011年版，第864页。这其中部分“村民委员会”转变为“社区委员会”。

② 《“大村庄”成为中国农村发展趋势》,《China Population Today》，2008年第4期，第44页。

区作为空间分布的主要指标[①]。从行政区划数量上来看，东部地区和西部地区涵盖的省区（市）较多，且西部包含了五个民族自治区。

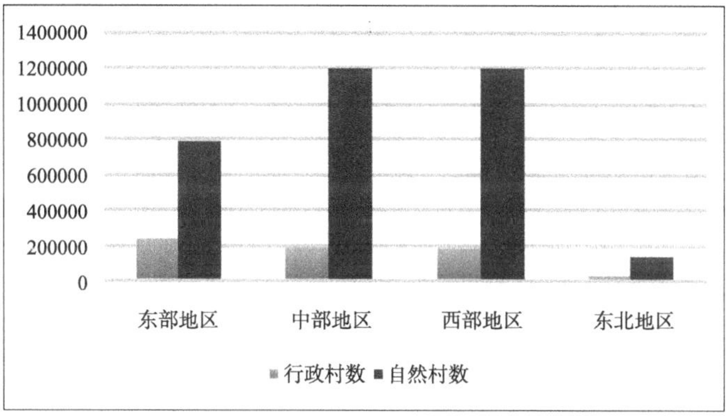


**图12　“四大地区”行政村和自然村数（单位：个）**

资料来源：《中国第二次全国农业普查资料汇编——农村卷》（4–1–1 各个地区村个数）。

20世纪90年代起，全国各个地方在开展村庄合并的过程中对中央文件进行了符合各区域发展特点的政策解读，并在行政执行的过程中考虑了地方的实际情况，以因地制宜作为符合该地区发展的村庄合并路径选择的重要原则。根据第二次全国农业普查，我国的自然村主要集中分布在中部地区和西部地区，其自然村数量超过了全国村庄数量的50%（图12）。就行政村数量而言，东部地区最多，人口密度也最大，西部虽然也不少，但人口密度西部村庄远远低于中东部。在“四大区”中，率先推行村庄合并的地区主要集中在经济发达、城镇化率较高的省份。如东部地区的江苏、浙江、山东

① 根据《中国第二次全国农业普查资料汇编——农村卷》（主要指标解释），东部地区包括京、津、冀、鲁、沪、苏、浙、闽、粤、琼10个省（市）；中部地区包括晋、皖、赣、豫、鄂、湘6个省；东北地区包括辽、吉、黑3个省；西部地区包括渝、川、贵、云、陕、甘、青7个省（市）和内蒙古自治区、广西壮族自治区、宁夏回族自治区、新疆维吾尔自治区以及西藏自治区5个少数民族自治区。

等地。

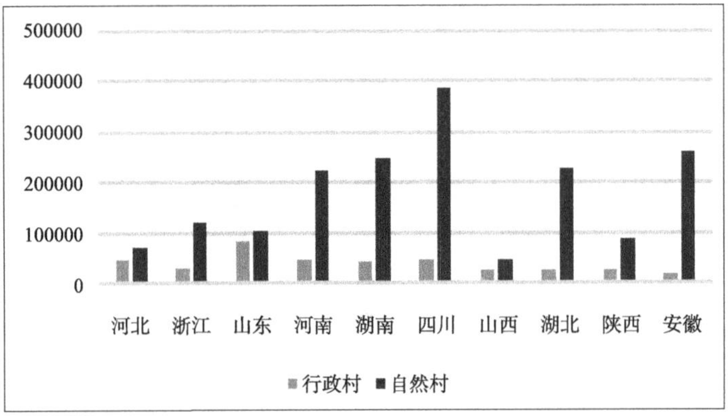


**图 13 全国前 10 位省区（市）行政村和自然村数（个）**

资料来源：《中国第二次全国农业普查资料汇编——农村卷》（4–1–1 各个地区村个数）。

国家统计局数据显示，四川、湖南、河南、山东、河北是我国行政村和自然村分布最为密集的区域（如图13）。"十一五"至"十二五"期间，全国大部分地区纷纷出台了村庄合并的相关政策，在此期间，我国的村庄合并基本实现了自上而下、从政策到实践、从试点到推广的转变。从村庄的空间分布和村庄的类别来看，东部地区以河北、浙江、山东等地的村庄合并最具代表性；中部地区主要以河南、湖南的村庄合并经验较为丰富且具有一定的影响力；西部地区以四川的村庄合并较为典型。其他地区如贵州、甘肃、宁夏等地经济发展相对滞后，村庄合并的推行并不广泛。此外，西部的民族自治区如新疆、内蒙古、西藏、宁夏等地的村庄合并一直进展缓慢，主要是由其特殊的地理条件、经济发展、民族宗教习惯状况决定的。

1.1.1.3 村庄类别视角下的村庄合并

从村庄类别的视角来看，我国的村庄种类以地形地貌作为划分标准，可以分为平原村、丘陵村、山区村三大类型。村庄数量上主要以东部地区的平原村、中部地区的丘陵村和西部地区的山区村居多；此外，我国的少数民族聚居村在四个地区的分布如表7，厘清村庄类型是进行村庄合并研究的重要前提条件。

**表7　四大地区村庄类型及数量统计表（单位：个）**

| 村庄类型<br>地区分布 | 平原村 | 丘陵村 | 山区村 | 少数民族聚居村 |
|---|---|---|---|---|
| 东部地区 | 134263 | 52232 | 46642 | 4716 |
| 中部地区 | 63983 | 74140 | 61716 | 9351 |
| 西部地区 | 29389 | 61716 | 94911 | 53898 |
| 东北地区 | 14848 | 9351 | 6178 | 4286 |

资料来源：《中国第二次全国农业普查资料汇编——农村卷》（4–1–1 各个地区村个数）。

根据第二次农业普查数据，截至2006年，我国63万余个村级组织集中分布在中部和西部地区。民族聚居村主要集中在西部地区，占村庄总量的13%左右。受经济发展水平、自然环境等因素的制约，村庄合并在西部地区的推行程度与东部和中部地区相比较呈现速度慢、规模小的特点。东部和中部地区受其经济发展速度快、城镇化较为发达等因素的影响，村庄合并的时间普遍较早、规模较大并且多以平原地区的村庄为主。

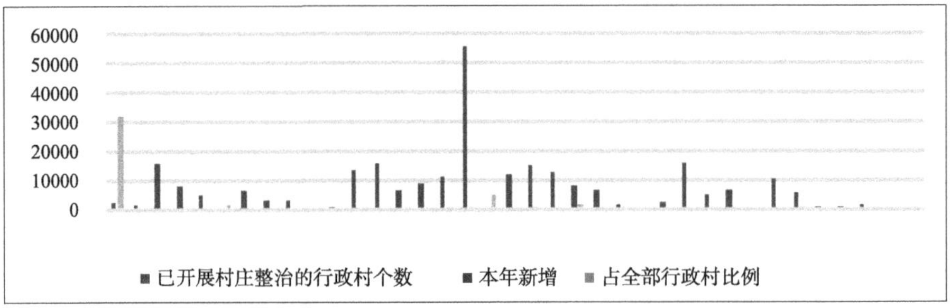


**图 14　2015 年全国已开展村庄整治的行政村数（个）**

资料来源：根据调研数据分析制作。

2015年，我国已开展村庄整治的行政村个数达到27万余个，占全部行政村的50.24%，主要集中分布在浙江、山东、江苏、河北、四川、河南等地（图14）。大量自然村落的消失、建制村的整合推动着乡村向城市转变。这场从20世纪80年代就开始的农村社会结构变革发展至今，已成为中国城乡社会快速转型的标志。这种乡村转型改变了农民生活空间的同时，也隐喻着我国传统村庄社会关系和组织结构的变迁。

### 1.1.2. 村庄合并的地方回应及路径选择

“村庄合并”是改善乡村治理结构、加快农村城市化的重要举措。作为当代中国社会主义新农村（社区）建设的路径选择之一，村庄合并随着农业农村改革在不同时期的特点适时调整着它在改革中的角色和功能。从村庄合并的程度来看，我国东部、中部地区的村庄合并时间早，且整合力度远远大于西部和东北地区。从村庄合并的模式来看，我国各地区的村庄合并大多呈现出以行政组织机构为核心的合并、以新型农村社区服务综合体为单元的合并特点。从村庄合并发展的趋势来看，随着我国城乡一体化进程的加快，传统的以空间和行政组织为主导的村庄合并形式逐渐向以开发村庄的功能和服务转变。美丽乡村建设、特色小镇建设中的村庄合并也是我国新时期乡村改革发展的内容。

1.1.2.1 东部地区村庄合并的路径选择

改革开放四十年来，受工业化和城市化进程的深刻影响，我国东部地区经济发展迅速且具备了“工业反哺农业、城市支持农村”发展的条件，为农村社会组织变革和农村经济发展转型提供了强大的动力基础。京、津、冀、鲁、沪、苏、浙、闽、粤、琼等地是我国率先开展社会主义新农村建设的地区，村庄合并在这些地区以整合农民生活空间为依托，在进入21世纪之后十多年中，乡村变迁贯穿于符合当地特点的改革发展模式之中。浙江省的“千村示范万村整治”工程；福建省的“百千”工程；江苏省的“旧村”改造工程；上海市的“三个集中”工程；山东省德州市的“两区同建”；广东省湛江“四通五改六进村”法；北京市“非产业”的新农村建设；海南省的文明生态村建设等。这些具有区域发展特色的实践方式促使一批新村庄涌现，同时也有力地推进了社会主义新农村建设的步伐。笔者选取了浙、鲁、京、津、沪五个具有代表性的地区，对村庄合并在东部地区的发展状况进行阐述。

（1）浙江省的村庄合并实践

2002年以来，以浙江为典型的经济发达地区省份率先走在了村庄合并改革试点的前列并形成了相对成熟的实践模式。2003年，浙江省委、省政府启动了“千村示范、万村整治”工程，各地将“改造城中村、合并小型村、拆除空心村、缩减自然村和建设农村新社区”作为工作要求①，涌现出一大批宜居、宜业、宜游的幸福生活家园和市民休闲旅游乐园。作为浙江省新农村建设的重要工作，浙江“整治乡村”在全省大范围推动，如嘉兴、湖州、杭州市等地在2005年底均已完成了村规模的调整工作。

① 《中共浙江省委省政府关于统筹城乡发展促进农民增收的若干意见》（浙委〔2004〕1号），2004年1月17日。

作为全国美丽乡村建设的首推地区，浙江省的新型农村建设在2003—2013年这十年间取得了丰富的经验和成果。如2012年嘉兴市开始推行“强村计划”三年行动，有效推进了“两新”工程[①]。近年来浙江省的村庄合并由行政村向社区化合并转型的趋势较为明显，村庄治理效果显著，基本呈现出“小村向大村合并、人口向大村聚集”的趋势。2010年，浙江省行政村数量从24342个减少到2013年的22793个。2010年开展村庄治理的行政村为13250个，占全部行政村的54.43%。2013年开展村庄治理的行政村达到15198个，占全部行政村的66.68%[②]。

（2）山东省的村庄合并实践

早在20世纪80年代中期，山东的行政村合并就开始萌芽。90年代起，在统筹城乡发展、推进城乡一体化的时代背景下，村庄合并在山东逐渐兴起。“社会主义新农村建设”“公共服务均等化”“两区同建”“新型农村社区建设”“新型城镇化”等模式中无不贯穿着村庄合并[③]。2006年，在“土地增减挂钩”政策的指导下，山东省开始大力推动村庄合并和农村社会化发展，将农村列入社区规划范畴，进行新型农村社区建设。2009年，“以中心村为核心，以农村住房建设和危房改造为契机，计划用五年左右时间实现农村社区建设全覆盖”的政策在山东省开始推行[④]。农村社区建设主要是以村庄合并作为切入点进行的。从山东省各市县（区）推行村庄合并的实践来看，在全省137个县级单位中，德州市、潍坊市的村庄合并呈现出时间早、规模大、影响深的特点（表8）。

---

① “两新工程”是指推进农村改造集聚、加快现代新市镇和城乡一体新社区建设。

② 马旭新、厉兴、周萌强:《浙江省新农村建设相关情况汇总与浅谈分析——2010～2013年度》,《农业与技术》，2015年第10期，第216页。

③ 李昕:《山东省新型农村社区建设的探索》,《山东农业科学》，2016年第10期，第158页。

④ 林聚任:《村庄合并与农村社区化发展》,《人文杂志》，2012年第1期，第161页。

**表8 山东省潍坊、德州部分市县村庄合并推行路径及成效**

| 时间（年） | 地点 | 内容 | 成效 |
| --- | --- | --- | --- |
| 2006 | 潍坊昌乐县 | 按照“大村合并小村、强村合并弱村、班子好的合并班子差的”工作思路鼓励3个及以上的村进行合并。 | 合并行政村（居）536个，减少行政村（居）375个，超过原村庄数量的45%。 |
| 2007 | 诸城市 | 重新规划布局乡镇（街道）、村（居）。 | 组建了208个农村社区，涵盖村庄1257个，以2公里为服务圈建立起配套的农村社区服务中心。 |
| 2011 | 安丘市 | 以村两委换届为契机，探索建立三议两审一公开模式。 | 将1229个行政村合并为870个。 |
| 2008 | 德州市 | 整合村庄、建立农村社区；“大村制”改革、“两区同建”。 | 形成了城中村改造型、小城镇吸纳型、强村带动型、产业联结型、企业带动型、相邻村合并型七种村庄合并模式。 |
| 2008 | 平原县 | 推行村庄合并。 | 采取了商业开发型、社企共建型、自拆自建型三种合村并居的建设模式。 |
| 2008 | 齐河县 | 探索出六种合村并居模式。 | 使行政村数量从1014个减少到424个；新建农村社区289个；建设了一批功能齐全的社区服务中心。 |

数据来源：吕庆建、毕于建:《“合村并居”与新型农村社区建设研究综述》,《福州党校学报》,2012年第5期，第54—57页。

与内地村庄合并路径不同的是，山东省相对发达的沿海地区主要走“功能区带动型”的合并道路，园区成为其新型农村社区建设的特色优势。如烟台龙口市最大的新型农村社区——南山新和社区已实现了农民入住现代化社区的同时成为企业员工的双重目标。截至2013年，龙口已经实施新型农村社区建设项目9处，涉及15个村庄，节余建设用地指标2494亩[①]。随着《山东省农村新型社区和新农村发展规划（2014—2030年）》《山东省关于深入推进农村社区建设的实施意见》等重要指导性政策的出台，山东省各地区的村庄合并不断得到深化和完善，逐步减少了因村庄数量多、规模狭小、干部冗余、资源浪费等带来的发展困难。各地区积极推进新型农村社区建设，加大力度探索村庄合并模式，推动了传统农村社会结构向新型社区的转变。

（3）京津沪等地的村庄合并实践

京津沪是我国城市化水平排位靠前、经济发展速度最快的地区，村庄合并也始终存在于新农村建设、美丽乡村建设和特色小镇建设过程之中。作为全国的经济中心，市郊的快速城镇化促使上海较早地出现了新型农村社区，通过率先在全国推行“三个集中”（工业向园区集中、农民向社区集中、耕地向规模化经营集中）大力开展农村社区化建设[②]。作为全国的政治中心和文化中心，北京市立足于建设具有首都特色的都市型新农村，通过“政策先行、部门联动、资金跟进；试点示范、折子工程、全面推进”的农村建设推进模式，在全国率先基本实现农村现代化[③]。从2007年提出建设社会主义新农村至今，天津市的新农村建设模式可以归结为城市化推进模式、中心村集聚模式、一般村治理模式、拆迁并村模式、保护开发特色村模式五种类型[④]，其中“拆迁并村”是天津新农村建设模式中的重要类型。

东部沿海地区如广东、江苏、福建和海南等地的村庄合并始于21世纪

① 侯召溪：《山东百强县缩影：城里人有的这里都全了》，2013-11-04（http://sd.ifeng.com/zt/baiqiangxian/news/detail_2013_11/04/1415338_0.shtml）。

② 杜学峰：《上海新型农村社区的治理创新》，《社区建设与管理》，2014年第8期，第39页。

③ 王有年：《北京新农村建设四大方略探讨》，《中国高校科技与产业化》，2007年第8期，第46-47页。

④ 毛科军、徐德发：《天津社会主义新农村建设研究》，《天津经济》，2006年第4期，第21页。

之初。作为最早实行村庄合并的地区之一，在农业税费改革的时代背景下，苏北地区的村组合并从2002年就开始推行，并取得了丰富的实践经验[①]。佛山、东莞是广东省村庄合并较具代表性的地区，早在2006年，东莞市就通过调整部分村规模，整合资源，进行社区建设，减少村干部人数和财政开支，减少公益事业的重复建设，推动农村现代化进程，实现城乡协调发展。海南省通过集约建设新农村中心居民点，适度发展具有鲜明特色和区域代表性的村庄，形成了以小城镇、中心居民点和特色村庄为主的乡村居民点体系。

1.1.2.2 中部地区村庄合并的路径选择

作为我国主要的农区和商品粮生产基地，中部地区一方面在城市空间整体布局上承接着东部经济发达地区的经济辐射和产业转移；另一方面其大中小城市之间分布着数量众多的农村，农村人口、耕地面积、粮食产量和粮食商品流出量分别占全国的29.9%、24.7%、15.4%和1/2%（2005年数据），在保障国家粮食安全上具有举足轻重的地位[②]。河南、湖南作为全国的农业大省，不论是从农村地区的村庄数量还是从村庄人口和耕地面积等方面来看都排在全国前列，综合来看这两个省份村庄合并的进程及影响对中部地区甚至其他省区（市）村庄合并的推行具有重要的影响，其经验和教训发人深思。

（1）河南省的村庄合并实践

河南省的村庄合并是与新型农村建设分不开的。早在2003年，河南省已有部分村庄开始建设新农村社区，进行了自然村的合并。2006年以来，村庄合并实践逐步展开。新乡市在2009年就提出行政村规划的整合方案，

① 阎向阳、李伟：《村组合并后的村庄治理——苏北Y村个案研究》，《理论月刊》，2005年第11期，第183页。

② 李应中：《我国不同地区新农村建设的重点》，《中国农业资源与区划》，2007年第1期，第4页。

将全市3571个村整合为1050个新型农村社区[①]；2011年河南省以国家农村改革实验区为契机，按照“三化协调、四化同步”的基本要求进行新农村建设，并在此过程中不断地进行村庄合并。同年农村住宅社区建设在新乡市全面展开，郑州市也开始出台合村并城的相关文件。河南省作为农业大省，村庄数量和农村人口较多，城镇化水平低于全国平均水平，2011年，河南省第九次党代会之后，为提高城镇化率，进一步加大对村庄资源的整合及利用，“新型农村社区”建设成为河南省十二五时期的主要任务之一。村庄合并作为新型农村社区建设的主要模式之一（城中村改造、旧村完善型、村庄合并型、服务共享型、产业带动型、整体搬迁型）在全省铺开[②]。在中心城镇带动、县域经济发展、产业聚集区建设、新农村建设等理念的带动下，各市也纷纷提出了本地区发展的规划与目标。如十二五期间，许昌市计划开发300个社区；截至2020年，平顶山市计划将全市2620个社区整合为539个；开封市计划将全市2381个村整合为800个社区。截至2012年末，河南省3250个在建及建成新型农村社区已投入使用[③]。其中尤以安阳滑县18个村合并成“超级大社区”“万人社区”、濮阳西辛庄合并15个村建市工程最为引人注目。实际上，在社区建设过程中，“产业集聚区、城市郊区、乡镇所在地、煤矿塌陷区搬迁、偏远山区搬迁、传统农区”六种新型社区模式[④]几乎不同程度地都涉及村庄合并，其中绝大部分也是河南省村庄合并后的聚居点。

2000年以来，河南省村庄的数量持续递减且速度在不断加快。2000年

---

① 《新乡市倾力打造全省统筹城乡改革发展试验区》，河南政府门户网，2009年10月27日（http://www.henan.gov.cn/zwgk/system/2009/10/27/010162857.shtml）。

② 吕军书、刘河锴：《社会管理创新背景下新型农村社区管理机制研究——基于全国农村改革试验区河南省新乡市的调研》，《农业经济》，2014年第1期，第45页。

③ 罗辉、郭久辉：《河南探索新型农村社区建设调查》系列报道，《河南日报》，2012年12月28-30日。

④ 王武朝：《河南省新型农村社区建设回顾》，《农村·农业·农民（B版）》，2015年第2期，第45页。

到2010年，十年间河南省行政村净减少1209个，年均减少93个。2010年到2013年，河南省行政村净减少314个，年均减少104个[①]。然而，大规模的村庄合并势必出现诸多问题。截止到2016年年底，共有1336个新型农村社区被停建。随后，中纪委监察部网站发布了对河南省巡视整改情况的通报[②]，要求其限期整改，分类解决社区遗留问题，至此，河南轰轰烈烈的新农村社区建设暂时降温。

（2）湖南省的村庄合并实践

湖南省的大部分农村处于山区之中，形成了村庄分散且规模小的空间分布特点，村庄数量一直排在全国前列。随着2000年村庄合并的推行，全省村民委员会的数量呈现较为明显的递减趋势（图15）。2015年湖南省委省政府将村庄合并作为乡镇区划调整的同步工作提出，并为此专门召开了全省乡镇区划调整改革工作会议，提出合村工作要在2016年年底完成，合并1.6万个以上的建制村，建制村总数控制在2.5万个左右[③]。2016年合并之前原有建制村41595个，合并之后共有建制村24153个，其数量从全国排位第4降至第9[④]。

① 刘江浩，朱琨：《城镇化应“有魂”能留得住乡愁——两会代表、委员热议传统村落保护》，《大河报》，2015年1月28日。

② 秦亚洲、刘金辉：《直接损失600多亿元，“惠农工程”成烂尾——河南部分新型农村社区建设调查》，新华社郑州12月29日电。

③ 湖南省乡镇区划调整改革工作动员会议报道，湖南新闻联播，2015年9月22日。

④ 《湖南减少17442个建制村14市州均超额完成合并改革》，2016-06-13（http：//hn.rednet.cn/c/2016/06/13/4006509.htm）。

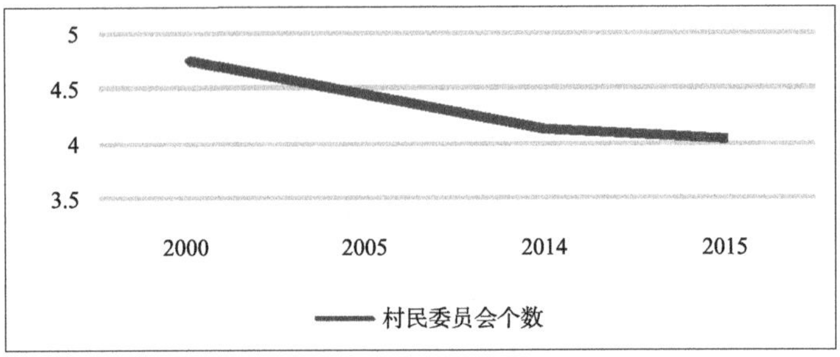


**图 15 2000—2015 年湖南省村委会数量变化（单位：万个）**

数据来源：2016 年湖南省统计年鉴。

从建制村调整的规模来看，全省建制村规模调整最大的三个市——岳阳、衡阳、常德在推行村庄合并后，现有建制村数量的减幅分别达到了55%、53%和52%（表9）。常德市以“一转四定”和“一强两定”为乡镇区划调整工作特色，在2016年6月超额完成并居任务，合并建制村1607个[①]。与此同时，郴州、永州、怀化、娄底的村庄合并也取得了非常显著的效果。如2015年怀化市超额完成撤并任务，已经撤并93个乡镇和1134个建制村[②]。永州市积极出台撤并方案，力图在2016年实现合并35个乡镇、2016个建制村的目标[③]。2016年娄底市合并减少9个乡镇和1292个行政村[④]。郴州市在践行新一轮乡镇区划调整布局的过程中，其乡镇（街道）从203个调整到156个，建制村从2973个调整到2078个[⑤]。

① 《常德3353个建制村合并为1607个，减幅率达52%》，2016-06-21（http：//hn.qq.com/a/20160621/040084.htm）。

② 杨昱：《怀化撤并93个乡镇，超额完成5个》，《三湘都市报》（长沙），2015-11-30。

③ 《永州市乡镇区划调整改革工作方案》，2015年10月21日。

④ 《娄底市委常委会议研究统战工作和乡镇区划调整改革工作》，娄底政府门户网，2015-09-30。

⑤ 《郴州市启动新一轮乡镇区划调整》，2015-10-21（http：//www.czxww.cn/2015/10/21/091632488392.html）。

**表 9　2016 年湖南省全省建制村合并工作情况表**

| 市州名称 | 原有建制村（个） | 合并后村（个） | 减幅 |
|---|---|---|---|
| 长沙市 | 1203 | 785 | 35% |
| 株洲市 | 1561 | 1020 | 35% |
| 湘潭市 | 1513 | 794 | 48% |
| 衡阳市 | 4886 | 2312 | 53% |
| 邵阳市 | 5510 | 3235 | 41% |
| 岳阳市 | 3097 | 1397 | 55% |
| 常德市 | 3353 | 1607 | 52% |
| 益阳市 | 1886 | 1170 | 38% |
| 郴州市 | 2937 | 2067 | 30% |
| 永州市 | 5060 | 2941 | 42% |
| 怀化市 | 3854 | 2465 | 36% |
| 娄底市 | 3260 | 1846 | 43% |
| 张家界市 | 1514 | 872 | 42% |
| 湘西自治州 | 1961 | 1642 | 16% |
| 合计 | 41595 | 24153 | 42% |

数据来源：2016 年湖南省统计年鉴；《湖南减少 17442 个建制村 14 市州均超额完成合并改革》，2016–06–13，（http：//hn.rednet.cn/c/2016/06/13/4006509.htm）。

在村庄合并中，湖南省结合当地的资源优势，着力打造符合当地经济发展特点的特色产业，在行政区划合并的同时实现产业结构的重塑和经济的快速发展。如浏阳市岩前村与白溪村合并的岩前新村、枫林湖村、金源村、七宝山村等将生态旅游开发作为新村发展的特色；株洲醴陵的李畋镇以当地烟花爆竹文化产业优势，助推当地特色产业发展；衡阳市设立水口山镇，以“铅锌之都”的影响打造大规模工业新区和经济发展强镇①。浏阳市在推进乡镇区划调整过程中坚持把“便民利民”作为工作的出发点和落脚点，以“三增三不减”为原则，确保了乡镇区划调整工作规范有序、平稳顺利推进②。此外，湖南全省共有6个民族自治县、99个民族乡，少数民族特色村镇资源丰富。在村庄合并过程中，对少数民族村寨实施了保护，如对蓝溪沟蓝瑶寨古村、石门县罗坪乡长梯矮村、绥宁县黄桑坪苗族乡上堡村等等进行了生态旅游保护和开发③。

1.1.2.3 西部地区村庄合并的路径选择

西部地区的村庄合并受经济发展水平、自然环境等因素的制约，与东部地区相比存在一定的滞后性。因地域差异，西部地区各个地区的村庄合并也呈现出迥异的状态。从发展规模来看，四川、重庆、云南采用了从“点式发展”向高一级的“片、面扩展”的形式。从发展模式上看，西部地区的村庄合并形成了多种具有本地特色的发展模式。在新疆、内蒙古、西藏等较为边远的农牧区，虽然合并村落不多且进展缓慢，但也存在于其生态建设、扶贫搬迁和旅游资源开发过程中。

（1）四川省的村庄合并实践

作为2006年“土地增减挂钩”最早的五个试点省份之一，四川省的村庄合并在新农村综合体建设和幸福美丽新村建设中不断前进。2013年至2015年间，四川省通过幸福美丽新村建设，改变了大散居的村庄布局，聚居程度提高；从平原、丘陵、山区及民族地区的实际出发，对部分村庄进行了

---

① 杨昱：《全省乡镇区划调整提前超额完成》，《三湘都市报》，2016年6月13日。

② 《浏阳市：31部门出台服务清单 合并乡镇“三增三不减”》，2016年2月24日，（http：//hn.rednet.cn/c/2016/02/24/3915778.htm）。

③ 《湖南省“十三五”少数民族事业发展规划》，2017年3月30日。

合并。编制完成省城镇体系和四大城市群规划，在14个县（市）开展“多规合一”试点，建成新农村综合体和聚居点1500余个①；2033个新村居点、218个新农村综合体、2307个“1+6”村级公共服务中心在全省60个省级新农村建设示范县建成并投入使用②。

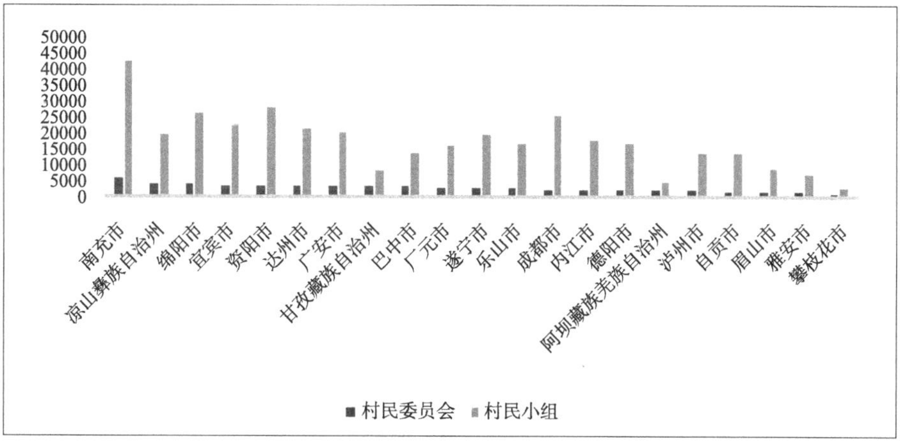


**图16 各市（州）基层群众自治组织情况（2014年年底）（单位：个）**

数据来源：四川省统计局国家统计局四川调查总队编：《2015年四川省统计年鉴》。中国统计出版社，2016年版。

四川省民族自治地区辖区面积、总人口及少数民族人口均列全国民族八省（区）第五位。除去阿坝藏族羌族自治州、甘孜藏族自治州、凉山彝族自治州（“三州”）即少数民族最主要的聚居区外，还包括按民族县对待的米易、盐边、北川、石棉、金口河、仁和6个县以及106个民族乡③。其民族

① 2017年四川省政府工作报告，2017年1月25日。

② 四川省人民代表大会常务委员会、省人大农委办公室：《关于四川省新农村建设情况的调研报告》，2015年1月19日。

③ 张海霞、庄天慧、杨锦绣：《四川省少数民族地区新农村建设评价实证研究——以“三州”地区为例》，《乡镇经济》，2009年第1期，第66页。

自治地区的村寨合并也具有特色，《2015年四川省统计年鉴》显示，南充市、凉山彝族自治州、绵阳市、宜宾市、资阳市、达州市、广安市、甘孜藏族自治州、巴中市的村民委员会数排在全省的前十位（图16）。但是由于经济发展水平条件的制约，凉山彝族自治州、甘孜藏族自治州的城镇化率却不到40%，在全省其他市（区）中排位较低。村庄合并在“三州”的推行主要以扶贫搬迁、震后搬迁聚集为主。

（2）五个民族自治区的村庄合并实践

我国的五个民族自治区分布在边疆地区，总体呈现出经济发展水平低、人口密度小、自然环境导致农业生产、生活方式单一的特点。受自然环境等因素的影响，内蒙古自治区、新疆维吾尔自治区和西藏自治区的部分农村地区以牧场居多，农牧民分散居住者较多，各地根据外部环境和农牧民自身需求，探索出了适宜本地的模式。

新疆、西藏、宁夏并没有将村庄合并作为专项工作推行，这可能跟其自然环境、经济发展、民族习惯、宗教及生活方式有关。

新疆维吾尔自治区的村庄合并穿插于农牧地区的定居建设中，如阿克苏、阿勒泰等地区的“牧民异地搬迁、插花定居、集中定居”等模式，富蕴县的“中心村模式”都对牧民定居模式进行了有益的探索。这种将牧民定居与牧区城镇化有机结合起来的措施对推动牧民定居规模化起到了积极作用。

2006年西藏自治区开始实施农牧民安居工程。在此过程中，农房改造、游牧民定居和扶贫搬迁是主要实施模式。据统计，2010年西藏农牧民安居工程覆盖全区27.48万户、140万农牧民[①]。

宁夏回族自治区面积较小，人口较少，全区下辖5个地级市。截至2017

① 《西藏百万农牧民住上安居新房》，新华社，2010年12月20日（http://www.gov.cn/jrzg/2010-12/20/content_1769918.htm）。

年6月，共有2276个村委会[①]。从第六次人口普查的基本情况数据中可以看出，近十年来宁夏回族自治区呈现出城镇人口比重大幅增长、乡村人口缓慢下跌的趋势（如图17）。

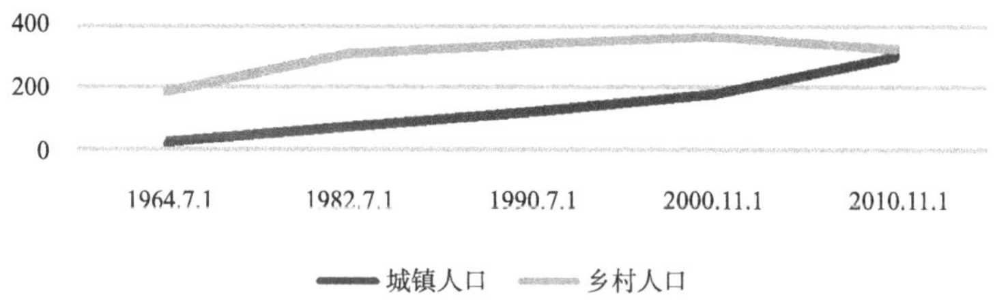


**图17 宁夏城乡人口变化（单位：万人）**

数据来源：宁夏回族自治区统计局、国家统计局宁夏调查总队编：《2017宁夏统计年鉴》，中国统计出版社，2018年版。

宁夏的村庄合并起步较晚，作为新农村建设、村庄整治、移民搬迁的附带工作，推行力度不大，速度缓慢。2005年3月，自治区制定并实施了“塞上农民新居”5年建设计划，2016年3月又提出《宁夏回族自治区人民政府关于加强村庄规划建设整治和管理促进社会主义新农村建设的意见》，其基本要求是在当前和今后一个时期，以调整区域村庄布局、撤并规模过小和分散的自然村、集中建设中心村、建立村庄长效管理机制等作为主要内容，力争3年完成1000个村庄的整治示范工程[②]。截止到2010年，青铜峡市完成“塞上农民新居”建设及危房改造建设点18个，共3125户。2012年8月，自治区党委、政府印发《关于加强生态移民村村级组织建设的若干规定（试

① 宁夏回族自治区统计局、国家统计局宁夏调查总队编：《2017宁夏统计年鉴》，中国统计出版社，2018年版。

② 《宁夏回族自治区人民政府关于加强村庄规划建设整治和管理促进社会主义新农村建设的意见》（宁政发〔2006〕39号），2006年3月18日。

行）》，提出“纳入生态移民搬迁的村，尽可能多村合并成1000户左右的村，由迁入地县级人民政府命名。对个别整建制搬迁在500户以上的村，可保留原村党组织和村民委员会机构，只作更名。移民规模在500户以下的村，就近纳入迁入地建制村管理”①。仅十二五期间，宁夏生态移民安置4万户，16.9万人。此外，2014年宁夏明确提出村庄规划格局“2020年全区规划村庄4545个，其中中心村1984个，一般村2561个”，整合整治一般村，重点建设中心村。按照因地制宜、突出地方特色的村镇建设模式，在推进村庄整治的同时，实现2020年90%的规划村庄达到美丽乡村建设标准②，村庄合并与美丽乡村建设齐头并进。

内蒙古由牧区、半农半牧区、农区组成，是我国东西跨度最大的省区。在新农村建设、美丽乡村建设推动下，内蒙古自治区在2014年提出“十个全覆盖”的基础上进一步推行村庄合并，如2015年包头市土右旗以村“两委”换届为契机，以“整合村庄、整合班子、整合资源”为重点，积极稳妥推行村庄合并。2015年合并30%共88个行政村，2018年再合并55个行政村，到2020年，全旗仅保留145个行政村③。乌兰察布市四子王旗在前期调研和摸底的基础上，2016年计划对236个小散村进行村庄整合与易地搬迁，2016年、2017年各撤并村庄118个④。

与上述四个自治区不同的是，广西壮族自治区基于其特殊的地形地貌以及原有的经济、农业结构发展形式，形成了四种类型的合并模式：一是以

① 《关于加强生态移民村村级组织建设的若干规定（试行）》（宁党办〔2012〕62号），2012年8月14日。

② 中共宁夏回族自治区委员会办公厅、宁夏回族自治区人民政府办公厅：《自治区党委办公厅人民政府办公厅关于印发〈宁夏美丽乡村建设实施方案〉的通知》，2014年7月19日。

③ 《土右旗以村“两委”换届为契机 积极稳妥推进村庄合并》，2015年04月20日（http：//inews.nmgnews.com.cn/system/2015/04/20/011668904.shtml）。

④ 《乌兰察布市四子王旗村庄整合和易地搬迁工作有序推进》，乌兰察布政府网，2016年08月02日（http：//www.nmg.gov.cn/fabu/xwdt/ms/201608/t20160802_563554.html）。

“十万瑶族乡”为代表的因国有农林场改革而新设立的村庄；二是因行政区划调整进行村屯分设与合并及城中村改造的模式；三是以南宁市西乡塘区金陵镇的大林新村、桂林市恭城县莲花镇的红岩村为典型的新型农村建设下的村庄合并；四是因扶贫易地搬迁产生的村庄位移。百色市田阳县那满镇露美村弄江叫昆屯、来宾市兴宾区迁江镇雷山村、玉林市容县灵山镇等地的异地搬迁都较具代表性①。

1.1.2.4 东北地区村庄合并的路径选择

21世纪之初，村庄合并在东北地区以“撤并村屯”的形式推行开来。吉林省地处东北地区中部，从合并的数量上来看，其行政村数量由2003年的9655个减少到2013年的9314个。自然村数量由2003年的41058个减少到2013年的40884个。截至2014年，全省共有9134个行政村、1504个社区（如表10）。

表10 2003—2013年吉林省村庄数量变迁情况

| 年度 | 2003 | 2004 | 2005 | 2006 | 2007 | 2008 | 2009 | 2010 | 2011 | 2012 | 2013 |
|---|---|---|---|---|---|---|---|---|---|---|---|
| 行政村数量（个） | 9655 | 9366 | 9375 | 9335 | 9317 | 9321 | 9316 | 9319 | 9314 | 9314 | 9314 |
| 自然村数量（个） | 41508 | 41310 | 41042 | 41244 | 41244 | 41188 | 41168 | 41028 | 40923 | 40903 | 40884 |

数据来源：杨轶囡:《吉林省村庄变迁的调查与思考》,《长春大学学报》，2016年第3期，第15页。

从村庄合并的实践来看，吉林省的村庄合并大致可以分为：农村税费改革启动阶段、社会主义新农村建设阶段和城镇化快速发展阶段三个主要阶段。2006年吉林省出台新农村建设实施计划，旧村整治、新村建设、迁村

① 黄国勇:《广西村庄变迁研究》,《当代经济》，2015年第10期，第42-45页。

并点、生态移民等工程加快了吉林省村庄合并的步伐。从村庄的空间分布来看，吉林省行政村数量的变迁呈现出由东往西逐步减少的态势。对村庄进行就地改造是未来吉林省村庄变迁的趋势，打造具有鲜明产业特色、生态特色、地域特色或民族特色的现代化新农村[①]。

黑龙江早在2001年就开始了村屯合并，其乡村布局的特点是：居住分散，传统农业模式鲜明，以“城中社区、乡镇吸纳、中心村集聚”为主要形式的整村迁移模式在新农村建设的过程中逐渐成为重要的发展路径。2009年，伴随着黑龙江新农村建设的深入，齐齐哈尔市依林县、黑河市瑷珲乡等地区进行了村屯合并。将经济发展落后、地处偏远、交通不便、分散、空心化的村屯进行统筹规划，因地制宜，采用搬迁合并模式，集中居住，完善基础设施，大大改善了居民的生活条件。按照村庄空间布局情况，2011年发布了《黑龙江省撤并村屯规划纲要》(黑建村〔2011〕13号)，采取试点带动、逐步推进的方式撤并村屯。此后，根据《黑龙江省撤屯并村规划纲要》，2012年省住建厅制定了《全省县市域镇村居民点空间布局规划编制工作方案》，提出到2025年全省规划撤并镇村居民点24000个，其中2015年前撤并20%左右、2015–2020年撤并33%左右、2020–2025年撤并47%左右，全省保留镇村居民点12000个[②]。

伴随着国家税费改革的调整，2003年，辽宁省的一些地区就开始了村庄规模调整，大连、鞍山、丹东等地的一些农村进行了合村并组。如大连市2003年8月21日开始，历时39天，将全市的1520个村合并为1010个，共减掉510个村，合并比例为33.6%，是大连市建制村行政的最大一次变更，合并后村均人口为2990人。这次调整重点是那些耕地面积过小、人口过少或

① 杨铁囡:《吉林省村庄变迁的调查与思考》,《长春大学学报》，2016年第3期，第15–18页。

② 黑龙江省住房和城乡建设厅:《全省县（市）域镇村居民点空间布局规划编制工作方案》，2011年10月27日。

自然资源分割不利于整体开发的村，调整的范围是：山区（海岛）1000人以下、平原1300人以下的村。其中，山区（海岛）不足800人、平原不足1000人的村原则上都要合并；由于民族、地理等特殊因素不宜合并的，不强求合并；调整原则上以村为单位“整建制”合并，合并后的村在地域上要相连，不得形成“飞地”（属于该村但不与该村相连的地域）①。鞍山市也在2003年8–9月进行了小村的并村工作，并提出调整的范围和标准是：山区1000人以下、平原1300人以下的村，其中山区不足800人、平原不足1000人的村原则上都要合并。调整后，村的人口规模一般应达到2000人以上。由于每个县（市、区）和乡镇中原有村的数量、平均人口、地域分布、少数民族聚居等因素不同，各地合并标准和数量可以有所区别②。近年来随着城镇化率不断提高，各市之间的城乡发展水平进一步拉大。2008—2017年，辽宁省城镇人口呈现不断增长的趋势，而乡村人口逐年递减（如图18）。将2010年第六次全国人口普查数据中辽宁省城镇人口的数量与2015年辽宁省全国1%人口抽样调查公报中城镇人口的数量相比，辽宁省城镇人口增加232.4万人，城镇人口比重上升5.2个百分点。与之相反，辽宁省乡村人口呈现不断递减的趋势，五年间减少了225.0万人③。

① 《农村并村全部结束，合并后村均人口为2990人，39天减掉510个村》,《大连晚报》，2003年11月4日。

② 《鞍山9月底前完成小村庄合并》,《鞍山日报》，2003年7月11日。

③ 《辽宁省2015年全国1%人口抽样调查主要数据公报》，2016年4月29日。

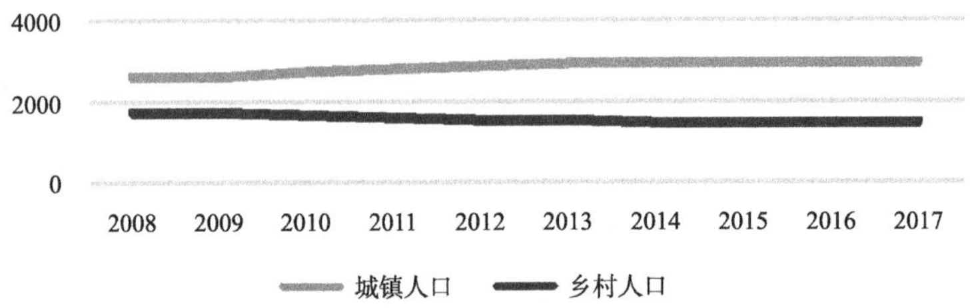


**图 18 辽宁省 2008—2017 年城镇及乡村人口变化趋势图（单位：万人）**

数据来源：辽宁省统计局、国家统计局辽宁调查总队：《辽宁省国民经济和社会发展统计公报（2008–2017）》。辽宁省统计局官网。

作为辽宁省的省会城市，近10年来沈阳市的城镇化水平始终高于全国水平。如2015年城镇化率80.55%，比全国高24.4个百分点，在全国15个副省级城市中，沈阳市城镇化率仍排名第5（如表11）。

**表 11 十五个副省级城镇化率发展情况**

| 地区<br>年份 | 城镇化率（%） | | | 排名 | | |
|---|---|---|---|---|---|---|
| | 2000年 | 2010年 | 2015年 | 2000年 | 2010年 | 2015年 |
| 沈阳 | 70.32 | 77.07 | 80.55 | 6 | 5 | 5 |
| 大连 | 63.37 | 74.42 | 78.33 | 7 | 7 | 7 |
| 长春 | 49.79 | 55.48 | 63.12 | 15 | 15 | 15 |
| 哈尔滨 | 57.05 | 61.13 | 63.97 | 10 | 14 | 14 |
| 南京 | 71.09 | 77.94 | 81.40 | 4 | 4 | 4 |
| 杭州 | 58.64 | 73.25 | 75.30 | 8 | 8 | 8 |
| 宁波 | 55.75 | 68.31 | 71.10 | 13 | 10 | 11 |
| 济南 | 56．31 | 64.47 | 67.96 | 11 | 13 | 13 |

续表

| 地区<br>年份 | 城镇化率（%） | | | 排名 | | |
|---|---|---|---|---|---|---|
| | 2000年 | 2010年 | 2015年 | 2000年 | 2010年 | 2015年 |
| 青岛 | 57.16 | 65.81 | 69.99 | 9 | 11 | 12 |
| 武汉 | 81.65 | 77.07 | 79.41 | 2 | 5 | 6 |
| 广州 | 81.38 | 80.00 | 85.53 | 3 | 3 | 3 |
| 成都 | 53.72 | 65.75 | 71.47 | 14 | 12 | 10 |
| 西安 | 56.15 | 69.00 | 73.02 | 12 | 9 | 9 |
| 深圳 | 92.46 | 100．00 | 100.00 | 1 | 1 | 1 |
| 厦门 | 70.84 | 88.33 | 88.90 | 5 | 2 | 2 |

数据来源：沈阳统计信息网。

然而高度的城镇化率并没有让辽宁省各市下辖的乡、集镇等区域中心的基础设施建设以及服务功能得到充分的发展与平衡，一些乡集镇所在地区受人口数量的影响，其基本公共服务设施无法与城市核心区域保持平衡，同时从产业发展的角度来看，二三展业的发展也相对落后，由此形成了一种“强都市弱城镇”的发展态势。由此村庄合并进一步扩展，2000年以来，沈阳市进行了多轮行政区划调整，大大减少了行政村的数量。2008—2012年，沈阳市的行政村数量从1451个减少到1263个，在这个过程中新增社区222个①。2015年《沈阳市宜居乡村建设行动方案（2015–2017年）》指出，全市涉农区、县（市）的138个乡镇、11503个行政村中规划保留村1086个，拟撤并村417个。由此可见，辽宁省的村庄合并在各地一直伴随新农村建设推进。

① 刘春涛、刘馨阳：《沈阳市乡村规划编制体系重构的实践探索》，《新常态：传承与变革——2015中国城市规划年会论文集（14乡村规划）》，2015年9月19日。

### 1.1.3. 我国村庄合并实践评述

随着经济增长和技术进步，我国逐步迈入了城乡发展的新阶段。村庄合并始于20世纪80年代中后期，进入21世纪之后在城镇化和社会主义新农村建设的不断推动下逐步在全国兴起，同时一些地区将之视为城镇化的路径选择，根据其在农业农村改革不同阶段的特点调整合并步伐。自2004年村庄合并在全国范围内正式推行以来，受工业化、城镇化水平区域发展不均衡的影响，我国东部、中部、西部和东北地区的村庄合并普遍采用因地制宜的方式，都具有较强的地方特色。村庄合并在全国范围内的实践大致可以从合并时间、合并模式、发展趋势这三个维度进行讨论。首先，从村庄合并的时间维度来看，我国东部、中部地区的村庄合并作为“先行者”在2000年之前就已经存在，进入21世纪之后，村庄整合力度远远大于东北地区和西部地区。其次，从村庄合并的模式维度来看，大多呈现出以下两种村庄合并的形态：一是村民并不集中居住，以村“两委”合并为核心；二是村民搬迁集中居住、突出新型农村社区服务综合体的居住合并。再次，从村庄合并发展的趋势来看，我国的村庄合并在因地制宜的基础上仍将持续很长一段时间。

村庄合并是城乡一体化发展的重要手段，它是我国农村社会的一场重大变革，它不仅仅意味着农村居住格局的改变，而且农民的社会关系和生活方式也发生了的改变。党的十九大进一步指出，要坚持农业农村优先发展，农业农村现代化要求人口聚集和现代化的居住格局。2017年年底的中央农村工作会议、2018年的中央1号文件都对我国农业农村的发展作出了全面部署和战略设计。可以预计，村庄合并将以更加多元化的形态参与到农业农村现代化的进程中，为实现乡村振兴奠定牢固的群众基础、积累丰富的实践经验。

## 1.2. 村庄合并的政策梳理

伴随着村庄合并在全国推进力度的增大，中央逐步出台了一系列相关的政策进行指导和引导，就合并实践中出现的问题出台相关文件逐步纠偏和规范。尽管村庄合并是由多主体共同推动的，但就目前来看，合并实践主要由政府出面进行引导和协调，政府制定的政策文件是最直接最有效的推动工具。从国家的顶层设计看，涉及“村庄合并”的政策一直伴随着“城镇化”“新农村建设”“土地资源挂钩”“村镇综合改革”“村庄规划”“美丽乡村”等政策而不断地发生着变化，村庄合并实践也在各种政策转变中曲折前进，并将继续发展。与此同时，部分地方政府在顶层设计变化的基础上强化和增添了相应的支持政策。在这些支持政策的背后，撤村并组、村级区划调整甚至某些农村社区建设等都成为村庄合并的新型代名词。笔者通过查阅相关资料，发现在2000年之前，党中央及省部级以上政府出台的与村庄合并有直接关系的文件很少，因此通过对2000年之后的村庄合并政策的梳理，分析此种政策的价值取向及目标，对我们了解村庄合并政策的发展过程及政策趋向具有重大意义。

村庄合并的实践在我国兴起于20世纪八九十年代，20世纪80年代的村庄合并仅仅出现在我国东部地区的个别农村。90年代，浙江省依据《中华人民共和国村民委员会组织法》开始了部分地区的村庄规模调整，这是我国出现较早的有规模的村庄合并。不过，这时还处于摸索和探索之中。2000年之后，我国的村庄合并实践在各地如雨后春笋般地涌现。一方面是工业化、城镇化带来的农村空心化问题的客观推动，另一方面是国家相关政策的推动。那么2000年之后有哪些推动村组合并（撤村并居）、村级区划调整的政策？推动政策变迁的原因是什么？基于什么考量，通过政策希望实现什么目标？结果怎样？作为改革手段而非目的的村庄合并，其政策制定的导向和发展脉络又是怎样的?

### 1.2.1. 政策梳理

要想分析村庄合并的公共政策，必须首先解释和界定其内涵和外延。本书所指的公共政策是由各级政府下发的涉及村庄合并、村组合并、行政村规模调整、农村社区建设、村庄整治、村庄规划等方面的具有指导、规范和约束力的文件，甚至包括国家领导人的重要指示和精神。村庄合并政策在进入21世纪之后不断改革、调整与完善，总体来看，其实践遵循“开始实施 — 问题出现 — 制度规范”的范式，合并效果有待于时间的检验和考证。

从国家层面来看，伴随着城镇化的推进，自2000年以来，有关村庄合并的政策经历了一系列的变化调整过程。笔者梳理了2000年以来国家层面的与村庄合并相关的公共政策，具体见表12:

**表12　2000年以来中央出台的有关村庄合并的政策文件**

| 时间 | 政策文件 | 村庄合并的相关内容 |
| --- | --- | --- |
| 2000月11月 | 《中共中央国务院关于促进小城镇健康发展的若干意见》(中发〔2000〕11号) | “对以迁村并点和土地整理等方式进行小城镇建设的，可在建设用地计划中予以适当支持。” |
| 2000年11月 | 国土资源部下发《关于加强土地管理促进小城镇健康发展的通知》(国土资发〔2000〕337号) | 第一次明确提出建设用地周转指标，主要通过“农村居民点向中心村和集镇集中”“乡镇企业向工业小区集中和村庄整理等途径解决”。 |
| 2004年2月 | 中共中央、国务院发出《中共中央国务院关于促进农民增加收入若干政策的意见》(中发〔2004〕1号) | “进一步精简乡镇机构和财政供养人员，积极稳妥地调整乡镇建制，有条件的可实行并村。” |

续表

| 时间 | 政策文件 | 村庄合并的相关内容 |
| --- | --- | --- |
| 2004年3月 | 民政部区划地名司发布《关于贯彻中发〔2004〕1号文件精神继续做好乡镇行政区划调整工作的通知》民区网字〔2004〕1号 | “今后一个时期，各地要认真贯彻中央1号文件的精神，继续积极稳妥地做好并村工作。”提出了并村工作四个原则。 |
| 2004年10月 | 国务院出台《关于深化改革严格土地管理的决定》 | 首次以国家政策形式提出“鼓励农村建设用地整理，城镇建设用地增加要与农村建设用地减少相挂钩”。 |
| 2005年9月 | 建设部提出《关于村庄整治工作的指导意见》(〔2005〕174号) | “为建设社会主义新农村，村庄整治工作要坚持试点引路，要因地制宜，可采取新社区建设，空心村整理，城中村改造，历史文化名村保护性整治等有效形式。” |
| 2005年10月 | 党的十六届五中全会通过《中共中央关于制定国民经济和社会发展第十一个五年规划的建议》 | 建设社会主义新农村要“搞好乡村建设规划，节约和集约使用土地”。 |
| 2007年3月 | 第十届全国人民代表大会上，时任国务院总理的温家宝在政府工作报告中强调：要守住18亿亩耕地这条红线。 | 坚决实行最严格的土地管理制度。 |
| 2008年6月 | 《城乡建设用地增减挂钩管理办法》(国土资发(2008)138号) | “统筹确定城镇建设用地增加和农村建设用地撤并的规模、范围和布局”“严禁违背农民意愿、大拆大建”。 |
| 2010年8月 | 海口举行“城乡一体化：趋势与挑战”国际论坛 | 中央农村工作领导小组办公室主任陈锡文指出，和平时期大规模的村庄撤并运动“古今中外，史无前例”。 |

续表

| 时间 | 政策文件 | 村庄合并的相关内容 |
|---|---|---|
| 2010年4月 | 国务院办公厅下发《国务院关于严格规范城乡建设用地增减挂钩试点切实做好农村土地整治工作的通知》。 | 要求各地采取有力措施，坚决纠正片面追求增加城镇建设用地指标、擅自开展增减挂钩试点和扩大试点范围、违背农民意愿强拆强建等侵害农民权益的行为。 |
| 2013年2月 | 《关于加快发展现代农业进一步增强农村发展活力的若干意见》（中发〔2013〕1号） | 提出“不提倡、不鼓励在城镇规划区以外拆并村庄，建设大规模的农民居住区”。 |
| 2013年10月 | 全国改善农村人居环境工作会议在浙江杭州召开，农业部、环境保护部、住房和城乡建设部等部门共同把脉农村人居环境建设。 | 时任建设部副部长仇保兴说，片面理解城镇化，盲目撤并村庄建集中居住区，大拆大建是当前农村人居环境治理面临的主要问题之一。村庄要突出地方特色，不提倡村庄合并、撤村并镇等方式折腾农民，利用市场机制引导贫困人口有序自然转移。 |
| 2014年3月 | 《国家新型城镇化规划（2014－2020年）》正式发布。 | “优化城镇化空间布局和城镇规模结构”“促进社区化发展，增强服务城市、带动农村、承接转移人口功能”“创新社会治理方式”。 |
| 2014年12月 | 国家发展改革委等11个部门《关于开展国家新型城镇化综合试点工作的通知》 | “优化行政层级和行政区划设置，积极借鉴经济发达镇行政体制改革试点的经验，探索更加精干、高效的组织构架和行政体制。” |
| 2015年4月 | 中央办公厅、国务院办公厅《〈关于深入推进农村社区建设试点工作的指导意见〉的通知》（中办发〔2015〕30号） | 严禁强制推行大拆大建、撤村并居，严禁违反土地利用规划擅自改变农地用途，严禁以“管委会”等机构取代村党组织和村民委员会。各级民政部门要切实履行牵头职责，会同有关部门加强对试点工作的协调督导，适时组织专项督查。 |

续表

| 时间 | 政策文件 | 村庄合并的相关内容 |
| --- | --- | --- |
| 2015年11月 | 《深化农村改革综合性实施方案》（中办发〔2015〕49号） | 推动利用城乡建设用地增减挂钩政策支持易地扶贫搬迁。 |
| 2016年11月 | 《城乡社区服务体系建设规划（2016—2020年）》 | 改造约1亿人居住的城镇棚户区和城中村；构建机构健全、设施完备、主体多元、供给充分、群众满意的城乡社区服务体系。 |
| 2017年10月 | 十九大报告 | 振兴乡村战略，按照产业兴旺、生态宜居、乡风文明、治理有效、生活富裕的总要求，促进农村一二三产业融合发展。 |

资料来源：根据统计制作。

笔者按照政策发展侧重点和方向，将其分为以下几个阶段。

1.2.1.1 城镇化建设阶段

城镇化的发展一直贯穿于现代化进程中，20世纪80年代初，费孝通等在谈到小城镇建设的时候就曾经提出，发展乡镇企业是解决农民就业的重要渠道。此后乡镇企业在江浙一带异军突起，为我国的城镇化发展带来了生机。为深化农村经济改革，促进国民经济的全面发展，1995年国家11部委印发了《小城镇综合改革试点指导意见》，就小城镇的发展提出了目标和方向。在此基础上，中央又在2000年印发《关于促进小城镇健康发展的若干意见》，提出要对小城镇进行统一规划与合理布局，妥善解决建设用地问题。国土资源部随后发出《关于加强土地管理促进小城镇健康发展的通知》，在一定程度上是对上述文件的推进。随后各省市自治区政府也颁布了相关文件。如2004年广东出台《城镇化发展纲要》《关于推进城镇化的若干政策意见》。小城镇的发展催生了村庄行政区划调整、村级组织管理建设及土地整理需求。

首先，村庄规模调整及土地整理政策阶段。20世纪90年代中后期，我国农村经济发展迅速，原有自然村、行政村布局过于分散、规模偏小，给基层政府的日常管理带来困难，对经济发展的制约作用逐步显现。2000年开始试点的农村税费改革使得原有管理体制的弊端逐步暴露：税费撤销后农村干部的财政供养成了基层政府的一个难点，庞大的村级组织及村级干部队伍与薄弱的村级集体经济形成了鲜明的对比，生产要素难以整合，村委会职能逐步弱化。此时，村庄合并提上了改革的议程，并很快成为关注的热点。从统计上看，1985年行政村94万余个，1990年74万余个，到2000年依然有近74万个行政村，不过在此之后减幅较大，到2006 年年底，全国行政村减为 61 万个。2014年，减为58万多个[①]。在全国走在村庄合并前列的是浙江、广东、江苏等沿海省份。实际上，一些地方在20世纪90年代就采取置换、周转和土地整理折抵等办法，来弥补和解决建设用地不足问题。如浙江省的行政村调整实践伴随着小城镇建设从20世纪90年代中期就已经开始，其依据主要是《村民委员会组织法》，对有关行政村规模调整的工作制定了详细的程序，回答了有关问题。浙江省慈溪市1995年就开始进行撤村的试点，此后在浙江嵊州、衢州等地以合并村为形式进行调整，并在2000年前后开始了大规模合并，2001年，浙江省委提出的“在经济比较发达和交通便捷的地方，继续加大乡镇、村撤并的力度”[②]，同年，浙江省民政、农业、建设部门联合出台“村规模调整工作”的文件，对村规模调整的任务、原则、重点做了规范。2003年，全省又开展了“千村示范、万村整治”建设，

① 蒋桂珍:《贵州省行政村合并难点及对策思考》,《法制与社会》，2012年第7期，第207页。

② 参见2001年1月6日浙江省委发布的《关于进一步促进农业增效农民增收的若干政策意见》（浙委〔2001〕1号）。

并在2004年提出“合并小型村”[①][②]。截至2005年年底，浙江省大部分市县完成了村规模调整的工作[③]。从2001年开始，江苏省江阴市华西村先后并入了周边16个村庄，村规模扩大了几十倍，反过来为城镇化发展提供了良好的机遇[④]。广东省也是我国改革开放的前沿省份，2003年广东发布村规模调整的通知，提出缩减村委会规模，要求粤东、粤北、粤西的农村地区和山区，对凡少于2000户、区域面积少于两平方公里的村委会予以撤并[⑤]，各市政府纷纷响应。如开平市在2004年7月拟定对71个村委会进行规模调整或“村改居”[⑥]。实际上，早在2000年广东省就曾经提出要“并村、并镇”“镇改街”“村改居”[⑦]。此外，2002年，山西省发布《在全省开展撤并村组工作的意见》，在撤并乡镇基础上，全省开展村组撤并工作。从2002年6月份开始，到10月份结束[⑧]。2000年，湖北省政府颁布《乡村体制改革的实施意见》，在这份文件中明确提出“要适度扩大乡村规模”，并争取“平均人口为2200人以上，面积8平方公里以上”[⑨]。从政策文件的立意来看，山西省和湖北省开展村庄合并是以提升村级组织效率及乡村行政管理体制改革为出发点，其长远目标是为了加快乡村城镇化、推动国民经济发展。将村庄合并推

① 参见2004年1月17日浙江省委省政府发布的《关于统筹城乡发展促进农民增收的若干意见》。

②《中共浙江省委办公厅、浙江省人民政府办公厅关于实施“千村示范、万村整治”工程的通知》(浙委办〔2003〕26号)，2003年6月4日。

③ 李萍、张玲、夏建波、张芬:《浙江省临安市村规模调整暨村合并政策实施调研报告》，世界与中国研究所，2012年。

④《华西村为何建设中国第八高楼》,《21世界经济报道》，2010年1月11日。

⑤《关于调整我省村民委员会规模的通知》(粤发〔2003〕21号)。

⑥《关于印发〈开平市调整村委会规模实施方案〉的通知》(开委〔2004〕8号)，2004年7月8日。

⑦《大村庄制样本分析：专家建议不搞一刀切》,《南方日报》，2008年2月28日。

⑧《山西省人民政府办公厅转发省民政厅关于在全省开展撤并村组工作的意见的通知》(晋政办发〔2002〕31号)，2002年6月14日。

⑨《中共湖北省委省政府关于乡村体制改革的实施意见》(鄂发〔2001〕26号)，2000年12月30日。

向高潮的是2004年的中央1号文件提到的“并村”。此后，村庄合并作为农村改革的一项重要任务，开始在全国大范围实施。

其次，城乡建设用地增减挂钩与土地整治政策阶段。这一时期的另一项重大政策是2004年国务院出台的《关于深化改革严格土地管理的决定》，首次以国家政策形式提出城乡建设用地挂钩问题，标示着这一政策的初步形成。2006–2010年国土资源部先后4次下达增减挂钩周转指标，涉及27个省（区、市）。2006年4月，公布的第一批试点包括山东、天津、江苏、湖北、四川五省市。山东省步伐最快，其中起步较早的地区是离京畿重地较近的德州地区，其在实践过程中逐渐摸索出了一套自己独特的模式。2008年、2009年国土资源部又分别批准了19省加入增减挂钩试点。各试点在解读政策的同时积极推进，有效促进了土地集约化发展①。在试点的基础上，2008年《城乡建设用地增减挂钩管理办法》颁布，使得建设用地增减挂钩有了制度依据。该办法一出台，立即得到地方政府的积极响应，尤其是与土地增减挂钩政策紧密结合推行村庄合并形成农村社区的省份，在山东、河南等地尤为突出。从山东来看，莒南县②、诸城市③、德州④速度较快，河南新乡市⑤较快。此外，许多省市专门成立了工作小组，由民政或农办牵头进行这项工作。对于地方政府而言，这等于多获得了征地指标，多获得土地财政收益，还可以不突破中央规定的18亿亩红线。然而这一本意在于促进城乡用地布局更合理的政策，却被个别地方政府“曲解”，演变成了“以地生财”的新

---

① 《国土部：严格规范城乡建设用地增减挂钩试点》，2011年12月29日（http：//www.china.com.cn/news/shanghui/2011-12/29/content_24279123.htm）。

② 《大村庄成为中国农村发展趋势》,《人民日报》（海外版），2008-1-30，转引自*China Population Today*，2008（4），p.44。

③ 赵仁伟、王海鹰、苏万明、潘林青:《山东诸城撤销全部行政村合并为社区》，新华社电，2010年8月18日。

④ 徐锦庚:《山东德州六成村庄合并合村并居带来乘法效应》,《人民日报》，2010年7月4日。

⑤ 《新型农村住宅社区破茧而出》，河南政府网，2008年12月15日。

途径。在此过程中，个别省份利用政策漏洞，强迫农民搬迁上楼，违法将耕地置换为建设用地，或者以其他名义进行土地置换，甚至在未经批准的情况下擅自开展增加挂钩；个别省份盲目攀比、片面追求，远远超过下达的周转指标，这些问题和不规范现象亟待纠正。为此，2010年国务院又下发了规范增减挂钩使用的文件[①]。文件使用了“有力”“坚决纠正”等词对“片面追求用地指标、擅自开展增减挂钩试点和扩大试点范围、侵害农民权益的行为”予以纠偏。一方面，这一文件是对过去一段时间个别地方通过村庄合并侵占农民利益，将本应复垦的土地和耕地周转或者未经批准就开展建设用地置换等不良问题的纠错；另一方面，“挂钩试点工作必须经国土资源部批准，未经批准‘不得’自行开展试点工作”等规定制止了以各种名义擅自开展土地置换，是对未来的农村耕地、本应复垦土地及土地流转过程中的农民利益保护的依法界定和规范。个别地方政府为了腾出更多土地，不惜通过强拆强迁，打破原有的区划，推行集中居住，侵害了农民利益。针对增减挂钩政策执行中的违规现象，国土资源部相继制定指导意见和管理办法，其重点就是要进一步加强和规范增减挂钩试点，对农村土地整治工作提出要求，确保挂钩试点和土地整治规范、健康、有序开展。虽然在实际开展过程中，仍然有个别地方政府打“擦边球”，但从整体上讲，政策对遏制地方政府不规范行为起到积极作用。

与此相呼应，河北和福建两省在结合其他文件和当地条件的基础上跟进此项政策速度较快。河北省出台《关于推进农村土地整治工作的指导意见》，并开展示范工作，配套了相关项目管理办法，出台规范性文件。在2010年2–8月份，福建省就有1605亩“增减挂钩”指标实现对接，不到一

① 指《关于严格规范城乡建设用地增减挂钩试点切实做好土地整治工作的通知》。

年时间就实施土地整治9110亩①，堪称力度最大、速度最快。而且2011年、2014年分别开展了重点清理检查项目实施和项目资金工作，为进一步实施农村土地整治扫清障碍。

1.2.1.2 社会主义新农村建设阶段

（1）村庄规划政策

村庄合并要坚持规划先行。村庄规划是根据村庄的地理条件、性质、规模、发展方向，通过撤并部分村庄或重新合理布局村庄，推动土地集约化、农业现代化、基础设施和公共服务普及化，最终实现可持续发展。我国的规划一直处于“城有乡无”状态，300多万个自然村②，历史上少有规划，使得村内民居分散，既不美观，闲置的土地也造成了资源的浪费。

2005年党的十六届五中全会提出，“搞好乡村建设规划，节约和集约使用土地”。2006年中央1号文件将村庄规划正式纳入各级政府的工作范畴，并提出要安排资金和进行试点③。村庄规划正式成为新农村建设的起点和基础。同年，中央经济工作会议进一步强调，建设社会主义新农村必须搞好并坚持规划先行。为此，各地方政府纷纷出台措施。2006年3月，云南提出对村庄的规模、数量进行科学预测和合理规划；广东省连续下发两个文件④，坚持规划先行、分步实施；山东省也下发了两份文件进行推进⑤。根据不完全统计，广东、江苏、山东、吉林、湖北、广西、河南、贵州、陕西、福

① 福建省出台的《关于实施农村土地整治和城乡建设用地增减挂钩意见》(2010年2月22日)。

② 冷淑莲、冷崇总:《关于我国村镇建设问题的思考》,《价格月刊》，2006年第3期，第10–13页。

③ 2006年中央1号文件《中共中央国务院关于推进社会主义新农村建设的若干意见》，2006年2月21日。

④ 指《关于加快建设社会主义新农村的决定》《建设社会主义新农村发展纲要（2006–2010年）》。

⑤ 指山东省《建设社会主义新农村总体规划（2006–2020年）》和《山东省土地利用总体规划（2006–2020年）》。

建、新疆等地都出台了“导则”“指引”“技术规范”等类似文件，保障村庄规划真正落到实处并规范农村居民点撤并、布点。特别是对东部地区那些小而偏僻的村庄进行合并，符合新农村规划中的节约用地、发展规模经济的要求。为精简机构，节约财政开支，更好地开展公共服务，促进城乡融合，村庄合并成为许多地方政府乡镇区域规划中的重要一环。

（2）村庄整治

在建设社会主义新农村的战略部署下，为改变农村生态和农民精神面貌，完善公共基础设施和提高公共服务效率，住建部早在2005年就提出将“新社区建设、空心村整理”作为乡村整治的抓手，并提出“不搞大拆大建，坚决防止行政命令式强行推进”的原则①。这份文件主要是针对村庄环境整治提出的，合并问题只是作为附带和边缘问题有所涉及。村庄整治的主要目标是改变旧容旧貌、净化农村环境不，为了从技术上保障政策落实，2008年住建部发布《村庄整治技术规范》，为村庄整治提供了技术指导和规划。这一时期，村庄整治的推行力度较大，提出明确目标的云南省和江苏省基本实现了目标，整治效果明显。

近年来，生态环境作为一项重要议题提上了各级政府的议事日程，农村人居环境治理力度加大。2013年，为提高村庄整治水平、贯彻全国改善农村人居环境工作会议的精神，住建部又编制了《村庄整治规划编制办法》，针对村庄整治过程中有些基层政府为了提高政绩大范围拆建，提出“编制村庄整治规划要尊重现有格局”“避免大拆大建和贪大求洋”②，再一次从规划层面为村庄整治提供保障，亦是对村庄合并的有效引导。2014年，国务院办公厅发布《关于改善农村人居环境的指导意见》，提出要“以村庄环境整

① 《关于村庄整治工作的指导意见》（建村〔2005〕174号），2005年9月30日。

② 《住房城乡建设部关于印发〈村庄整治规划编制办法〉的通知》（建村〔2013〕188号），2013年12月17日。

治为重点，以建设宜居村庄为导向”“规划先行，分类指导农村人居环境治理”①，并在2013年、2015年分别召开全国改善农村人居环境工作会议，提出大力推行农村人居环境整治，进行村庄改造。近几年污染较为严重的河北省在关于生态文明建设的文件中提出，到2020年，对13387个撤并村进行资源整合，有序整治②。

1.2.1.3 全面深化改革与全面建成小康社会阶段

“全面深化改革”包括经济、政治、文化、社会、生态文明五个方面，它在2013年作为十八届三中全会的主题提出具有深远的意义。紧紧围绕党中央制订的政策目标，有关村庄合并的政策也贯穿于全面深化农村改革的主题中。

（1）聚焦农村改革，推进城乡一体化

2013年中央1号文件和2014年中央1号文件发布后，各级政府围绕着“深化农村改革”“农业现代化”“农村发展活力”等关键术语大展拳脚。云南省发布《关于加大改革创新力度进一步增强农业农村发展活力的意见》，与中央1号文件中的村庄撤并和居民点迁建的规定遥相呼应，提出村庄合并应征求农民意见，不得强制搬迁③。随后，内蒙古提出，“2014年及今后一个时期，将开展新农村新牧区示范工程建设”，并以村庄合并作为重要途径和手段，通过“将11159个嘎查村调整为6000个左右”④，助力推进新农村新牧区的建设。

2014年8月，针对农村改革，陕西省提出，从2014年起，镇村综合改

① 《关于改善农村人居环境的指导意见》（国办发〔2014〕25号），2014年5月16日。

② 《河北关于加快推进生态文明建设的实施意见》，2015年11月14日。

③ 《云南省审议通过关于加大改革创新力度进一步增强农业农村发展活力的意见》，《云南日报》，2013年03月28日。

④ 季征、谭晶纯：《关于全面深化农村牧区改革加快推进农牧业现代化的实施意见》（内党办发〔2014〕22号），2014年05月06日。

革以合理调整规模为主要内容。“原则上关中地区撤并1500人以下的村；陕北地区撤并800人以下的村；陕南地区撤并1000人以下的村。”①

部分省级以下的地方政府还出台了相关实施意见，以确保真正推行到基层。如陕西省渭南市的《关于全面深化镇村综合改革的实施意见》（渭市办字〔2014〕73号），安徽省花岗镇则从农村行政管理体制改革出发，在经济发达镇实施试点，整合升级合并村（社区）。

（2）美丽乡村建设

党的十八大以来，习近平总书记在多个场合提出建设美丽乡村，“中国要美，农村必须美”“要建设幸福家园和美丽乡村”②，并提出了一系列富有创见性的新观点和新提法，丰富了美丽乡村建设内容。2015年，“十三五规划”以2020年全面建成小康社会为目标，美丽乡村建设成为全面建设小康社会的基础和必然。各级地方政府以此为契机和抓手，继续推进村庄合并。如浙江省明确提出，要以美丽乡村建设为抓手，继续推进村庄规模调整；河北省在《加快美丽乡村建设的意见》中对如何撤并村做进一步细化；海南省出台《美丽乡村建设指导意见（2014 ~ 2020）》，提出“引导农村人口集中居住”；昆明市《美丽宜居乡村建设行动计划》提出采取村庄撤并方式进行缩减整合，引导农民向居民点集中居住。

除此以外，湖南、贵州等省在关于美丽乡村建设的意见中都提到通过村庄撤并、引导人口集中居住，改变人居环境，建设美丽乡村，真正实现“留得住青山绿水，记得住乡愁”。

（3）新型城镇化建设

新型城镇化建设是2013年中央政治局召开会议分析研究2014年经济工

① 《中共陕西省委办公厅陕西省人民政府办公厅关于镇村综合改革的指导意见》，2016年10月10日。

② 参见2013年中央农村工作会议上习近平的讲话。

作时提出的，它也是政府力推的重点改革。2014年3月，《国家新型城镇化规划（2014 — 2020年）》出台，并要求各部门、各地区“抓紧行动、改革探索”。同年12月，国家发改委等11个部委联合下发了有关新型城镇化综合试点方案。为进一步总结推广各地区行之有效的经验，针对存在问题，国务院于2016年2月颁布《关于深入推进新型城镇化建设的若干意见》，可以看出，关于重点推进新型城镇化的文件密集出台是与当时的改革热点分不开的。其实，早在2009年，山东省就出台了推进新型城镇化的相关文件①，与此同时，各级地方政府也在推进新型城镇化过程中继续进行村庄合并，如2014年吉林②提出“推动行政区划调整”“有序推进乡镇、村屯合并”③。2016年2月，河北在新型城镇化建设中提出“优化村庄布局”“将5000个村合并为1000个左右”“平均一个中心村撤并整合3-6个行政村”④。

（4）农村社区建设

农村社区建设走的是一条先试点后规范的路子。早在城镇化建设之初，有些地方政府在中央有关部门的批复下开始了农村社区建设的试点和尝试。2015年之前，中央虽然没有出台明确统一的农村社区建设文件，但作为一项重要议题出现在多份中央文件和部分领导人讲话中。2000年之后，多个省区市设立了实验点，在试点基础上进行指导和文件规范。农村社区建设较早且规模较大、持续时间较长的是在东南沿海经济较发达地区。如果说天津“宅基地换房”、重庆“地票”制度、嘉兴“两分两换模式”是土地增减挂钩政策的创新，那么德州的“两区同建”“五不变一撤销”、临沂的“二三四”模式

① 见《山东省委省政府关于大力推进新型城镇化的意见》（鲁发〔2009〕21号），2009年10月31日。

② 见《吉林省新型城镇化规划（2014-2020年）》（吉发〔2014〕17号），2014年8月7日。

③ 见《吉林省新型城镇化规划（2014-2020年）》（吉发〔2014〕17号），2014年8月7日。

④ 见《河北省建设新型城镇化与城乡统筹示范区规划》（冀政发〔2016〕7号）2016年2月27日。

就是社区建设的创新。在山东、河南等地，农村社区建设绝大多数都是与村庄合并同步推进的，只有少部分实行一村一社区。2007年10月，福州市就推动了新型农村社区建设试点且逐步在全市推广。2009 年 3 月，山东省德州市出台《关于推进全市村庄合并社区建设的意见》，实施以村庄合并、农村社区建设为核心的综合改革。2009年10月，山东明确“以新型农村社区建设为抓手，积极稳妥推进迁村并点”。显然，这时的农村社区建设是作为手段和路径来推行的，而合并才是目标①。2010年，山东诸城市大刀阔斧改革，把所有行政村撤销，并成208个农村社区，以建立服务型社区为中心，建立“两公里服务圈”，构建起农村社区化管理和服务新模式②，力度之大前所未有。不过在建设模式上，德州市和诸城市路径不同，被分别称为“德州模式”和“诸城模式”，德州模式侧重两区同建，而诸城模式侧重农村社区服务。2011年7月，江苏省社区建设史上第一次以省委、省政府名义下发关于农村社区建设的政策性文件，并为此召开新闻发布会③。为解决城镇化与工业化的突出矛盾，一些地方政府通过社区建设合并村庄、腾退宅基地来达到增加城市建设用地的目的。2011年11月，河南省召开第九次党代会，成为推动全省农村社区建设的政策起点。这次会议以大篇幅阐述了新型农村社区的地位，建议使之成为“统筹城乡发展的结合点、推进城乡一体化的切入点、促进农村发展的增长点”④。自此之后，河南社区建设浪潮迅速席卷全省。

2012年2月，河南省相关部门下发文件要求全面启动县（市、区）农村社区的布点规划，加快新型农村社区建设，并在当年完成全省50%以上的规

① 见《中共山东省委、山东省人民政府关于大力推进新型城镇化的意见》（鲁发〔2009〕21号），2009年10月31日。

② 《山东诸城撤销全部行政村 合并形成208个农村社区》，《中国青年报》，2010年8月15日。

③ 中共江苏省委、江苏省人民政府：《关于加强新形势下城乡社区建设的意见》（苏发〔2011〕15号），2011年6月29日。

④ 《新型农村社区建设：“好得很”还是“糟得很”?》，2015年7月8日（http：//www.xinhuanet.com/local/2015-07/08/c_1115852327htm）。

划，到2013年年底前，全面完成规划。2013年4月24日，《南昌日报》以“江西三年内整合150亿建设新农村”为题对江西大力推进农村新社区建设进行了报道，引起了各方关注。

由于相当一部分新社区建设涉及村庄搬迁、宅基地和耕地流转、组织运行等问题，其推行过程并不顺利，各地出现了不同程度的挫折和困难。如河南在村庄合并过程中社区建设资金链断裂引发停滞问题、烂尾楼问题，山东也出现了多起因拆迁引发的纠纷。新型农村社区建设本意是要着力改变农村村貌脏乱差问题，使农民生产管理有组织、群众办事方便，缩小城乡差距，真正实现农村“经济强、社会安、生态美”的目标，最终实现城乡一体。但由于各种原因，各地实施情况差异较大。2015年4月，中央下发《关于深入推进农村社区建设试点工作的指导意见》（以下简称《意见》），其中值得一提的是，此《意见》强调了关于村庄合并的禁区，即三个“严禁”①，这是历年来对新型农村社区建设中违规做法的最严厉的矫正。此文件出台后，立即引起强烈反响，尤其是对那些正在大规模推行新型农村社区建设的省市来讲，是一种国家政策层面的导向，为各地正在轰轰烈烈进行的农村社区建设提供了指引。2015年11月、2017年3月，山东、浙江两省分别颁布推进农村社区建设的实施意见，给本区域的农村社区建设指明了方向。

（5）扶贫搬迁和灾害搬迁

易地扶贫搬迁是我国全面建成小康社会采取的重要举措，通过有组织地将自然环境恶劣、生存条件差的弱村和小村，按照就近和强弱联合原则，合并到富村和大村。精准扶贫是习近平总书记2013年11月在湘西考察时首次提出的，在2015年减贫与发展高层论坛上他又强调“分类实施精准扶贫”

① 指《关于深入推进农村社区建设试点工作的指导意见的通知》（中办发〔2015〕30号）中提到的“严禁强制推行大拆大建、撤村并居，严禁违反土地利用规划擅自改变农地用途，严禁以‘管委会’等机构取代村党组织和村民委员会。各级民政部门要切实履行牵头职责，会同有关部门加强对试点工作的协调督导，适时组织专项督查”。

方略，“通过易地搬迁安置一批”。以全面建设小康社会为主题的十八届五中全会也提出实施“精准扶贫”“精准脱贫”，接着中央又作出“关于打赢脱贫攻坚战的决定”，提出要在2020年实现全面脱贫[①]，各省市区由此进入扶贫搬迁的快速时期。实际上，我国很多地区较早就实施了扶贫搬迁。如山东淄博市博山区在1994–1995年就通过强并弱、富并贫的方式实施了易地扶贫搬迁[②]。“十五”期间，国家在部分地区通过试点方式，共搬迁120多万人[③]。但当时仍有相当一部分地区仍处于贫困状态，特别是传统的革命老区。2011年7月，陕西省发布《陕南地区移民搬迁安置工作实施办法（暂行）》，其目标就是为了做好陕南地区移民搬迁安置工作，对自然条件差、灾害易发地的村庄实施集体搬迁。2013年3月，江西省提出贫困村整治工作办法，重点整理小的自然村、贫困村，采取易地搬迁、村庄合并等途径进行新村建设，助其实现脱贫[④]。

2015年，习总书记考察了云南与贵州之后，“精准扶贫”成为各界热议的关键词，由此重庆、湖南、甘肃、湖北等地掀起了扶贫搬迁的高潮。2015年，湖南省制定《关于实施精准扶贫加快推进扶贫开发工作的决议》。2016年5月9日，湖南省就开展统筹易地搬迁与农村危房改造试点和合理实施易地扶贫搬迁集中安置区建设提出了意见[⑤]。2016年5月30日，人民网发布“黔江：‘十三五’实施高山生态扶贫搬迁6000人”，其目的正是为了加快高

① 见《中共中央、国务院关于打赢脱贫攻坚战的决定》，2015年11月29日。

② 秦庆武：《村庄兼并：现代化中的农村社会变迁——山东村庄兼并现象考察》，《战略与管理》，1996年第5期，第24页。

③ 甘肃省审计厅农业审计处课题组：《扶贫项目资金审计工作的重点内容和方法思路——以甘肃精准扶贫审计为例》，《甘肃审计》，2017年9月28日。

④ 江西省扶贫项目管理处：《江西省贫困村整村推进（村庄整治建设）工作管理办法（试行）》，2013年3月20日。

⑤ 见《关于开展统筹易地扶贫搬迁与农村危房改造试点工作和合理实施易地扶贫搬迁集中安置区建设的意见》（湘政办发〔2016〕30），2016年4月25日。

山生态扶贫搬迁步伐，推动贫困人口走上自我发展的道路。2016年8月22日，甘肃省人民政府办公厅发布《关于印发〈“十三五”民族地区经济和社会发展规划〉的通知》，其中提到“着力实施易地扶贫搬迁”。2016年11月，内蒙古乌兰察布市“小村整合与易地扶贫搬迁指导意见”提出，2016—2019年，全市计划易地扶贫搬迁83410人，实现2000个以上小村的整村搬迁。

为了防止和降低灾害，多地先后实施了合并工程。如2013年10月，哈尔滨市灾后村屯撤并易地重建启动，抗洪抢险结束后，用两年时间，完成全市31个村屯撤并搬迁任务。汶川地震后，汶川在新城镇建设过程中也进行了村庄合并。

1.2.1.4 村庄合并在摸索中前进

（1）新一轮村级行政区划调整

2013年，在提出全面深化改革的大背景下，部分省份开始了新一轮村级行政区划调整。湖南推行力度之大、速度之快走在全国的前列。2015年7月4日，湖南省成立“乡镇区划调整改革领导小组”（以下简称“改革小组”）。2015年9月底出台《关于开展乡镇区划调整改革工作的意见》。改革小组除了调整乡镇之外，还有一项重要任务是村庄合并。2016年2月，改革小组发出《关于切实做好建制村合并工作的通知》并提出在推进乡镇合并的基础上，工作重点逐步转移到建制村合并（以下简称“并村”）工作上。从目标上来看，“全省合并建制村16000个以上，减幅约39%”；从力度来看，“不能少于”省里要求的合并数量，且要“暂停”此前进行的“村改居”，更不能将村改居“抵扣”并村任务[①]。可见，这次合并并非以单纯的城镇化为目标，而主要在于村级结构调整、精简村干部、减少财政支出。从速度来

① 《湖南省乡镇区划调整改革领导小组关于切实做好建制村合并工作的通知》（湘区改发〔2016〕2号），2016年2月24日。

看，并村工作完成时间是2016年6月底前，即用一年的时间完成大规模的合并。因此，全省村庄合并的典型特点是不进行大规模拆村搬迁，否则如此短的时间不可能完成。除此以外，湖北麻城、陕西延安、四川大竹等地均进行了行政村撤并或村级区划调整工作。

（2）各地在村庄合并中的创新模式

在村庄合并过程中，各级地方政府因地制宜，创新合并思路，创立独特合并模式。2011年11月，山东安丘采取“三二一”模式，创新村庄合并后的班子运行机制①；2016年，四川大竹率先在省内开创了以支部联建引领村庄合并的先例②。在支部联建的引领下，通过多种途径和模式整合搭配资源，发挥党组织的服务和领导作用，重塑不同村庄利益结构，促进村庄的自然融合；2016年3月22日，内蒙古包头市土右旗党建网以《农村“中心”党建模式引领村庄合并》报道了土右旗探索村庄合并的有效模式——组建农村“中心”党委③；而山东德州在探索新型农村社区建设时采取“两区建设”模式并以“五不变一降低”政策来稳定合并后农民情绪，保护农民利益。

（3）从降温到整改：对于部分农民利益受损现象的批判和规制

在村庄合并实施的过程中，由于个别地方出现农民利益受损、上楼致贫等现象，中央政府和学者开始以审慎的态度认真分析、总结并反思村庄合并中的突出问题。2010年5月底，国土部9个调研组通过对当时24个增减挂钩试点进行调研发现，地方对中央的政策把控不严，部分地区存在调控失效问题。2010年，陈锡文对于个别地方圈走农民宅基地、大拆民居的做法疾呼“急刹车”，在同年6月份的一次部长工作会议上，时任国土部部长徐绍史说，当

---

① 《山东安丘：“三二一”模式创新村庄合并后班子运行机制》，2011年11月17日（http：//dangjian.people.com.cn/GB/16288245.html）。

② 《四川省大竹县：积极探索村级区划调整路子》，2016年4月8日（http：//dangjian.people.com.cn/n1/2016/0408/c117092-28261389.html）。

③ 《农村“中心”党建模式引领村庄合并》，土右旗政府网，2016年3月22日。

前部分区域还存在擅自开展增减挂钩或将指标在不同县域调剂使用的违规现象[①]。在同年8月份的“城乡一体化：趋势与挑战”国际论坛上陈锡文指出，个别地方打着名目不同的旗号，如旧村改造、城镇化等进行大规模的村庄撤并，且将其称作“运动”。事实上，一些地方也有对应政策推出，诸如“村改社”“宅基地换房”“土地换社保”“集体建设用地换股权、换福利”“农地承包权换社会保障”等等，都与村庄合并有着一定的联系。2013年，中央城镇化会议中提到，各地在城镇化建设中忌贪大贪快，“欲速则不达”。

2013年，中央明确提出“不提倡、不鼓励在城镇规划区以外拆并村庄”[②]，为下一步的村庄合并指出了明确的方向。2015年4月，中央对合并问题再次提出三个“严禁”，此后，各地在合并中即以此文件作为指导。如2016年3月，湘潭县5项纪律严明建制村合并调整；同年9月，湖湘智库提出《当前合乡并村的错误做法亟待纠偏》，指出一些地方的错误做法；同年12月22日，陈锡文再次发言，表示“部分村庄的拆迁与合并不符合农民意愿”。而在河南，出现了政策回退现象。如前所言，河南新型农村社区建设一度蓬勃兴起，欣欣向荣，但在2013年却来了急刹车，由于政策导向改变，市和乡镇政府不再投入经费。没有了官方支持，投资方撤走，无法继续进行。自2014年起，河南省开始整改由合并带来的遗留问题特别是“半拉子”工程、违规占地复耕难等问题。自2016年11月下旬起，河南省各市县召开会议并提出整改方案，明确表态“2017年底前解决60%的新型农村社区涉及土地管理的有关问题，2018年底完善提升，基本完成整改任务”。2016年12月29日，中央纪委监察部网站发布了《河南省委关于巡视整改情况的通报》，提出针对

① 涂重航：《消灭农村背后的土地财政之手》，《新华月报》，2010年第23期，第56–58页。

② 见2013年中央1号文件。

遗留问题、分部分类解决[①]。由此可见，村庄合并过程中出现的问题已经引起党中央、政府层面的高度关注，且列入纪委重点监察范围。

5. 政策价值

公共政策的复杂性、效果显现的长期性使得我们在研究和探讨、深入了解一项公共政策变迁时，在时间跨度上可能需要十年或数十年的时间。“使用这个长度的时间段，至少能完成从政策制定、实施到修正的一个循环圈，而且对政策成败也能形成合理、准确的描述。”[②]

这一系列政策的出台和实施，使得村庄合并政策在实施过程中发生了显著的变化，伴随着顶层设计的不断调整，村庄合并在各地或荣或衰。从各省对中央顶层设计的理解来看，角度不同，村庄合并的实施路径、方式方法、合并效果各不相同，在组织模式和组织建设上侧重也不同。有的省份如山东、河南侧重整体搬迁后建成集中社区；有的省份如湖南更侧重于行政组织的合并，并不集中搬迁，这受制于不同区域的经济条件和农民意愿。但无论何种形式的合并，都与各级地方政府对中央相关政策的解读及因地制宜地执行密切相关。从“并村”一词出现的频率来看，在历年中央1号文件里仅出现过一次，在民政部的文件里出现过一次。虽然2010年后相关部委的文件里多次出现“村庄撤并”的字眼，但大多数都是用于纠偏性规范文件中。这表明，针对村庄合并的实践，中央既顺势而为推进，但也不作为当时专项工作的重点。从村庄合并出发点来看，2004年中央1号文件更多地基于村级组织改革的角度考虑，2006年侧重从社会主义新农村建设出发，2008年土地增减挂钩政策更多的是基于城乡建设角度的考虑。针对中央决策，一方面，大部分地方政府积极响应，根据实际情况制定符合本地的相关支持政

① 付珊、李瑾：《河南新型农村社区建设遭烂尾尴尬 专家：涉违规占地》，《新京报》，2017年1月24日。

② 金太军、袁建军：《政府与企业的关系模式及其演变规律——观察腐败深层机制的微观视角》，《中国社会科学》，2011年第1期，第102–118页。

策，政策自上而下的推行与自下而上的践行相结合。另一方面，有的地方政府可能会消极应对、实施效率不高。中央政策出台后，经由地方政府的政策倡导，一些基层政府采取运动式治理方式应对。当然，政策推行的成败是由多重因素构成，并不是简单的非此即彼。基于多种因素的考量，村庄合并在地方变通的基础上，在某一区域可能进展迅速，在另一区域却可能停滞不前。

6. 政策变化的原因及政策变化过程分析

（1）从中央与地方的关系来看，首先，中央对村庄合并未预先设定一个原则和目标，而是通过试点的方式，从多角度和多层面制定相关政策，如从小城镇建设和农业现代化建设的角度进行。地方在实施过程中大都进行了选择性调整。在农村改革中，中央政策只是对村庄合并整体方向的把握和控制，一旦地方出现某些不良现象，中央便会制定相关政策进行纠错和及时规范。其次，地方在选择性执行的同时尽力规避合并带来的政策风险。一方面，个别官员为了政绩推动合并，避免由于“不作为”在考核中被一票否决；而另一方面，村庄合并必然带来利益的重组和既有格局的打破，如何整合资源、平衡各方利益、实现社会公平，尤其是保护农民的利益在整体搬迁和土地流转中不受侵害，防止群体性事件的发生，是地方政府在合并中必须考虑的重要问题。

当然，理论分析中的效果并非在短期内能够实现，更重要的是，有些效果不能视为村镇合并政策的必然后果。事实上，它只是为国家实现某些目标创造了条件，而在实际执行过程中，这些目标能否通过村庄合并实现仍是未知数。

（2）从实践及政策变化阶段来看，经历了一个“合并试点 — 政策制定 — 政策执行 — 政策规制”的不断完善过程。政策从其产生到发展经历了“酝酿阶段”“出台阶段”“适应阶段”“调整与完善阶段”，即从2000年之前的酝酿到2004年中央1号文件明确提出倡导，此后各省纷纷出台相关政策支持，再到针对实施过程中的问题，中央出台相关文件对其进行逐步规范。①2000年之前，试点在先、政策滞后阶段。这一时期城镇化处于起步阶段，中央针对浙江、广东等地的合并试点采取放手政策，其政策制定也仅仅限于省的层面，没有引起整个社会太多的关注。②2000–2004年，政策逐步明朗化阶段。这一时期党中央国务院逐步出台了有关农村社会治理的相关文件，并通过出台小城镇建设、加强土地管理、增加农民收入等相关文件逐步使村庄合并政策走向了前台。2004年更是将有关村庄合并的内容明确写入1号文件中，凸显了党中央国务院对农村问题和村庄合并问题的重视。③2004–2008年政策密集出台、增减挂钩实施后政策初步规制阶段。笔者查阅和翻看这段时期的文件，发现文件主要侧重于对新农村建设和土地增减挂钩问题的规定。2006年，伴随着土地增减挂钩政策的第一批试点正式运行，村庄合并在试点地区推行力度之大、速度之快前所未有。这种“快速推进”必然带来一些负面影响，如上楼致贫、农民转型就业困难等。针对这些情况，2008年国土资源部第一次对土地增减挂钩政策实施过程中出现的问题进行了规制①。④2009–2015年，政策规制持续增强阶段。在土地增减挂钩政策的刺激下，一些地区开始不顾中央政策的引导，开始“以地生财”。虽然在2008年进行了第一次规制，但个别地方政府为了圈钱甚至“冒天下之大不韪”。于是部分中央领导人在许多场合开始强调“土地整治”的重要性。2010年，国务院在土地整治通知②中使用了“坚决纠正”“有力措施”等措辞；2012年，党的十八大之后更强调全面深化改革的重要性，农村综合改革广受关注。2015年4月，中央连续提出三个“严禁”，被看作是比此前文

① 见《城乡建设用地增减挂钩试点管理办法》(国土资发〔2008〕138号)，2008年6月27日。

② 《国务院关于严格规范城乡建设用地增减挂钩试点切实做好农村土地整治工作的通知》(国发〔2010〕47号)，2010年12月27日。

件更严厉的“土地整治”。⑤2016年以后，进入政策平稳阶段。纵观这些政策演进的轨迹不难发现，村庄合并的政策取向是依次递进、逐步完善的。村庄合并的政策内涵在于通过合村并组，促进农村资源的整合和利用，激发农业、农村的经济活力，提高、优化农村公共服务，降低财政支出；同时，保障农民利益在合并过程中不受侵害，最终达到让广大农民共享农村改革和社会发展成果的目的。

（3）从政策变迁的性质和特征看，伴随着农村建设侧重点的转换，村庄合并政策经历了一个显性——隐性的过程。目前，“合村并组”和“拆村并居”已经从许多省市官方文件中悄悄去除，被“美丽乡村”“生态乡村”“社区建设”等词替代。中央与地方在整个政策制定过程中，更多的是一种动态互动过程。通常认为，政策制定的主体是中央，而地方更多的是执行，或进行某些变通执行。而实际上，地方通常会依据能否最大限度地实现自己的利益不断调整策略和方法。有些地方政府将合并政策做了某些变通之后得以顺利进行。山东德州官方在2008年以后基本不再提“村庄合并”，转而更多地关注、组织和实施农村社区建设并取得了成功，形成了典型的德州模式。而在湖南益阳，市政府受省政府镇村行政区划政策调整的影响，在合并乡镇的前提下，将实施重点放在村委会的合并和村部的建设上，而非农民集中居住。尽管基层领导和村民对此颇有看法，但一个不争的事实是，湖南省在2016年6月底实现了省政府制定的用大约一年左右的时间完成村庄合并的目标。在河南，由于政策调整而导致的农村社区建设不连续、后续资金跟不上，如何消除这种后遗症成为新的问题。村庄合并政策向更加全面化和包容性的价值体系发展，使政策执行者和政策实施者的作用被重新概念化。尤其在探索如何设计新型社区、如何顺利完成社区建设等方面，他们兴趣高昂，而在探索村庄合并后的公共服务应该适用于更宽泛的范畴还是仅限于政策需求方面显得消极畏难[①]。

（4）从政策实施力度看，就笔者调研情况看，村庄合并相关政策实施力度最大的是东部地区，这一方面跟当地政府的政策执行决心和信心分不开，政府制造相当多的优惠政策和吸引政策，引导农民合并。另一方面，东部地区经济相对发达，地理位置优越，思想开放，有些村庄在历史上就曾经合并过，或者村庄本身距离较近，文化风俗习惯类似，农民本身就有强烈的合并欲望；有些村民尽管并不十分情愿合并，但经历了思想斗争后最终加入合并大军。还有一部分属于被动合并，在部分基层干部和相关人员的不断动员下，最终完成了搬迁。

（5）从政策实施时间和实施区域来看，主要是根据各地的实际情况确定调整的幅度与数量，综合考虑不同地区的历史与现实，实施时间较早的和持续时间较长的是东部沿海地区如浙江、江苏、山东、安徽、广东、福建等地，其次是中部的河南、湖北等地，然后是四川、云南等地，由东到西逐步推演开来。北京、上海等地因为城镇化率已经很高，因此并没有侧重推动村庄合并。东北三省的合屯并村虽然启动时间较早，但其后期推行力度并不大，甚至出现了回退效应。而新疆、西藏地区较少推行合并，主要是因为两区地广人稀，零星分布，农村经济欠发达，且牧民较多，季节流动性较大，许多地区不适宜进行合并。

（6）从政策实施满意度来看，农户对村庄合并的态度是复杂的。从调研的1500份问卷结果来看，文化水平、是否是村干部、经济收入、政策宣传等变量都影响政策实施的满意度：高中以上文化水平的农民，其满意度最高；村干部满意度高于普通村民；村庄合并满意度与收入也有很大关系，家庭年收入在5万元以下的满意度较低；政策宣传到位的村庄，农民满意度也较高。

---

① 托尼·鲍法德、爱尔克·劳夫勒:《对公共管理和治理的了解与认识》. 载于《公共管理与治理》，陈福今、袁曙宏，国家行政学院出版社2006年版，第10页。

# 第 2 章 村庄合并的动力机制

村庄合并是多种因素共同作用的结果，主要可分为内源性因素和外生型因素两大类别。

## 2.1. 内源性因素

### 2.1.1. 工业化与城镇化的持续推进

自工业革命以来，与工业生产方式和技术相伴随的组织制度、人口居住格局也发生了不可逆转的变迁。与工业化同步进行的，是城镇化的飞速发展。在半个多世纪的现代化进程中，世界大部分国家的城镇化率都实现了不同程度的增长（表13）。

表 13　部分国家的城镇化率变化

| 国家＼年份 | 1950 | 1960 | 1970 | 1980 | 1990 | 1995 | 2000 | 2005 | 2011 |
|---|---|---|---|---|---|---|---|---|---|
| 日本 | 53.40% | 63.30% | 71.90% | 76.20% | 77.30% | 78.00% | 78.70% | 86.00% | 91.30% |
| 澳大利亚 | 77.00% | 81.50% | 85.30% | 85.80% | 85.70% | 86.10% | 87.20% | 88.20% | 89.20% |
| 法国 | 55.20% | 61.90% | 71.10% | 73.30% | 74.10% | 74.90% | 76.90% | 81.60% | 85.80% |
| 韩国 | 21.40% | 27.70% | 40.70% | 56.70% | 73.80% | 78.30% | 79.70% | 81.30% | 83.20% |

续表

| 国家＼年份 | 1950 | 1960 | 1970 | 1980 | 1990 | 1995 | 2000 | 2005 | 2011 |
|---|---|---|---|---|---|---|---|---|---|
| 美国 | 64.20% | 70.00% | 73.60% | 73.70% | 75.50% | 77.30% | 79.10% | 80.70% | 82.40% |
| 英国 | 79.00% | 78.40% | 77.10% | 78.50% | 78.10% | 78.40% | 78.70% | 79.00% | 79.60% |
| 中国 | 11.80% | 16.20% | 17.40% | 19.40% | 26.40% | 31.00% | 35.90% | 42.50% | 50.60% |
| 印度 | 17.00% | 17.90% | 19.80% | 23.10% | 25.50% | 26.60% | 27.70% | 29.20% | 31.30% |

数据来源：世界银行WDI数据库。

工业化在某种程度上意味着产业的聚集，作为表现，人口在产业分布上最重要的变化则是农业人口向非农产业的转移，世界各国的现代化进程都证明了这一点。而作为适应这一产业格局变化的居住形态的演变，城镇化也成了历史的发展趋势。

我国的现代化起步相对较晚，但十分迅速。经过几十年的发展，我国的经济总量与城镇化进程都经历了质的飞跃。2017年，我国的国内生产总值为827122亿元，多年保持世界第二的水平，同时我国城镇化率也达到了58.52%，超过了世界平均水平①。尽管如此，我国仍然存在着基数相当庞大的农村人口。2017年，我国第一产业产值占国内生产总值的比例为7.9%，与此相对，农村常住人口占总人口的比例却高达41.48%②。如此大量的人口聚集在不到国民经济生产总值10%的第一产业中，显然是不符合历史发展的长期要求的。也许有人会指出，农村常住人口中有相当部分从事非农产业而仅仅只是居住在农村的人口，那这部分人对上述人口—产值结构会不会产生影响呢？统计数据显示，2016年年末，全国就业人员共77603万人，从

① 根据世界银行资料：2016年世界平均城镇化率为54.298%，而同年我国城镇化率为57.35%。

② 数据来源于《2017年国民经济和社会发展统计公报》。

事第一产业的就业人员达到21496万人，占比为27.7%[①]。不到国民经济生产总值10%的第一产业容纳了这么多从业人员，从就业人口的产业比例来看，我们也能发现这一失衡现象。因此，就人口—产值结构而言，这部分居住在农村但从事非农产业的人口尽管会抵减这一失衡现象，但并不会在根本上改变这一结构。从这点出发，我们可以初步判断：在当前乃至今后相当长一个时期内，我国的人口产业转移以及城镇化一定还会持续推进；而与此相伴随的，村庄的居住与治理格局也会因此而发生变迁。

### 2.1.2. 农业现代化发展的要求

农业的现代化是中国现代化进程中必不可少的一环，而这其中最关键的是土地的规模化集中。土地集中到何种程度才能达到规模效应，这是经济学家要探讨的问题。从现实来看，美国的现代农场基本都在万亩以上，我们或许达不到这样的程度，但如果做一个粗略的估计，我们发现事实是很惊人的。从统计上来看，我国现有耕地面积约20亿亩，如果一户的土地规模要达到万亩以上，按照一户6口人算（包括老人和小孩），再加上雇佣的劳动力4人（美国家庭农场仅在农忙短期雇佣1—2人），那么20亿亩的耕地容纳的人口数不过200万人，即使规模降到千亩级别，也不过容纳2000万人口，这当然与我国国情是不相符的。但对比来看，我国当前农村容纳的常住人口达到5亿多，这样的产业—居住结构显然不是现代化。农村的居住—治理格局将会随着农业的发展而变化。

他国的经验仅仅是我们的参照，中国自身的现代化路径还需要我们自己摸索。然而发展规律和趋势是我们无法改变的，我们的出发点是，当前中国的小农经济绝不是现代化。中国是一个农业大国，有着悠久的农业文明，在传统上，我国的农业生产一直是小农性质的，这与我国人口的密集性紧密

① 数据来源于《2016年度人力资源和社会保障事业发展统计公报》。

相关。由于人口过密，一方面蚕食了农业生产的剩余，一定程度上阻碍了农业的持续投资，另一方面，大量剩余劳动力所形成的低劳动力价格也阻碍了农业技术的更新，从而造成了农业生产的内卷化[①]。中华人民共和国成立以后，国家力量深入乡村，基层社会高度组织化了，在这一时期，农村的生产基础设施经历了飞速发展，但农业生产剩余大部分被用以优先发展工业和城市。改革开放后，原来集体生产经营的土地逐渐承包给个体家庭，这一制度变迁在当时的历史条件下极大地激发了农民的积极性，提高了农业生产效率。同时，由于国家财政力量有限，土地在发挥生产资料作用的同时还肩负着农民社会保障的重任。

这样的产权安排保障了农民基本的生产生活需求，在一定程度上也稳固了农村社会，但从另一个角度来说，这一产权安排在某种程度上也将农民固化在土地上，再加上城市户籍的限制，使得小农的退出机制存在制度性障碍。制度有它的历史性，随着时代条件的发展变化，这种小农生产的局限性逐渐显露出来。农业的发展需要规模化已经成为共识，党和政府的相关文件也提出要适度发展农村规模经营。但同样明显的是，农业的规模化不可能在这种产权的细碎分割制度条件下出现。交易主体的增多势必导致交易成本增加，进而限制了村民的集体行动能力。以灌溉为例，在集体化时期，农业生产灌溉以水渠为主，国家力量从基层社会退出以后，水渠被打井或抽水机灌溉模式替代。水渠灌溉需要的是村庄的集体行动，而打井只需联合几家之力，抽水机则直接落到个体家庭层面上了。这一灌溉模式的演变，反映的是集体到个体的变迁，也反映了农民合作的困难。也许当前出现的诸如合作社、农村电商、农业社会化服务等新的整合模式能够缓解农民的合作困局，但一个不可否认的事实是：这种家庭小农性质的产权安排难以适应农业生产

① 这一概念由吉尔茨提出，后被黄宗智阐发，具体参见《华北小农的经济与社会变迁》，中华书局2000年版，第177–192页。

现代化所需要的规模经营。

中国是一个大国，只有在稳定的环境中才能让改革的成果惠及更广大的民众。在中国当前的现代化进程中，为了维护广大农户的基本利益以及农村社会的繁荣稳定，我们还不能放开让小农大批退出的制度空间，但是稳定不能阻止改革，农业不能不发展。基于此，经过反复的研究与探索，中央在2013年提出了农村“三权分置”的土地改革思路，并于2016年提出了具体的改革办法，从而为农业的集约发展打开了制度空间。这一产权改革是当前时代条件下的有效制度安排，从长远来看，随着国家经济的进一步发展、产业结构的进一步优化以及社会保障体系的逐步完善，土地的社会保障属性逐渐淡化，而作为生产要素的属性则会进一步强化，农业终究还是会向规模经营的方向发展的。在农业集约化与机械化发展的基础上，小农逐步从土地上解放出来，农村现有的居住与治理格局，也会朝向集中的趋势演变。

2.1.3. 对优质生活条件和公共服务的持续诉求

马斯洛早就指出，人的需要是有层次之分的。从常识的角度来看，人首先要解决温饱问题，这是相对简单的提高生产的问题。当人吃饱了肚子以后，就会有一百种问题/想法出现，这时候国家是否能够做出及时调整、能否有效回应这些诉求，将决定这个国家是否能继续调动和激发广大人民群众的活力，这也是中等收入陷阱的实质。只有跨过了这一个阶段，国家才能实现经济、社会等全方位的良性发展。

经过改革开放三十多年的发展，我国绝大部分农民的温饱问题已经解决，转而向更优质的生活条件和公共服务提出了要求。党的十九大报告指出，我国社会的基本矛盾已经转化为人民对美好生活的向往和不充分不平衡发展之间的矛盾。城乡之间发展的不均衡性与普通农民对美好生活的向往便是深刻的写照。我们不排除例外，但绝大多数人对于改善自身境况、满足自身需求是有原动力的，这也是人类社会前进的根本动力之一。长期的城乡二元区隔，伴随着市场经济的深入，村庄的人、财、物等各项资源逐步流出，空心化较为严重，在城市的挤压下，村庄的发展空间也受到限制，村庄的各项基础设施与公共服务水平较低。因着对美好生活的向往，一部分人凭借自身的努力进入了城市，而留下来的农民也在通过勤劳的双手创造符合其期待的生活，村庄现有的居住与治理格局显然无法适应人民群众对美好生活的向往，无数普通农民的期望与努力汇聚在一起，无论是出于直接的人居环境改善需求、公共服务诉求还是间接的对发展空间的需要，都将促使村庄从分散走向集中。

## 2.2. 外生型因素

### 2.2.1. 促进城乡土地综合利用

我国人多地少，约960万平方公里的国土面积中，除去沙漠、戈壁、草原、森林等地的面积，只有约180万平方公里适宜人类生产生活，而这小小的180万平方公里的土地，承载着十亿以上的人口。这一突出的人地矛盾，影响着我国现代化的进程与路径（表14）。

**表14　我国土地状况**

| 指标 | | 面积（万平方公里） | 百分比（%） |
|---|---|---|---|
| 总面积 | | 960 | 100 |
| 按地形分（万平方公里） | 山地 | 320 | 33.33 |
| | 高原 | 250 | 26.04 |
| | 盆地 | 180 | 18.75 |
| | 平原 | 115 | 11.98 |

续表

| 指标 | | 面积（万平方公里） | 百分比（%） |
|---|---|---|---|
| 按地形分（万平方公里） | 丘陵 | 95 | 9.9 |
| 按地高分（万平方公里） | 500米以下 | 241.7 | 25.18 |
| | 500–1000 | 162.5 | 16.93 |
| | 1000–2000 | 239.9 | 24.99 |
| | 2000–3000 | 67.6 | 7.04 |
| | 3000米以上 | 248.3 | 25.86 |

数据来源：《2015年国土资源部统计年鉴》。

随着我国现代化的持续推进、城镇产业的发展与人口聚集，农民大批进城务工，城市建设用地急剧扩张，但与此同时，农村建设用地却没有相应减少，农村的土地——尤其是宅基地使用较为粗放，而且呈现出“北空南散”的区域特点，农村居民点土地利用率低。根据《全国土地整治规划（2011—2015年）》数据，在2010年，全国农村居民点用地已达到2.77亿亩，人均259平方米，远远超过了现行人均150平方米的标准。截至2016年，全国农村居民点数约270万个，占地总面积为2.87亿亩，人均用地高达317平方米，远超国家标准上限。与此同时，随着我国现代化进程的持续深入，许多地区对建设用地供给存在很高的期待，2015年实际供地达到53万公顷。在21世纪的前15年间，我国城镇建成区面积增幅约为113%，而同期城镇人口仅仅增长了59%[①]。很显然，这种土地利用状况难以适应全面建设与建成小康社会的需要。

地方政府受政绩驱动，希望增加建设用地指标，而国家除了单纯的

① 数据来源于《全国国土规划纲要（2016-2030年）》。

GDP增长，无疑有更全面的考虑。为了保障粮食安全与促进土地合理使用，国家出台了一系列政策控制用地，根据《土地管理法》，国土资源部于2003年、2012年相继出台了《全国土地开发整理规划（2001–2010）》和《全国土地整治规划（2011–2015）》，要求对低效利用、不合理利用和未利用的土地进行治理，对生产建设破坏和自然灾害损毁的土地进行恢复利用，以提高土地利用率，包括农用地整理、土地开发、土地复垦、建设用地整治等。通过逐年的土地整治，有效抵减了建设用地扩张占用的耕地。

显然，村庄合并及其用地整理与置换作为破解建设用地指标瓶颈的有效路径之一，受到部分地方政府的欢迎。实际上，我国的村庄合并一直伴随着产业发展与城镇化建设的过程，而这其中又离不开土地置换与整理。工业化的生产方式及其产业布局必然带来集中居住的格局，在我国改革开放初期，工业化飞速发展，城镇化也相应在迅速推进。在实践中，一些地方开始采取建设用地置换、周转等方式，解决城镇建设用地指标问题。为此，2000年《中共中央国务院关于促进小城镇健康发展的若干意见》出台，提出农民节约的宅基地可用于小城镇建设。作为根据，国土资源部随后发出《关于加强土地管理促进小城镇健康发展的通知》，第一次明确提出建设用地周转指标，主要通过“农村居民点向中心村和集镇集中”“乡镇企业向工业小区集中和村庄整理等途径解决”。因此，有效缓解建设用地供需矛盾，推进节约集约用地，促进城乡统筹发展，提高土地集约利用程度，催生了将农村居民点整合在一起的现实需求。而2003年出台的《全国土地开发整理规划（2001–2010）》也提出：通过对现有农村居民点逐步实施迁村并点、治理“空心村”、退宅还田等整理措施，可以增加有效耕地。国务院于2004年出台了《关于深化改革严格土地管理的决定》，提出“鼓励农村建设用地整理、城镇建设用地增加要与农村建设用地减少相挂钩”。随后，国土部开始研究相关办法，实行城乡建设用地土地增减指标挂钩，并于2006年确定了第一批试点省市。在总结试点经验的基础之上，国土资源部出台了《城乡建设用地增减挂钩试点管理办法》（国土资发〔2008〕138号），从而为合村并居、新型农村社区建设提供了最有力的政策支持。随后，国务院于2010年出台了《国务院关于严格规范城乡建设用地增减挂钩试点切实做好农村土地整治工作的通知》（国发〔2010〕47号）。通过土地整治与城乡建设用地增减挂钩，一方面有效增加了耕地面积，另一方面，农村新增耕地形成的挂钩指标用于城市建设，城市从土地出让收益中转移部分资金到农村，从而为农村建设助力。这样不仅有效盘活了城乡土地，有利于促进城乡统筹发展，同时也推进了城镇化进程，改善了人居环境，拉动了内需。

2.2.2. 有效降低新农村建设与公共服务的成本

除上述土地综合利用的因素外，推动公共服务均等化，也产生了村庄合并的需求。公共服务城乡均等化其意义远不止于平等的公民权考虑，它在满足公民的合理诉求、有效化解基层矛盾、优化农村治理格局方面也发挥着重要作用。国家力量的深入，需要伴随服务的下沉。党的十七届三中全会提出“统筹城乡基础设施建设和公共服务，全面提高财政保障农村公共事业水平，逐步建立城乡统一的公共服务制度”，由此可见，公共服务的城乡一体化是党和国家当前和今后较长时期经济、社会发展的主要任务。而《“十三五”推进基本公共服务均等化规划》也提出要促进城乡区域均等化，“统筹设施建设和人员安排，推动城乡服务内容和标准统一衔接。把社会事业发展重点放在农村和接纳农业转移人口较多的城镇，补齐农村和特大镇基本公共服务短板。鼓励和引导城镇公共服务资源向农村延伸，促进城市优质资源向农村辐射”。根据中央建设社会主义新农村的意见，村庄基础设施主要包括水、电、路、气等基本生活设施和教育、卫生、文化等社会发展设施以及相应的生产基础设施。

从第二次全国农业普查① 数据，可以看到农村公共服务与基础设施的概况（表15）：

**表 15　农村公共服务与基础设施指标**

| 名称 | | 村数（个） | 比重（%） |
|---|---|---|---|
| 行政村 | | 637011 | 100 |
| 一、交通、通讯和电力（不包括空壳村的数据，下同） | 通公路的村 | 607789 | 95.53 |
| | 通公路的自然村 | 2722568 | 82.57 |
| | 村内主要道路有路灯的村 | 138660 | 21.80 |
| | 通电的村 | 627971 | 98.70 |
| | 通电的自然村 | 3239647 | 98.25 |
| | 通电话的村 | 620920 | 97.60 |
| | 通电话的自然村 | 3090654 | 93.74 |
| 二、文教、医疗 | 能够接收电视节目的村 | 621116 | 97.60 |
| | 能够接受电视节目的自然村 | 3142899 | 95.32 |
| | 安装了有线电视的村 | 364922 | 57.40 |
| | 安装了有线电视的自然村 | 3142899 | 44.27 |
| | 有幼儿园、托儿所的村 | 191997 | 30.18 |
| | 有体育健身场所的村 | 68019 | 10.69 |
| | 有图书室、文化站的村 | 85556 | 13.45 |
| | 有农民业余文化组织的村 | 96064 | 15.10 |
| | 有卫生室的村 | 472644 | 74.29 |
| | 有行医资格证书的医生的村 | 483847 | 76.05 |

① 在我国每十年进行一次农业普查。第一次是在1997年进行的，第二次从2007年开始，故资料数据为2006年度。

续表

| 名称 | | 村数（个） | 比重（%） |
|---|---|---|---|
| 二、文教、医疗 | 有行医资格证书的接生员的村 | 103907 | 16.33 |
| 三、环境卫生 | 饮用水经过集中净化处理的村 | 155659 | 24.47 |
| | 垃圾集中处理的村 | 100308 | 15.77 |
| | 有畜禽集中养殖区的村 | 52105 | 8.19 |
| | 养殖区有畜禽粪便无害化处理设施的村 | 10372 | 1.63 |
| | 有沼气池的村 | 213181 | 33.50 |
| | 完成改厕的村 | 130851 | 20.60 |
| | 完成改厕的自然村 | 537201 | 16.29 |
| 四、旅游、市场 | 有营业执照、开展旅游接待服务的本村居民的村 | 14039 | 2.21 |
| | 本村拥有50平方米以上的综合商店或超市的村 | 218832 | 34.40 |
| | 村内能买到化肥的村 | 319684 | 50.25 |

数据来源：第二次全国农业普查数据。

经改革开放的多年发展，农村基础设施与公共服务水平有了显著提高，但任何一个亲历过中国城乡生活的人，都不会无视城乡公共服务的二元区隔。因此，要有效促进基础设施与公共服务的城乡均等化，对中国的人力、物力、财力都是一个巨大的挑战。

在当前中国农村，许多地区村庄规模小，人口少，分布零散。如果以1000人为限，到2014 年，全国建制村多数仍然是人口在1000 人以下的小村（280136 个），比人口达到1000人以上的大村（266563 个）多13573 个，小村占全国建制村总数的51. 24%。到2015年，大村数量（274234）才第一次超过小村（267846），全国小村数量较多的省份分别为：山东（42751个）、河北（25186个）、四川（22969个）、湖南（21806个）、山西（20120个）、河南（19453个）（见表16）[①]。

表16 2015年全国及各省区村庄数量情况

| 地区名称 | 村庄现用地面积（公顷） | 行政村个数（个） | | | |
|---|---|---|---|---|---|
| | | 合计 | 500人以下 | 500–1000人 | 1000人以上 |
| 全 国 | 14013369 | 542080 | 102214 | 165632 | 274234 |
| 北 京 | 93619 | 3726 | 1215 | 1248 | 1263 |
| 天 津 | 59597 | 2960 | 788 | 1036 | 1136 |
| 河 北 | 877405 | 42258 | 9611 | 15575 | 17072 |
| 山 西 | 380304 | 27469 | 10773 | 9347 | 7349 |
| 内蒙古 | 290966 | 10904 | 2687 | 3910 | 4307 |
| 辽 宁 | 463788 | 10500 | 468 | 1764 | 8268 |
| 吉 林 | 396234 | 9029 | 1419 | 2740 | 4870 |
| 黑龙江 | 486609 | 9113 | 1661 | 2572 | 4880 |
| 上 海 | 88227 | 1568 | 186 | 200 | 1182 |
| 江 苏 | 716408 | 14220 | 674 | 2122 | 11424 |
| 浙 江 | 370881 | 22565 | 4847 | 7711 | 10007 |
| 安 徽 | 666738 | 14284 | 852 | 2960 | 10472 |
| 福 建 | 261709 | 12875 | 1569 | 3611 | 7695 |
| 江 西 | 490712 | 16782 | 2685 | 3985 | 10112 |

① 数据来源于《住建部统计年鉴2015》，但有部分数据与民政部统计数据有误差，如2015年，住建部数据显示行政村个数为542080个，但民政部数据显示村委会个数为58.1万。

续表

| 地区名称 | 村庄现用地面积（公顷） | 行政村个数（个） | | | |
|---|---|---|---|---|---|
| | | 合计 | 500人以下 | 500-1000人 | 1000人以上 |
| 山 东 | 1106813 | 64361 | 17944 | 24807 | 21610 |
| 河 南 | 992905 | 45998 | 7213 | 12240 | 26545 |
| 湖 北 | 531956 | 24635 | 3376 | 9166 | 12093 |
| 湖 南 | 935374 | 38380 | 6896 | 14910 | 16574 |
| 广 东 | 912100 | 18113 | 1110 | 2920 | 14083 |
| 广 西 | 527872 | 14311 | 1052 | 2166 | 11093 |
| 海 南 | 119173 | 3543 | 746 | 809 | 1988 |
| 重 庆 | 223172 | 8550 | 551 | 1445 | 6554 |
| 四 川 | 869411 | 44988 | 9432 | 13537 | 22019 |
| 贵 州 | 434764 | 14724 | 1855 | 3795 | 9074 |
| 云 南 | 527326 | 13407 | 1121 | 1899 | 10387 |
| 陕 西 | 373968 | 19839 | 4126 | 7081 | 8632 |
| 甘 肃 | 348828 | 16087 | 2771 | 6404 | 6912 |
| 青 海 | 56867 | 4142 | 1482 | 1697 | 963 |
| 宁 夏 | 69022 | 2336 | 302 | 617 | 1417 |
| 新 疆 | 315760 | 8680 | 1758 | 2849 | 4073 |
| 新疆生产建设兵团 | 24859 | 1733 | 1044 | 509 | 180 |

数据来源：《住建部统计年鉴2015》。

麻雀虽小，但五脏俱全。如果给每个村庄都配备相应标准的公共服务设施，提供完善的服务内容，不仅在财力上难以达到，而且功能也得不到充分发挥；如果考虑到这些设施的维护费用，财政负担将会更大，因此中央重强调农村基础设施要避免重复建设。公共服务端口的下移以及服务内容村社化，其意义是重大的，它不仅有利于完善农村社区治理体系，同时也有利于巩固国家在农村的权力基础。然而，由于散居模式下的村庄占据的地域空间较大，人口相对稀疏，为满足公共服务均等化的要求，公共服务的下沉成本相对高昂。因此，要有效改善农村地区的公共服务，一定程度的村庄合并是必要的。

### 2.2.3. 节约行政经费，合理配置资源

农村税费改革以及农业税的全面取消，打碎了千百年来压在农民身上的枷锁，然而，村庄的集体经济却也因此而失去了一定的支撑。村级组织的运转往往需要依靠各级政府的转移拨付来支撑，其中省级财政拨付比例最大。在工业化、城镇化持续推进的同时，农村的空心化趋势明显，因此一些地方考虑到村庄治理的现实与财政压力，开始推动基层区划调整——也就是乡村合并。笔者经与湖南某地民政局工作人员访谈了解到，湖南省推动村庄合并的初衷是考虑到与其他地方相比，湖南的乡村数量较多，基层行政费用与公共财政支出数量庞大，省级财政压力大。他给我们算了一笔账，原来每个村村级运转费用是12万/年，合并村之后，由于人口规模扩大，村级运转经费提高到了18万/年，尽管有所提高，但与原来相比，仍然减轻了不少财政压力。如果合并两个村，运转经费就由24万降低到18万，合并3个村就由36万降低到18万。因此，按照《湖南省乡镇区划调整改革工作方案》要求，湖南省计划撤并500个以上的乡镇、1.6万个以上的建制村。通过村庄合并，将会节省一笔很可观的财政经费。

而在山东德州，提出村庄合并的背景与初衷之一也是考虑到小村数量偏多，村级组织运转费用偏高。以村均5000元为标准，一年下来德州市财政所承担的村级工资将近4000万元。

因此，在当时村委职能逐渐减少的趋势下，一些地方出于降低行政费用与财政支出的考虑，推动了村庄合并。

2.2.4. 优化村庄治理结构，构建现代农村

随着历史的演进，中国农村的治理格局也发生着急剧变迁。传统农村“皇权不下县”，村庄秩序依靠在村的士绅及能人[①] 维持。这一治理格局伴随着近代国家政权建设以及人民公社制度的推行而改革。改革开放后，国家权力从村庄中撤出来，代之以村民自治。这时的村庄共同体随着市场经济的深入与整体社会分工的卷入而逐渐松散，加之在工业化及市场力量作用下农村各项资源流失，新的法治秩序一时难以全面建立[②]，使得基层矛盾难以在基层化解。由于基层没有有力的组织支撑，村庄公共产品缺失也较为严重。此外，村庄劳动力持续外流，加剧了自治运转的困难，基层民主自治的实践与理论设想存在着一定的差距。

基于此，党中央曾先后提出新农村建设和农村社区建设的一系列措施，涉及农村的各个方面，不仅在基础设施与公共服务方面提出了要求，而且要求在治理体系上把农村纳入社区规范化的轨道，从而推进农村现代化进程。农村的社区建设，如果以现有的居住和治理格局为基础，一方面，由于在投入上难以满足，社区建设不免流于表面，另一方面，小规模的村庄也不利于构建有效的治理体系。从优化农村治理结构的角度来看，村庄格局需要进一步集中。

随着中国现代化的持续推进，伴随着新农村建设和社区发展的热潮以

---

① 传统上，在村的能人有很多种，如教书先生，救死扶伤的医生，这些人能在村庄治理中发挥举足轻重的作用，这当然由于他们与常人不一样的特点（如对经典的掌握、医术等），并又延展到人格方面，从而构成村庄秩序的基础。

② 现代法律在某种程度上是为现代化了的城市制定的，它适用于现代化的、城市的、陌生人的社会，而不适用于村熟人社会。尽管礼俗的作用已经不如从前，但千百年来的传统惯性，使得法律下乡往往会面临各种各样的礼俗制约。

及基层区划调整改革，上述因素进一步发酵，成为我国大范围内村庄合并的推手。

由于我国地区非均衡性突出，村庄合并具有多重目的，也形成了多元的实践模式。不过，总体来看，从合并的维度上区分，可以归为两类，一是地理—居住维度，笔者调研的山东、河南就属这种类型，江浙、两广地区也多是这种模式，二是行政建制与管理维度，以湖南为典型。

从地理条件来看，根据第二次全国农业普查数据，全国平原村比例仅占38%，而丘陵村和山区村比例基本持平。山东平原村在全省占比66.8%，河南省平原村比例更是高达71.9%（表17）。此外，这两个地区的村庄聚居程度也比较高，因而，采用居住维度的合并方便了公共服务的集中供给，同时土地的整合效果与规模效应也比较明显。而如果在山区村、丘陵村占主导的地方，如湖南，居住维度的合并会面临地理约束。居民点的零散分布既不能形成土地复垦以后的规模效应，也无法整合出成片的土地指标，而且集中居住以后农民的农业劳作将会很不方便。因此，在合并维度选择上，湖南会受此影响。

**表17 各地区村庄地形分布表**

| 地 区 | 行政村（个） | | | 自然村（个） | 平原村（个） | 丘陵村（个） | 山区村（个） |
|---|---|---|---|---|---|---|---|
| | 合计 | 村委会 | 居委会 | | | | |
| 全国总计 | 637011 | 624630 | 12381 | 3297189 | 242474 | 197439 | 196785 |
| 北 京 | 3977 | 3956 | 21 | 5413 | 2726 | 367 | 884 |
| 天 津 | 3822 | 3822 | / | 4067 | 3513 | 109 | 200 |
| 河 北 | 49248 | 49105 | 143 | 73184 | 34825 | 4822 | 9601 |
| 山 西 | 28263 | 28214 | 49 | 50751 | 5552 | 7867 | 14844 |

续表

| 地　区 | 行政村（个） | | | 自然村（个） | 平原村（个） | 丘陵村（个） | 山区村（个） |
|---|---|---|---|---|---|---|---|
| | 合计 | 村委会 | 居委会 | | | | |
| 内蒙古 | 11680 | 11487 | 193 | 49165 | 4792 | 5033 | 1843 |
| 辽 宁 | 11932 | 11675 | 257 | 58099 | 4639 | 4694 | 2599 |
| 吉 林 | 9441 | 9328 | 113 | 39704 | 4865 | 2364 | 2212 |
| 黑龙江 | 9073 | 9043 | 30 | 36425 | 5344 | 2293 | 1367 |
| 上 海 | 1866 | 1866 | / | 41510 | 1866 | / | / |
| 江 苏 | 18658 | 16931 | 1727 | 152311 | 16843 | 1739 | 76 |
| 浙 江 | 33316 | 32979 | 337 | 124271 | 10747 | 9917 | 12553 |
| 安 徽 | 21714 | 20854 | 860 | 260514 | 10662 | 8467 | 2585 |
| 福 建 | 14749 | 14513 | 236 | 70179 | 1842 | 5494 | 7413 |
| 江 西 | 17435 | 16970 | 465 | 171100 | 1754 | 11029 | 4647 |
| 山 东 | 84125 | 81354 | 2771 | 106975 | 56204 | 20343 | 7578 |
| 河 南 | 48012 | 47584 | 428 | 223704 | 34557 | 8617 | 4826 |
| 湖 北 | 26821 | 26209 | 612 | 229067 | 8123 | 10437 | 8192 |
| 湖 南 | 45037 | 44200 | 837 | 250318 | 3335 | 27723 | 13960 |
| 广 东 | 20899 | 19605 | 1294 | 185847 | 4778 | 8390 | 7731 |
| 广 西 | 14788 | 14365 | 423 | 167870 | 1067 | 7269 | 6451 |
| 海 南 | 2576 | 2546 | 30 | 18156 | 919 | 1051 | 606 |
| 重 庆 | 10148 | 9722 | 426 | 81908 | 47 | 5797 | 4303 |
| 四 川 | 50804 | 50154 | 650 | 388710 | 3436 | 29787 | 17581 |
| 贵 州 | 19787 | 19668 | 119 | 136994 | / | 1168 | 18619 |

续表

| 地 区 | 行政村（个） | | | 自然村（个） | 平原村（个） | 丘陵村（个） | 山区村（个） |
|---|---|---|---|---|---|---|---|
| | 合计 | 村委会 | 居委会 | | | | |
| 云 南 | 13080 | 12914 | 166 | 137105 | 1122 | 1537 | 10421 |
| 西 藏 | 5864 | 5739 | 125 | 19290 | 429 | 619 | 4815 |
| 陕 西 | 27646 | 27621 | 25 | 90737 | 7207 | 7184 | 13255 |
| 甘 肃 | 16365 | 16350 | 15 | 77631 | 2759 | 2409 | 11197 |
| 青 海 | 4169 | 4169 | / | 16101 | / | / | 4169 |
| 宁 夏 | 2373 | 2360 | 13 | 15058 | 910 | 556 | 907 |
| 新 疆 | 9343 | 9327 | 16 | 15025 | 7611 | 357 | 1350 |

数据来源：第二次全国农业普查数据。

抛开地理条件的约束，我们看到不同地区村庄合并的不同实践，其最主要的决定因素还是各地的出发点不同。从理论上看，村庄合并在当前乃至今后相对长一段时间内，将成为我国村庄变迁的主要方向。从现实来看，当前的村庄合并在我国是大范围的，这些地区由于经济、政治、文化、历史、气候、地理等因素的综合作用而产生了不同的村庄合并实践。作为两种主要形式，居住维度的村庄合并与行政维度的村庄合并，它们在运行逻辑、治理结构以及长远意义方面对村庄社会与村庄发展都会产生深刻的影响。

# 第3章 村庄合并的路径选择（上）：居住维度的合并

## 3.1. 居住维度的村庄合并 —— 村庄合并为社区

居住维度的村庄合并，最直观的表现是将村庄在地理空间的意义上整合到一起，在山东、河南等地，人们通常认为（新型）农村社区建设就是村庄合并。在这里，我们需要厘清一下村庄合并与（新型）农村社区建设之间的关系。

社区的概念最早由德国社会学家滕尼斯提出，英文翻译为community，其含义是指共同生活在一定区域的具有紧密联系的共同体，这一概念在中国出现是在20世纪30年代，由以费孝通为首的燕京大学社会学系学生翻译并逐渐流传开来。社区的内涵因研究者的视角不同而有差异，社区的社会属性、社区边界、经济因素、地缘因素、关系结构以及价值归属也成了不同学者研究的侧重点，但地域边界、人口汇集以及相应的关系网络是社区研究所离不开的因素。显然，上面谈及的多是就社会学意义上而言的社区，社会学意义上的社区除了包含一定的地域面积与人口汇集因素以外，还包含基本的社区认同与价值归属。而在我国当前语境中，无论是城市社区还是农村社区，在更多意义上是国家为了方便管理而作的区域与行政划分，因而不同社区之间只是在地域与人口维度上进行划分，本书所陈述的社区绝大部分便是这种行政管理意义上的社区。

农村社区建设，是指在工业化与城镇化背景下，在新农村建设政策推动下而实施的旨在改进农村面貌、完善基层治理体系的一系列过程与措施。这一重要的战略举措，不仅对于在新形势下建设中国农村、改善农村的生活、投资与发展环境是有利的，同时也是巩固党在农村的执政基础的必要措施。2006年，党的十六届六中全会提出："全面开展城市社区建设，积极推进农村社区建设，健全新型社区管理和服务体制，把社区建设成为管理有序、服务完善、文明祥和的社会生活共同体。"根据要求，农村社区建设涵盖了组织建设、制度建设、公共服务体系的完善、人居环境建设、文化建设等多个方面的内容，远远超出了一般意义上的社区①。在这一过程中，有些地方已经将村庄在居住上的合并作为一种路径纳入社区建设中来，但村庄合并并不与农村社区建设完全重合，甚至不是农村社区建设的应有之义，农村社区建设实践的重心更多地落在社区服务中心与基础设施建设上，而不论其有没有合并②。新型农村社区③有别于一般的农村社区，它是将若干村庄整合在一起，进行统一的规划与建设，其目的在于节约土地指标以及在组织、设施、服务、治理、文化等多个方面重建农村社区。新型农村社区建设有多种类型，除城中村改造和旧村完善型④这两种模式更多的是在一个行政建制内进行，绝大多数类型都牵涉到村庄的合并，为方便，笔者下面将会交互采用"新型农村社区建设"和"居住维度的村庄合并"这两个概念，这两个概念指称的都是涉及村庄合并的农村社区建设。

---

① 这种建设多就"生活"而言，也许伴随着"生产"建设而来的社区建设会更有力。

② 如农村社区建设中的一村一社区的模式，或者在几个临近村庄中确立一个中心村，从而在中心村建立社区的模式，这都不涉及村庄的合并。

③ 也叫作"农村新型社区"，以与前述农村社区相区别。

④ 一个行政村包含有若干自然村，新型农村社区建设虽主要是将多个村庄进行整合，但也有在一个行政村的范围内推行的，这种在一个行政村中的几个自然村的合并同样也可以叫作村庄合并，只是这种模式的合并由于自身特征而相对顺畅，下文亦有谈及。

村庄合并有多重维度，完整意义上的村庄合并应该包含了居住、行政、经济、文化、社会交往与认同等多个维度，这是一个持久运行的过程。很明显，山东、河南的大部分地区的以社区建设为依托的村庄合并更多地以村民搬迁集聚为主要特征，因而属于居住维度上的合并，即村庄从物理空间意义上合并成了社区。当然有些地方（如山东齐河县）就村庄的行政建制、资产与负债的合并等方面进行了积极的探索，但山东、河南的绝大部分由村庄合并而成的社区还没有在行政、经济、社会各方面“化多为一”，村庄的治理、经济的运行、社会的交往仍然以原来各村作为基本单元。就笔者调研情况来看，社区的权力框架与运作机制仍不脱于原来的乡 — 村模式，而经济和社会上的融合也还远远没有达到一体的程度，故在这里把这些社区都归在居住维度一类。从政策意图上讲，这种维度的合并更多的是出于集约利用土地、改善村民居住条件、集中供给公共服务的需要，然而实际却远超于政策制定者的意图之外，居住意义上的合并实现了村庄物理空间的转变与重组，除了村庄公共服务的改善，这种变化还带来了新的社会联系与交往、公共利益的及其分配的变化；同时，社区公共权力的运行和村庄治理结构都发生了重大改变。显然，这些变化将会给农村发展和社区治理带来重大影响。

## 3.2. 居住维度村庄合并的过程与措施

### 3.2.1. 山东、河南概况

山东东邻黄海，黄河与京杭大运河穿境而过。境内整体上中东部地势较高，西部相对平坦，山地丘陵平原盆地各种地势交错环列。全省总面积15.8万平方公里，约占全国国土面积的1.64%，居全国第19位。按地形划分，平原占比55%，山地占15.5%，丘陵占13.2%，湖沼平原占4.4%，洼地占4.1%，其他占7.8%。按用地途径划分，农用地占土地总面积的73.61%，建设用地占15.98%，未利用土地占10.41%。在农用地中，耕地占土地总面积的47.8%。山东省人均耕地0.08公顷（1.20亩）。2015年，山东农林牧渔业总产值为9549.6亿元，占全国份额的8.9%，多年居全国第一[①]。2015年，山东全省村庄个数为64361个，居全国第一。

河南地处中国中部，古称“中原”，有黄河过境。地势整体上呈西高东低状态，北、西、南三面环山，中、东部为平原；西南部为盆地。全省总面积16.7万平方公里，按地形划分，其中平原和盆地占55.7%，山地占26.6%、丘陵占17.7%。2016年全年全省粮食种植面积10286.15千公顷，占全国比例为9.1%；粮食产量5946.60万吨，占全国总产量9.65%。2015年，河南村庄个数为45998个，居全国第二；乡村人口数为5039万人，居全国第一位；农林牧渔业总产值7641.3亿元，居全国第二位（见表18）。

**表18　2015年全国及各地区村庄个数、乡村人口数及农林牧渔业总产值表**

| 地区名称 | 村庄个数（个） | 乡村人口数（万人） | 农林牧渔业总产值（亿元） |
|---|---|---|---|
| 全 国 | 542080 | 60346 | 107056.4 |
| 北 京 | 3726 | 293 | 368.2 |
| 天 津 | 2960 | 269 | 467.4 |
| 河 北 | 42258 | 3614 | 5978.9 |
| 山 西 | 27469 | 1648 | 1522.5 |
| 内蒙古 | 10904 | 997 | 2751.6 |
| 辽 宁 | 10500 | 1431 | 4686.7 |
| 吉 林 | 9029 | 1230 | 2880.6 |

① 数据根据《中国统计年鉴》《山东统计年鉴》整理。

续表

| 地区名称 | 村庄个数（个） | 乡村人口数（万人） | 农林牧渔业总产值（亿元） |
|---|---|---|---|
| 黑龙江 | 9113 | 1571 | 5044.9 |
| 上 海 | 1568 | 299 | 302.6 |
| 江 苏 | 14220 | 2670 | 7030.8 |
| 浙 江 | 22565 | 1894 | 2933.4 |
| 安 徽 | 14284 | 3041 | 4390.8 |
| 福 建 | 12875 | 1436 | 3717.9 |
| 江 西 | 16782 | 2209 | 2859.1 |
| 山 东 | 64361 | 4233 | 9549.6 |
| 河 南 | 45998 | 5039 | 7641.3 |
| 湖 北 | 24635 | 2525 | 5728.6 |
| 湖 南 | 38380 | 3331 | 5630.7 |
| 广 东 | 18113 | 3395 | 5520.0 |
| 广 西 | 14311 | 2539 | 4197.1 |
| 海 南 | 3543 | 409 | 1323.9 |
| 重 庆 | 8550 | 1178 | 3813.5 |
| 四 川 | 44988 | 4291 | 6377.8 |
| 贵 州 | 14724 | 2047 | 2378.1 |
| 云 南 | 13407 | 2687 | 3383.1 |
| 陕 西 | 19839 | 1748 | 2813.5 |
| 甘 肃 | 16087 | 1477 | 1722.1 |
| 青 海 | 4142 | 292 | 319.3 |

续表

| 地区名称 | 村庄个数（个） | 乡村人口数（万人） | 农林牧渔业总产值（亿元） |
|---|---|---|---|
| 宁 夏 | 2336 | 299 | 483.0 |
| 新 疆 | 8680 | 1245 | 2804.4 |

数据来源：根据《中国统计年鉴2016》及《住建部统计年鉴2015》整理。

从以上数据可以了解到，山东、河南是我国当之无愧的农业大省。居住维度的村庄合并在我国是大范围的，其中以山东、河南两省为典型，这与两省的“三农”情况是分不开的。这一类型的村庄合并通过土地整治与集约利用，由政府统一规划，将村庄居民合并在一起集中居住，并配套相应的基础设施与公共服务。因实际情况不同，除了新型农村社区之外，各地还出现了诸如“美丽乡村建设”“新农村建设”等不同名称的农村改革，而居住维度的村庄合并广泛地贯穿其中，为研究便利，下文统称为“新型农村社区”（农村新型社区）。

### 3.2.2. 山东的村庄合并与农村新型社区建设

#### 3.2.2.1 山东农村新型社区建设的过程与阶段

山东的农村新型社区建设起步较早，早在2003年，临沂莒南县就开始摸索着推进。随着新农村建设、社区建设以及城乡建设用地增减挂钩等政策的出台，尤其是自2006年山东被确定为城乡建设用地增减挂钩政策试点地方以来，省内各地如济南、德州、潍坊、烟台、青岛、淄博等地普遍开始推进村庄合并与农村新型社区建设。

2009年，山东省《关于大力推进新型城镇化的意见》指出，农村社区建设在5年内要实现全省覆盖，而新型农村社区建设则作为抓手，用以推进迁村并点工作，其目的是为了有效提高农村地区基础设施和公共服务水平，同时还能整合资源，节约土地。同年，山东省出台了《关于推进农村社区建设的意见》（以下简称《意见》），《意见》指出，对于部分村庄规模较小、分布集中、同质性较高的地区，可以适当通过村庄合并，将其整合在一起建设集中居住的新社区。在此过程中，尤其要注意整合弱村、小村和空心村，从而推动新型农村社区建设进程。2006—2010年，山东省政府投入总资金超过100亿元，改造村庄近3000个，安置居民62854户，复垦耕地74242亩，腾出建设用地指标近6万亩[①]。

截至2013年，山东全省已经建成的农村新型社区达到5790个，从城乡分布上看，超过4000个社区在城市建成区之外，落在城市建成区内的仅有1638个。当年，山东省《关于加强农村新型社区建设推进城镇化进程的意见》颁布，从规划、组织建设、产业支撑、基础设施与服务、资金与政策保障等多个方面为农村新型社区建设助力。2015年，山东出台了《关于深入推进农村社区建设的实施意见》，提出在治理体制机制、综合服务、环境、文化法治等多个方面加强农村社区建设。到2015年，山东省全年新建农村社区300个，创建示范社区100个，累计建设农村新型社区6490个，入住3803个[②]。

上文仅仅粗略描绘了山东村庄合并与农村新型社区建设的历程，而2013年出台的《山东省农村新型社区和新农村发展规划（2014—2030年）》（下称《规划》）则提供了山东农村发展的最详细样貌，《规划》提出了农村发展的两种基本取向：农村新型社区与“新农村”。农村新型社区是今后农村发展的一种新的聚落形态，其目的是要通过引导数个村庄在居住维度上合并在一起，从而提高农村的基础设施建设及公共服务水平，推动村庄治理转型和农村产业发展，具体分为城镇聚合型和村庄聚集型两种。而“新农村”

① 山东省政府：《山东省人民政府关于加强土地综合整治推进城乡统筹发展的意见》（鲁政发〔2010〕73号）。

② 数据来源于山东省住建厅发布的《2015年全省住房和城乡建设事业运行情况和2016年计划》。

则是综合考虑各方因素保留下来没有进行合并的农村居民点，其中又包括“中心村”和“基层村”。

《规划》同时还提出山东农村新型社区与新农村发展的三个阶段及其目标（见表19）。

**表19 山东农村新型社区与新农村阶段发展进程表**

| 时间 | 新增农村新型社区数（个） | 城镇聚合型社区（个） | 村庄聚集型社区（个） | 中心村（个） |
|---|---|---|---|---|
| 2014–2017 | 1048 | 2500 | 2700 | 6800 |
| 2018–2020 | 800 | 3000 | 3000 | 6000 |
| 2021–2030 | 1000 | 3000 | 4000 | 5000 |

数据来源：《山东省农村新型社区和新农村发展规划（2014—2030年）》。

从《规划》可以看出，到2020年为止，全省建成的农村新型社区数共为6000个，这与《山东省新型城镇化规划（2014—2020年）》提出的目标相符。从比例来看，未来新建的大部分农村新型社区，仍然是纯农村的新型社区，在2014—2030年规划期间，只有500个新增城镇聚合型社区，新增村庄聚集型社区则达到1300个。而在2020—2030年间，《规划》拟新建的农村新型社区全为村庄聚集型的。按照农村新型社区和新农村全覆盖的要求，到2030年，全省农村新型社区数量达到7000个，容纳人口共3200万左右，同时保留村庄数为30000个，容纳人口2300万左右（见表20）。

表 20 山东省农村社区发展规划

<table>
<tr><th colspan="2">类型</th><th>个数</th><th>村庄</th><th>居住人口</th></tr>
<tr><td rowspan="2">农村新型社区</td><td>城镇聚合型</td><td>3000</td><td>1.4万个左右村庄纳入城市与小城镇</td><td>约1400万</td></tr>
<tr><td>村庄聚集型</td><td>4000</td><td>2.1万个左右村庄撤并组建农村新型社区</td><td>约1800万</td></tr>
<tr><td rowspan="2">新农村</td><td>中心村</td><td>5000</td><td rowspan="2">保留3万个村庄</td><td rowspan="2">约2300万</td></tr>
<tr><td>基层村</td><td>25000</td></tr>
</table>

数据来源：《山东省农村新型社区和新农村发展规划（2014—2030年）》。

3.2.2.2 案例介绍：德州齐河县的“合村并居”

齐河县位于山东省西北，县内地势平坦，与省会济南隔黄河相望，总面积1411平方公里，其中耕地126万亩，常住人口70万。2015年，齐河县地区生产总值突破500亿元，财政收入突破35亿元，三次产业比重为6.5：53：40.5，2014年、2015年、2016年连续三年跻身全国科学发展百强县、县域经济与县域基本竞争力百强县。

“合村并居”即将村庄合并起来，同时将居民点集中起来。在齐河的实践与探索中，它包含了两重含义：一是村委班子的合并，二是村庄居民点的集中。德州市提出村庄合并与社区建设的工作思路是在2008年下半年，次年3月，德州正式出台了《关于推进全市村庄合并社区建设的意见》，在全市全面推开“合村并居”工作。齐河作为德州市“合村并居”试点县，也积极地去推行。

齐河村庄合并的背景与动因主要在于以下几点：

一是村庄小、弱，村级运转费用高。齐河县共有1014个行政村，村均529人，500人以下的村有559个，最小的村不到100人（65人）；且近年来随着工业化、城镇化的持续推进，农村的空心化趋势逐步凸显。麻雀虽小，五脏俱全，税费改革以后，村庄运转费用主要依靠政府的转移支付，财政不堪重负，有时甚至连贫困村村干部工资也难以兑现。

二是村庄基础设施较差，公共服务成本高。由于齐河村庄普遍规模小、能力弱，其村组的基础设施建设与公共服务供给相对落后。按照村均500人的人口规模，如果每个村都配备相应的基础设施与公共服务，不仅在财力上难以达到，而且在资源利用上其功能也得不到充分发挥，造成资源的闲置。此外，就村庄单元来看，其规模也不利于统一规划，难以集中财力。从合理提供与利用公共服务、提高农村基础设施与公共服务的规模效率来说，一定程度的村庄合并是必要的。

三是用地不合理，土地浪费严重。齐河村庄的整体空间结构比较分散、杂乱。村庄作为人类自然衍生的聚落，在规划上并无整齐划一的先行标准。许多居民在建房时，往往考虑到自家房屋的“朝向”“风水”，且农村人常常会有这样的观念：在外面辛辛苦苦工作了十来年，就是为了盖一栋好一点的房子，以获得人生意义的完满，因而房子的大小成了一种象征。这一观念在比较中更趋严重，从而使得人们竞相把房子盖得又高又大，但实际生活却并不需要那么大的空间。再加上传统“一户一宅”“分居建宅”的影响，居民点用地一直居高不下，土地利用较为粗放。

四是发展致富困难。在村均500人的人口规模下，经济资源分散，难以形成规模优势，农村发展空间受到束缚，农业生产难以形成规模效应，农民发展机会有限。而且，这样的小村也很难选出有能力的村支书与村主任，带领村民致富困难。

五是民主管理困难。按照自治法的规定，村庄是民主管理的村庄，然而，齐河县的许多村庄村支书与村干部缺乏后继人才，村班子整体素质不高，一些村庄书记或主任轮流“坐庄”，且村庄事务受宗族、家族势力影响较大，不利于村庄民主管理。

上述现实动因被当地总结为“三高两难”，在齐河经济与社会持续发展的背景下，在新农村与农村社区建设的热潮中，在城乡建设用地增减挂钩的直接推动下，齐河在县域范围内开展了大规模的合村并居与农村新型社区建设。具体分为以下几个阶段：

（1）动员与准备阶段

“合村并居”是新生事物，除了涉及村庄物理空间的变化外，它还关系到治理结构的改组以及人文关系与生产要素的重置，牵涉到的利益相关方多元、敏感且复杂。乡镇是直接关系到村的基层政府，涉及农村如此深刻的变革，尤其是在拆旧村方面，许多乡镇干部怕惹乱子，而合村所引发的村干部去留以及待遇问题则与村干部利益攸关。就广大民众而言，关心的范围就更广了，从旧房补贴到新房支出，从土地关系到集体经济，从上楼以后的生产到生活方式改变以及人文关系的重组等，都成为村民切实关心的问题。涉及如此多元的因素，如此复杂的变革，在推动合村并居以前，有必要做好事前宣传动员与准备工作。

一是组织领导。为了有效推进齐河的合村并居，齐河成立了全县推进村庄合并与农村社区建设工作领导小组，县委书记、县长任正副组长，实行县级领导包乡镇责任制；成立由县农办、组织、民政、建设、财政、国土资源、农业等部门参与的职能小组，其中，县农办负责这项工作的综合协调，组织部门负责村级党组织建设以及合村后村干部去留与待遇的政策制定与落实，民政部门负责村委会的调整以及社区建设相关政策制定与落实，财政部门研究财政政策的支持，农业部门负责农村资产债务清核与土地流转相关事项，建设部门负责研究村庄规划与布局，国土部门负责研究土地整理、土地集约利用与增减挂钩政策的落实以及其他相关涉农部门的工作。开发区、各乡镇也成立了以书记挂帅的领导小组，以增强对“合村并居”的组织领导。

与此同时，齐河县还建构了一系列责任机制，强化对合村并居工作的督导、巡查与考核，并将其纳入年度考核管理，从而加强工作的责任意识。

二是宣传动员。在干部思想工作方面，为消除疑虑、统一思想、达成共识，齐河县先后组织多名干部到省内其他地区进行实地参观考察，同时在县域内深入调研，进行村庄合并的可行性论证。此外，齐河县多次召开领导干部会议，如党政联席会议、常委扩大会议、规划审定会议、职能小组会议等，从多方面宣传合村并居的重要性以及可行性，从而增强了广大干部的信心和决心。在群众思想工作方面，为了有效获得村民的理解与支持，化解合村并居的阻力，齐河要求每个村都要召开党员会议、村干部会议以及村民会议，广泛运用宣传手段（如广播、宣传车、电视、报纸等），灵活使用宣传方式（如发放明白纸、算账对比等），多方面、多渠道向村民宣传合村并居的意义与好处。

三是提供政策保障。在进行广泛宣传与统一认识的同时，齐河还出台了《关于推进村庄合并与农村社区建设工作的意见》《齐河县迁村并点工作的实施意见》《关于全县推进村庄合并与农村社区建设的实施方案》等一系列办法，明确了推行步骤、演进方式以及具体措施，同时，针对原有村庄，确定了“五不变一不降低”的政策标准（即合村后，原行政村、组的土地承包关系不变；原行政村的各项承包、租赁合同及合理优惠政策不变；原村级资产、债权债务不变；原自然村村名不变；原行政村村民的福利待遇不变；原退休干部的生活补贴标准不降低），为合村并居提供了有效的政策保障。

（2）合村阶段：建制合一

2009年，齐河县全面实施了村庄合并与合并社区村委会的选举两项工作，在村庄合并中，齐河充分考虑到现有村庄的经济发展水平、历史文化沿革、地缘地貌等因素，将其作为合并的基础，出台了《关于做好村庄合并中社区村民委员会选举工作的意见》，明确了合并社区的村委选举办法与流程。合并村庄后，设立社区管委会作为临时的管理机构，社区管委会由原村各村委共同组成。依法换届选举产生社区村委后，社区管委会则自行撤销。在社区村委会选举中，以自然村[①] 为单位选出村民委员会成员，同时以社区为单位选出村民委员会主任。社区村民委员会职数一般在3–7位，人口在2000人以下的由3–5人组成，由5个以上村庄合并而成的社区可适当增加职数，以保证每一个自然村都有人进入社区村民委员会。同时，齐河县提倡社区党总支书记与社区村委会主任“一人兼”，要求“两委”成员交叉任职比例达到90%以上，社区党总支书记与村委会主任“一人兼”比例达到95%以上。新社区的选举是一件牵动基层神经的大事，自然村由于长期以来的熟人关系与历史因素，其选举往往平和安稳，而合并村庄后的社区主任选举却并不容易，数千人的集会，场地的选择首先就是一件费神之事，而选举的过程长达数天之久，秩序维护便需动用大量人力，以保证社区换届选举平稳有序地进行。

（3）社区建设阶段

一是规划先行。在合村并居的规划上，齐河县坚持与城镇体系相结合，根据不同区位条件和发展特点推动农村人口向城区、乡镇驻地和中心村聚集，从而促进城镇化的发展。根据不同的聚集模式与动力机制，齐河也提出了不同的合并模式，即城中村改造型、区中村改造型、项目带动型、小城镇吸纳型、中心村聚集型、偏远村整体迁并型，从而因地制宜，分类实施，同时加强村庄合并和农村社区建设与城镇扩展建设的结合、与招商项目结合等。此外，在委托同济大学编制城市总体规划与委托省城镇规划设计研究院编制小城镇建设规划之余，县政府还单独出资200万元，与德州市规划设计研究院签订合作协议，对全县新建社区进行统一规划。

① 在齐河县，绝大多数自然村就是行政村。

二是完善社区住房与基础设施建设。在科学规划的基础上，齐河县分类分批推进社区住房与基础设施建设，根据村庄历史特点、文化沿革、地形地貌等因素进行户型设计，城中村、区中村以及乡政府驻地原则上不再建设平房，以两层或多层楼房为主。同时，在社区基础设施建设方面，按照“五化八通八有”的标准进行配套，五化即道路硬化、路灯亮化、环境绿化、垃圾污水净化、社区美化，八通即通水、通电、通暖、通气、通油路、通宽带、通电话、通有线电视，八有即有幼儿园、小学、敬老院、卫生室、警务室、超市、中心广场、社区服务中心。在服务设施方面，建立了便民服务中心、文化大院、农机具存放处等。同时，根据区域特点，布局建设不同建筑风格和建筑群组合方式的居住社区。如在城市建成区或项目区中的农村新型社区建设多层或小高层社区住宅；而乡镇驻地的社区住宅则根据村民的意愿选择，既可以是多层连体小楼也可以是二层别墅；在纯农村社区，原则上以两层为主，一方面方便民众生活，另一方面也为今后的发展预留部分多层楼房发展的空间。

三是完善社区公共服务与制度建设。首先是社区公共服务设施的建设，社区服务中心房屋建设标准是室内面积在300平方米以上，室外面积在1800平方米以上，位置要处于社区地理的中心。在乡镇政府驻地，社区服务中心坚持“十有标准”，即一个为民服务中心，一个便民超市，一个小学或幼儿园，一个成人教育中心，一个中心卫生室，一个文化广场，一处老年幼儿游乐中心，一个中心警务室，一处党务活动场所，一处村委会办公场所。其次，是服务重心的下沉。即设立农村综合管理服务中心，整合完备的服务项目和内容，将大部分乡镇干部下放到服务中心的工作一线，从而推动政府管理服务职能中心下沉。在乡镇驻地层面，齐河要求把乡镇的涉农站所全部集中到社区服务中心集中办公，在中心村层面，政策、科技咨询服务与便民设施是社区建设的重点，文化、卫生、休闲娱乐等基础设施也不断完善。最后，强化基层组织建设，如探索如何对农村社区党组织书记进行规范化管理，对村干部的星级化管理等，以促进社区平稳运行、繁荣发展。

四是同步建设产业园区。社区不仅要让村民住进去，还要让其稳得住，居住格局变迁的基础是产业聚集。齐河在全面推动农村新型社区建设的同时也十分注意同步建设产业园区（两区同建），在产业园区的选择上，齐河一方面大力发展建设高标准的现代农业产业园区，打造优质农产品基地，发挥齐河农产品优势和农业资源优势，大力推动电商农业和乡村旅游业发展；另一方面，齐河县具有较好的区位优势，能有效地抓住北京疏解非首都功能的机遇，通过招商引资和传统企业升级改造，大力发展劳动密集型农村工业园区，通过两区同建，满足部分农民就近就业的需求。

在资金投入方面，齐河县主要通过以下三种途径进行：一是“政府补一块”，即整合通过城乡土地指标增减挂钩得来的收益款、惠农涉农资金进行社区建设；二是“银行融一块”，即通过成立社区建设融资平台，与银行进行合作。齐河县以城市资产运营公司为平台，以城乡建设用地增减挂钩指标为质押，以政府做担保，向金融机构贷款，作为增减挂钩项目的周转资金，专项用于奖补资金的先期垫付，以后期通过验收合格的建设用地指标收益来偿还本息，这一补偿款额度为每亩2.5万[①]；三是“村民拿一块”，即农户在社区开建前每户缴纳1–2万元的启动资金，作为后期入住的保证，村民入住社区需要按照建设成本价购买，除上述土地补偿款以外还需支付剩下的部分。不同类型的社区，建设资金的来源也各有不同：对于城中村改造而言，安置房涉及的各项政府收费全部免除，旧村腾整出来的节余土地全部出让，所得收益全数返还到村进行社区建设；对于区中村而言，因为项目拆迁的村庄，由相关企业支付其补偿金，其他村庄则由政府从土地收益中补偿；

① 2009年的反补款，此后逐年有变动。

对于纯农村社区，资金主要来源于腾出来的建设用地指标补偿款。

全县于2009年6月底完成合村任务，全县1014个行政村合并为424个行政村（也叫行政社区），合并率达到58%，其中新建农村社区289个（居住社区），村均人口由原来的529人增加到1266人；此外，行政费用得到有效降低，通过合村，全县每年可减少村干部工资支出400万元以上，减轻了县财政的压力；同时，土地节约效果也较为明显，通过聚集人口、建设农村新型社区，全县节约土地近9万亩。

### 3.2.3. 河南的村庄合并与新型农村社区建设

#### 3.2.3.1 河南新型农村社区建设的背景与动因

河南是全国农业大省，无论是农业产值、村庄个数还是农村人口数在全国均居前列，也正因此，河南的保粮任务较为重大，国家从战略角度出发，对于河南的粮食产量与安全要求较为严格，因此在分配建设用地指标时，往往难以满足河南地方发展的需求。如何有效破解建设用地对河南工业化和城镇化进程的制约，成为河南发展面临的制度困境。国务院关于城乡建设用地增减挂钩的政策为化解这一矛盾提供了契机，随着这一政策的出台，河南的村庄合并与新型农村社区建设便开始大规模推行。

河南的新型农村社区建设以统筹城乡发展、有效促进“三化”（城镇化、工业化、农业现代化）协调发展为重要突破口。2008年前后，河南各地便已经开始推行新型农村社区建设，2011年，河南省委第九次党代会提出：着力增强新型农村社区的战略基点作用。新型农村社区建设是统筹城乡发展的结合点、推进城乡一体化的切入点、促进农村发展的增长点[①]。自此，大规模的村庄合并与新型农村社区建设便在河南铺展开来。2012年年初，河南省《关于编制新型农村社区规划的通知》要求全省全面启动县（市、区）

① 河南省委九次党代会报告。

域新型农村社区布点规划，并于2013年年底全面完成规划。为了响应省里号召，各市也先后制定本地区的规划与目标：新乡提出将全市3571个行政村合并为900个新型农村社区；许昌市计划启动300个社区建设；平顶山规划到2020年将全市2620个村整合成539个社区；开封提出将全市2381个村规划为800个社区……截至2012年年末，河南省已规划新型农村社区近万个，建成及在建的新型农村社区共3250个[①]。

我们通过一个例子可以感知河南建设新型农村社区的热情与力度：

刘岩（化名）是河南尉氏县人，因其常年在外闯荡以及精明的头脑，积累了一些财富。据刘岩回忆，2012年年初，河南各地的电视广播与大小报纸都在宣传新型农村社区的好处与战略地位，加之政府积极动员本籍优秀企业家回乡建设新型农村社区，于是在2012年4月，刘岩决定回到老家考察。

刘岩回到尉氏县，正好赶上县里召开动员大会。会议由县委书记主持，县乡党政负责人及相关部门领导、村级一把手共同参加。在会上，县委书记强调：新型农村社区是开封市的经济抓手，也是一项重要的政治任务。会议还提出尉氏县的基本目标：2012年当年，县域内各乡镇都要启动新型农村社区建设，在未来10年，建设完善200个社区。

为了大力推进这一变革，尉氏县制定了十分严格的奖惩制度：作为一项政治任务，新型农村社区建设实行一票否决制，各乡镇党委书记作为第一责任人，需要签订责任书。根据县委提出的目标，2012年，县委要求各乡镇都要启动社区建设，对于年底还没有启动的乡镇，镇党委书记就地免职，且镇长副镇长都要负连带责任；而对于按要求完成任务的乡镇，如果社区规模超过1000户，乡镇党政一把手会在提拔重用上得到优先考虑。

隔了近5年，刘岩的回忆依然如昨日一般：会议持续了近3个小时，“气

① 罗辉，郭久辉：《河南探索新型农村社区建设调查》系列报道，《河南日报》，2012年12月28–30日。

氛十分热烈，大家都特别激动，想要趁此机会好好干一番事业”，于是刘岩决定——投资[①]。

县委书记的话直白地说明了新型农村社区建设的性质：新型农村社区建设不仅仅是经济发展的抓手之一，更是一项政治任务。在领导干部的任免考核中，新型农村社区成了一项重要标准，从而将各级政府的力量都聚集在这一建设中。

3.2.3.2 新型农村社区建设措施

社区建设不是一蹴而就的，它是一个渐进的过程，同时社区建设也是一项复杂的事业，因此它又是一个需要多管齐下的过程。社区从村民的空间聚集到公共服务的一体化再到行政组织上的合一直至社会交往与认同上的融合，无疑都需要长期而系统的建设。河南各市县的社区建设在时间先后和规模成效上虽有一定差异，但其推进措施却没有质的区别，大体如下：

一是社区规划先行。

凡事预则立，不预则废。作为一项综合而系统的工程，规划无疑是社区建设的重要基础。首先，规划要进行调研与论证；各地为社区与地区长远协调发展计，要求在一定行政区划内，按照要素融合、功能完善、长远可持续发展等要求，综合考虑历史沿革、经济发展、地理区位、资源禀赋等因素，对社区的选址、规模、建设模式、合并的村庄数进行了充分的调研与翔实的论证，并在此基础上进行社区规划；其次是根据调研进行有针对性的规划，即根据不同的地域特点进行社区定位，如产业带动型、农业开发型、休闲旅游型等。区域的非均衡性决定了中国的社区建设不能搞一刀切，这样才能充分发挥自身的地域优势，促进社区长远发展。最后是规划整合，即各地政府将社区规划融入当地的经济发展规划、新型城镇化、基础设施建设规划

---

① 根据新华网报道整理，http：//news.xinhuanet.com/2017-01/24/c_1120371599.htm。

等多项规划当中，实行多规划联合编制，合理处置经济社会各类发展要素，推动人口由分散走向集中，从原有村庄向城镇和新型农村社区转移，实现协调发展。

二是社区建设的多方联动。

村庄合并与社区建设是一项系统工程，需要多方联动。通过调动各方积极性，充分整合与发挥政府、市场、社会等各方面力量，合理搭建社区建设的动力机制网络，形成各方合力，方能有效推进社区建设。在实践中，主要有以下几点：一是加强社区实体建设，完善社区基础设施与公共服务，以优质的日常生活吸引村民入住社区，同时强化政策引导，设计出台村民离村迁居的奖补方案，同时给予经济困难户贴息贷款等优惠，通过经济上的支持来引导居民聚居社区；二是整合资金资源，即整合政府各级各部门的涉农项目资金，用以与新型农村社区建设配套，这样在财力上对地方社区建设形成一定的保障作用，从而有利于农村社区建设的完善。三是开展社会帮建，即组织动员社会各企事业单位助力社区，同时积极号召引导在外地的本籍优秀企业家和知名人士回乡帮建社区。

三是发挥示范作用，分类推进。

农村社区的建设与发展涉及多方利益主体和各种资源整合，如果不能有效地整合多方力量，不能形成合理的利益共享与分担机制，在实际操作中极易引发社会矛盾，从而成为诱发社会不稳定风险的因子。因此在现实推进中，在规划先行的基础上，对于规划好的社区，各地按照分期分批、分类推进、示范引领的方法进行建设，发展一批，巩固一批，最后才是带动一批。首先，优先选择一批经济实力强、资源禀赋优以及其他各方面条件相对较好的社区作为重点示范社区，集中力量建设，然后由点到面逐渐铺开。其次，根据原有村庄的地理区位、经济文化、历史沿革等特点，分类推进社区建设。如在自然环境优美、文化资源丰富的村庄，大力发展休闲旅游业；而对于基础条件较好的平原村庄，则加强基础设施建设，培育新型农业主体，整合土地与农民，促进农业的现代化；针对经济实力较强的城郊村，则引导农民进行土地流转，培育壮大主导产业，促进新型城镇化的实现。

四是强化民众参与，争取民众支持。

社区建设是一项变革工程。对于农民来说，社区建设不仅意味着物理空间和居住条件的变化，对农民生产生活各方面也产生了重大影响，村民的就业方式、生活方式和社会交往都将发生巨大的变化。因此，强化民众参与、争取民众支持对于社区建设的顺利推进具有关键性作用。在社区建设过程中，各级政府也都强调要广泛听取群众意见，保障村民利益。首先，在社区规划过程中，对社区建设地点的选择、建设标准、建设形式、房屋分配方法等，都在事前吸纳民众意见；其次，在建设过程中，从运料、施工到验收都力争让群众全程参与；最后，在土地流转方面也尊重农民意愿，自愿流转。

五是积极发展新型产业，以产业保障社区建设。

社区不仅要让民众住进来，还要让民众活下去，要让民众对未来生活产生希望。从这个意义上来说，社区建设最根本的问题还是产业问题。在社区生活成本提高的情况下，村民需要扩充其经济来源，稳定的经济来源需要稳定的产业基础。在村庄合并为社区的过程中，各级政府也采取了一系列措施促进社区的产业发展，特别是农业的发展。如引导村民土地有序流转，实现土地规模经营。在实践中，有些地区甚至成立了土地流转的专门机构，有效调配涉农资金，引导土地整合，打造相应的生产基地；其次，培育新型农业主体和农民合作组织。在土地集约的基础上，鼓励大家抱团发展，积极培育新型农业主体，提高农民的组织化程度和竞争能力；最后，积极发展特色产业，出台农业产业化的奖补政策，大力推广“公司+基地+农户”模式，因地制宜地发展畜牧、粮蔬、烟棉、林果等特色主导产业。

#### 3.2.3.3 河南新型农村社区建设的资金投入

建设仅凭热情是不够的，新型农村社区建设最大的一个问题就是社区资金来源问题。当前，许多农民生产还未脱离土地，其生活虽不愁温饱，但还达不到小康水平，农民的经济条件对于改善居住环境与公共服务的需求难以支撑起新型农村社区建设。显然，新型农村社区建设的资金主要还是要依靠公共财政投入以及商业资本投资。在政府财政投入方面，资金来源主要有三项，其一是政府安排的专项资金。为了大力推进新型农村社区建设，河南省分别于2011年、2012年安排10亿元、16亿元的专项资金，而省内各市、县也根据自身情况逐步加大投入力度。其二是涉农资金的整合，包括对扶贫开发资金、土地整治项目、农村水电路改造等涉农资金的整合。其三是土地财政收入的反哺，即村庄整体搬迁腾出来的建设用地指标收益反哺或经过商业运作后的收益按照相关规定用于新型农村社区建设。

河南规定，新型农村社区配套设施的标准是“五通六有两集中”，即通四级公路、自来水、电、有线电视、宽带；有社区综合服务中心、标准卫生室、敬老院、连锁超市、科技文化活动室、幼儿园和小学；垃圾集中收集、污水集中处理[①]。尽管形成了多渠道的资金来源，但是，政府财力的可持续性以及商业资本的获利空间在新型农村社区建设中却并没有得到应有的体现。

2012年6月，刘岩（化名）与老家的一个乡镇签订了社区建设合同。据了解，人口规模在5000人上下的社区，仅基础设施和公共服务建设就需要投入3000万元。而在这3000万元的资金规模中，市县两级政府仅投入了70多万元，剩下的都由刘岩自己解决。

为了有效推进新型农村社区建设，一方面，县乡政府应省市政府的要

① 罗辉，郭久辉:《河南探索新型农村社区建设调查》系列报道,《河南日报》，2012年12月28–30日。

求，禁止所有村民新建、改建房屋；另一方面，为鼓励村民入住社区，县乡政府也出台了旧宅复耕返购新宅的政策。

尽管出台了这些政策，但社区建好之后，购买入住的村民仍然寥寥无几。一个最根本的原因还是社区房屋的价格偏高。在该乡镇，建成的社区房屋售价约为1000元／每平方米，而村民旧屋的补偿标准仅为420元／平方米。也就是说，两平方米的旧房还折换不了1平方米的新房。有村民算了一笔账，以旧房换新房，如果加上装修，自己还得再拿出10万元。而自家的两层水泥小楼住得好好的，为什么还要掏这么多钱去买新的？他的想法代表了多数村民想法。相对高价的社区房屋，除了某些急需或者有一定经济实力的村民，很少有人主动购买。从销售情况来看，1期社区建设在几年前就已经完工，到现在卖出去还不到三分之一。

社区的房屋卖不出去，资金便无法回笼，该乡镇为了解决这一问题，允许刘岩将部分房屋销售给户籍不在当地的人员，并承诺配套办理相关土地和房产证件。但这引来了新的问题：对外村人销售集体土地上的房屋，并不符合《土地管理法》的规定。

至今，刘岩仍有近2000万元投资沉没在社区里，社区的房子卖不出去，他一时也难以回本[①]。

开封市只是河南众多地市的一个缩影，尉氏县也不过是河南诸多县区的写照。据新乡农办的人向我们介绍，“我们这地方的农民，平均每10年到15年要建一次新房，为了避免群众重复投资以及土地粗放利用，新型农村社区就是一个很好的承载。”但是，在当前农民人均年收入仅11000余元，且还远未脱离土地与农业生产的情况下，大规模推行新型农村社区的时机是否成熟显然需要更谨慎的考量。

---

① 根据新华网报道整理，http：//news.xinhuanet.com/2017-01/24/c_1120371599_2.htm。

河南也有自身的苦衷。

滑县县委书记李若鹏介绍说，滑县是国家级扶贫重点县，也是保粮重地。因此，滑县既要努力推动非农产业的发展，从而让群众富起来，又要保证耕地面积和粮食产量不减少。这样一来，土地便成为滑县进一步发展的重要瓶颈；而新型农村社区建设，则是有效化解这一矛盾的重要选择，是统筹“三化”协调发展的一步“活棋”。通过新型农村社区建设，既能有效改善农村公共服务水平和农民生活条件，也能为县域非农产业的发展腾出空间。

“发展城镇化、工业化不挤占耕地，农村宅基地大有潜力和空间。”河南省国土资源厅副厅长文茂林说。据河南国土资源厅相关人员透露，当时河南农村人均宅基地面积为248平方米，而通过村庄合并与新型农村社区建设，将人均住宅面积控制在国家规定的150平方米标准以内，这样可腾出900多万亩的建设用地指标。实际上，到2011年年底，河南省通过建设新型农村社区，已经节约出建设用地12.78万亩[①]。

显然，河南推动新型农村社区建设的一个重要原因就在于此。河南省是农业大省，中央划定的保粮任务重，制约了河南经济发展的空间。自2008年，中央出台城乡建设用地增减指标挂钩办法以来，拓宽了河南发展的制度空间。河南省也紧紧抓住这一机会，大规模推行新型农村社区建设。实际上，这一占补平衡很难达到。就量而言，腾整出相同数量（或者更多）的建设用地进行复垦，用以弥补因建设而占去的耕地，是相对容易的；但就质而言，复耕的土地与被占的优质耕地往往难以对等。

3.2.3.4 转折——从全省力推到限期整改

对于现代化进程中的中国而言，社会的任何变革要想取得较为满意的结果，离不开两个条件，一是对变革的系统论证与设计，即论证变革的条件

① 罗辉，郭久辉:《河南探索新型农村社区建设调查》系列报道,《河南日报》，2012年12月28–30日。

是否成熟，再从系统的角度进行改革的整体设计；二是渐进式的变革，渐进式的变革有助于在一个相对长的时间里慢慢化解由变革带来的矛盾。激进的变革把矛盾在短时间内集中起来，因而可能使矛盾尖锐化，影响变革的进程甚至结果。“三农”改革也是如此，仅仅出于单一原因考虑而不顾由此带来的问题，不仅在过程上是难以持久的，而且在结果上也容易失控。大规模推动居住维度的村庄合并的时机与条件是否成熟？在推动居住维度的村庄合并时，资金的来源以及农民未来如何生活的问题是否进行过系统而有效的制度与政策设计？居住维度的村庄合并是否在推行的过程中由于地方贪大求快而变成了一场运动？这三个问题显然都需要更谨慎的回答。

如果在条件论证上仅凭感觉，在目的上主要出于增加建设用地的考虑，在推行方式上一路“高歌猛进”，变革的结果往往会难以预期。因为资金问题，河南许多社区工程难以完成。据新华社报道，2013年以来，河南省超过1300个新型农村社区停建，直接经济损失超过600亿元。除此之外，一些村民由于经济与心理上的原因，不愿整村搬迁，旧有的村庄拆不掉，反而因此浪费了建设用地。

2016年，中央巡视组在河南进行例行巡查，发现的重要问题之一就是河南的新型农村社区建设。当年年底，中纪委发布了《中共河南省委关于巡视整改情况的通报》，其中特别提出新型农村社区建设的遗留问题，要求河南省限期整改。2014年，河南省开始分类分步采取措施：已建好的社区，要完善公共基础设施建设、提高服务水平，促进村庄整体搬迁入住；正在建设的社区，要尽快完工；还没有启动的社区，要重新讨论，谨慎推进，原则上不允许在城镇规划区外新建社区[①]。

2014年，《中共河南省委关于科学推进新型城镇化的指导意见》明确指

① 付珊，李瑾：《河南新型农村社区建设遭烂尾尴尬 专家：涉违规占地》，《新京报》，2017年1月24日。

出："农村居民点迁建和村庄撤并必须尊重农民意愿，经村民会议同意；不提倡、不鼓励在城镇规划区外拆并村庄，建设大规模的农民集中居住区。"

3.2.3.5 何以整改？

随着新型农村社区建设的各项矛盾逐渐明显，河南的新型农村社区建设开始从全省大规模推行到限期整改。2016年年末，河南省各市县相继召开会议，传达河南省新型农村社区遗留问题整改工作会议精神。从各地的推进会上，可以看到政府整改的力度。笔者在河南省人民政府网站上检索了"新型农村社区"，相关消息基本都是和整改相关的。

尉氏县根据省市整改工作会议精神及相关要求，也出台了相应的整改方案：对于建成的社区，允许面向全乡（镇）范围销售社区房屋。但农村土地的集体所有性质，决定了农村宅基地的使用权只限于村集体成员，因此，宅基地的交易范围只能限于本行政村内，地方政府显然没有权力违背这条规则。然而，为了在限期内有效化解这一问题，尉氏县似乎没有其他选择。

可以看到，河南省在新型城镇化的探索进程中政策准备不足。河南虽然将新型农村社区纳入城镇体系，并将其提高到战略基点的高度，但在土地、房屋权属、资金等方面政策难以协同。仅就集体建设用地的流转和宅基地买卖等农村土地权属的调整而言，就是一个避不开的问题。由于缺乏一整套政策、制度支撑，碰到的制度障碍以及产生的后续问题都是长期而复杂的。

## 3.3. 村庄合并与新型农村社区建设的推动主体与资金来源

### 3.3.1. 村庄合并与新型农村社区建设的推动主体

在现代化持续发展的背景下，在新型城镇化、土地增减挂钩、新农村建设、农村社区建设等政策的引导下，村庄合并与新型农村社区建设在我国较大范围内进行着，从推进主体来看，主要有以下三类：

一是政府推动。即政府出于土地综合利用与推动地方发展的考量，为改善农村居民生活条件，积极推行社区建设，通过整体规划、多级动员，将几个建制村合并在一起进行新型农村社区建设。在具体操作中，多体现为省市两级政府提出建设目标与规划，县乡则负责具体建设任务的落实。如山东省便出台了《山东省农村新型社区和新农村发展规划（2014—2030年）》，其中明确了全省范围内农村新型社区建设的目标；而河南第九次省党代会也提出，作为城镇化的重要战略基点来加快新型农村社区建设。

无疑，政府推动新型农村社区建设的动机是多元的，这其中既有促进城乡土地综合利用、有效整理农村建设用地、拓宽本地域发展空间的因素，也有为了公共服务更好下乡、促进基层治理现代化的考虑，这一变迁在某种程度上还会倒逼产业的发展和农业的现代化。一方面，就山东、河南而言，两省都是农业大省，无论是农村人口数、村庄数量还是农业产值，在全国均居前列，在这样的情况下，两省的土地整理空间比较大，因此，城乡建设用地增减挂钩政策的出台，给两省打开了制度空间，因而他们的动力都比较大。另一方面的动力，则是来自2006年中央提出的要加强农村社区建设。从战略意义上来说，农村的社区建设是以重建农村社区、引导农村社区在更大范围内实现物质与文化的复苏、促进农业农村现代化为目标，以全面的生产生活条件的改善、基础设施与公共服务水平的提高、文化法治建设为手段的农村改革。作为农村社区建设的重要体现，发挥基础设施与公共服务的规模效应也催生了村庄合并的需求，这也恰好契合了公共服务均等化、城乡一体化的目标。此外，中国当前仍处于产业转型升级与农村劳动力就业转移的重要关口，农村人口聚集起来，出于生计的考虑，在客观上也会成为倒逼产业发展的一种力量。这一类型的村庄合并在新型农村社区建设实践中占据了绝大多数，其过程往往伴随相对浓厚的行政色彩。

二是企业驱动。即企业出于对村庄土地的需求，依据政府规划，大力推动村庄整治，并承担社区建设的大部分投入，作为代价，腾出来的建设用地部分或全部归企业利用。如Q海洋馆、Y集团出于用地需求而推进的村庄合并与社区建设。

案例：Y集团成立于2002年，年销售收入近百亿，自齐河县提出村庄合并与农村新型社区以来，Y集团积极响应号召，利用自身资金优势帮助村庄进行社区建设。Y集团整合了周边栗庄、法王、老徐、梯门、谭屯等七个村，共3258人，前后投入资金7000万元用于Y社区建设，其中包括社区规划、村庄搬迁、村民就业等多个方面，由于资金充裕，村民的搬迁工作较为顺利。同时，Y集团利用先期搬迁3个村庄结余出来的1000余亩土地实现了配料中心扩建、180平方米烧结机、120吨转炉等工程的建设，建设完工以后，企业年销售收入达到了150亿元。

企业行为尽管以逐利为目标，但这并不妨碍企业与村庄形成良性互动。村庄以土地为代价换来了居住、生活条件的改善，甚至还有就业保障，不仅解决了社区建设资金问题，还解决了农民上楼以后生活怎么办的问题，是双赢的选择。此外，当前我国大力推进农村电商的发展，这对于农村产业的发展与转型也是一个机遇，各地也均在探索龙头企业+基地的形式，促进企业与村庄之间形成均衡的互惠关系。利用电商整合农村的农民与土地资源、拓宽农产品的销售渠道、提高农民的收入，是农村电商发展乃至今后农村发展的一个重要面向。公司+基地既保障了企业的优质、稳定的原材料来源，也有效地整合了农村生产要素，提高了农民的收入，这其中最关键的则是形成一种合理的成本分担与利益分配秩序。企业是逐利的，但企业家可以有慈善心，这样的企业家由于和村庄有各种各样的渊源，也会推动农村社区建设。如，河南M集团总经理范某，其父母都曾担任过南李庄村的支部书记，在范某的影响下，M集团决定出资1.6亿元，用于南李庄村的新型农村社区建设，这就是河南南李庄社区的由来。

三是村庄需求。即出于居民改善生活环境与生活条件的要求或对村庄发展集体经济建设用地的需求，由村干部或村民联合发起村庄整治，并积极争取政府的支持。如新乡唐庄镇的四合新村社区便是如此。四合新村由虎掌沟、靳湾、张庄、谷驼四个村庄合并而成，其动因在于山上的自然条件恶劣、交通不便，村民的生活水平与发展空间受到限制，有较强的搬迁与合并意愿，因此，唐庄镇书记吴金印顺势而为，引导四个村子搬下山来合并在一起居住，并配套相应的基础设施，以改善村民的生活与居住条件。

尽管如此，在现实中村民对改善生活条件的普遍需求还是很难真正化为推动村庄合并变革的实际力量。离地搬迁上楼，对农民来说，不仅是居住条件的改善，而且在更多的意义上是一种生活模式的改变。这种生活对他们来说是相对陌生的，尽管新的生活模式优于现有的，但因其熟悉现有的生活模式，对其痛苦与美好的地方都有一个明确的预期，而新的生活模式是难以预期的，因此，面对这种预期的不确定感，尽管现在的生活模式存在很多不便，也会表现出习惯难以改变，更不用说许多农民至今仍然依赖现有的生活模式。

从另外一个方面来说，人是社会的产物，人不可能脱离群体生活而成为其人。人生活的一切意义都是在社会中得到发展、实现与消解的。对于农民来说，也是如此。农民对于故土的依恋在很大程度上就在于对“隔壁三婆”“对面四哥”这样一种社会网络的依恋。人是嵌含在社会网络之中的，尽管随着近代国家政权的建设与市场经济的深入，农村共同体在逐渐消解，但其社会网络的意义仍然时时散发着活力。在某种程度上，社会是独立于个人的，具有集体意义，社会化了的个人很难脱离社会。在这种共同体的作用下，农民在心理上就筑起了一道抵御居住空间变革的高墙。因此，一般村民很难形成变革的需求，即使有了这样的需求，也需要有人来引导方能化为促进变革的实际力量。

### 3.3.2. 村庄合并与社区建设的资金来源

社区建设需要庞大的资金，一个5000人规模的社区，常常需要数亿元资金投入（包括各项基础设施、住房以及各种软硬件公共服务的建设等）。这样的巨额资金难以由单一主体承担，因为在现实中形成了政府财政、社会资本、村庄集体经济以及农户投入等多渠道资金投入的格局。

首先是政府的直接财政投入。即政府通过财政安排，完善社区配套基础设施建设并出台奖补政策，从而以优质的基础设施和服务吸引村民入住。在推动农村社区建设时，地方政府都会有社区建设的财政专项资金，这一资金主要是用于社区的基础服务设施建设，如水、电、路、路灯、绿化、垃圾处理站等。至于农村居民住宅建设，则由建筑商或建筑队承包，政府或由村民组成的监督理事监督进行。同时，由于中央惠农力度逐年加大，涉农项目与资金与日俱增，因此，部分地方政府也注意在新型农村社区建设过程中整合涉农资金，按照用途不变、渠道不乱的原则推动农村综合整治和社区建设。就笔者调查的情况而言，由于政府职能条块分割以及专款专用的考量，这一整合效果往往不甚理想。在市级政府，协调者的级别往往要达到书记、市长一级才能有效整合各个部门资源，如果按常规由农办、民政等部门牵头，其协同效果往往不尽如人意。在未来的新型农村社区建设中，这一整合空间与潜力还有待挖掘。此外，地方各级政府还会根据自身的财政情况出台相应的奖补政策，引导村民助力新型农村社区建设。尽管如此，政府安排的专项资金对于大规模的新型农村社区建设而言，仍然是杯水车薪。新型农村社区建设不得不寻找更广泛的资金支持。

二是建设用地指标收入的反哺。即通过村庄腾出来的宅基地复垦节约出建设用地指标，放在省里的统一交易平台上，这一指标经过城乡建设用地增减挂钩政策带来的收益反哺一部分用于社区建设。这是社区建设最主要的资金来源。时任（2009年）齐河县委书记的话能够更直白地说明这一问题：

“实际上，农村社区建设的目的就是城乡统筹步伐，改善农村生产生活条件。农村社区建设是靠土地增减挂钩这个杠杆来撬动的，如果没有土地增减挂钩，就解决不了建设社区所需的资金。”其原理就在于：“（土地增减挂钩）实际上就是利用土地的级差地租，同样一亩地在农村的价值为几万或十万，而拿到城区就能值几十万到一百万，中间的差额可能会达到数十倍。也就是说，一亩地在农村不好好利用，它永远是一亩地，而拿到城市来，其身价就大不一样了。因此，这种低价值土地资源向高价值区域的流动是一种市场经济的必然趋势，也符合经济发展规律。”

当然，这一反哺款有迟滞性，即宅基地复垦需要达到验收标准之后方能得到补助。于是多数地方政府会以这一指标为质押向金融机构贷款，作为土地指标款项的周转资金，后期再用实际得到的指标款偿还本息。除此之外，社区建设的资金在河南、山东的许多地方都会由建筑商先期垫付，等旧村复垦验收以后，以土地补偿款结付建筑商先期垫付的资金。这一反哺的金额在不同地方不同年份亦有不同。在平原县，最初的反哺资金是每亩8.5万元，2016年增至15万元；在齐河县，这一资金由最初的2009年每亩2.5万元，到2016年已经达到每亩17万元。反哺资金并不直接发放到村民手中，而是作为村民在新建社区买房的补助款补偿给村民。此外，在一些地理区位比较好的村庄，通过村庄合并为社区腾整出来的建设用地经过商业运作以后，土地款并不需要通过增减挂钩便可以直接反补给村民。

三是企业投入。即企业出于各自的经济或社会目的而投资村庄合并型的社区建设。如位于政府经济开发区的村庄，由于项目占地的需要，一些落地企业往往承担了社区建设的主要资金投入。在齐河县，当地海洋馆出于扩建需要，将就近的几个村庄合并在一起建立新型农村社区，作为回报，海洋馆拿出2亿元资金用于社区实体与配套设施建设，同时，还积极鼓励合并村民到海洋馆就业。而Y集团因为扩大生产与投资的需要，也先后投入了7000万元进行农村社区建设，以获得结余土地的使用权。在河南新乡裴寨村，村主任裴春亮自幼命途多舛，是乡亲们帮助其渡过了一次次难关，后来裴春亮创业成功，便一次性拿出3000万元用于裴寨村的新型农村社区建设，回报乡里。这一类的村庄合并与新型农村社区建设，往往要求合并的村庄具有较好的区位优势与地理条件，因此其合并动力是可遇而不可求的。

四是村民自己投入。新型农村社区建设的方式有两种，在山东，主要是政府统一规划统一建设，然后居民买房进楼；而在河南的部分地区，如叶县的东李村，则是由政府统一规划引导，居民自建。经政府同意规划建设的房屋实体建成以后，政府按照成本价出售给农民。就笔者了解到的情况，这一成本价区间大致在每平方米700—1300元之间，平均1000元左右。村民按照相关规则选择楼层与户型之后，由政府统一计算，房屋价格与通过增减挂钩政策得到的土地收益补偿款相抵减后，差价由村民自补。

## 3.4.新型农村社区建设的模式与类型

由于各地政治、经济、社会的区域不平衡性，新型农村社区建设也不能采取一刀切的模式。各地均结合自身情况进行了适当的探索。根据不同的划分标准，可以将各地的社区建设分成不同的模式，如按地形地貌划分，可将新型农村社区分为平原型、山区型和丘陵型社区；根据驱动与发展的标准，又可划分为城市带动型、投资开发型、产业支撑型、休闲景观型、旅游开发型、集镇型社区等。

根据合并村庄数量与整合方式，可以分为以下三种类型：

一是一村一社区模式，即在一个行政村的范围内，将各个自然村整合在一起，就地建立社区以及服务中心，安置和服务村民。这样的村庄人口规模相对较大，一般超过1000人。由于是在一个行政单位内合并，村庄仍是一个相对熟悉的共同体，故这种模式下多由村级两委推动，其阻力相对较小，容易被列入政府规划，率先得到政策保障和资金扶持。山东青州的高木农村社区便属这种类型。

二是向中心村聚集的多村一社区模式，即确定一个经济条件较好、人口相对稠密、地理位置相对优越的中心村，以此为基础整合周边村庄，引导居民在中心村规划地建房买房，在中心村建立统一社区以及相应的社区服务中心，强化社区服务中心的资源配置功能，以便捷、高效地提供公共服务。村庄和家庭的空心化是这种合并模式的主要动因之一。在这种模式下，中心村的公共服务资源配置水平和可及性明显比非中心村高，公共服务的不均衡性明显，村庄之间存在着明显的获益差序格局，因而容易导致强村越强、弱村越弱的结果。在山东诸城、河南叶县便存在这种情况。

三是集体搬迁的多村一社区模式，即打乱原有的村庄结构关系，对几个行政村进行合并并组织集体搬迁，在新的社区规划地建设社区并集中提供公共服务。其动因多出于政府的城镇规划与征地拆迁，另外也受到土地置换政策的激励。这种社区因为杂糅了几个村庄，原来村庄之间的联系较少，社区的异质性较高，且社区居民由于离地较远，多数居民已经没有耕种土地，搬进社区以后，如果没有相关产业配套，在生活成本骤然提高的情况下丧失经济来源，居民可能会陷入经济窘迫的境地。

按照新型农村社区建设的驱动因素，又可以分为城镇扩张型、项目/企业带动型以及纯农村社区建设型。

一是城镇扩张型社区。这类村庄多位于城郊或城镇规划区内，区位优势较好，尽管也带有行政色彩，但这类村庄合并与社区建设主要动力来源于城镇的扩张或辐射带动。由于地理位置临近城区，区位优势带来的经济集聚效应也比较好，各类资源较为丰富，无论土地还是其他要素的聚集条件都比传统农村优越，因而，这类社区主要是城镇效益不断向乡村扩展的结果。经济学称之为“涓滴效应”，其要旨在于不用给相对弱势的地区与群体特别优惠政策，而是通过整体的经济增长、消费、再就业等来促进落后地区与贫困人口的发展。因此，在空间铺展上，体现为城镇发展效益的外溢；在发展梯度上，体现为城镇效益的涓滴（渗漏）。城市发展到一定程度，市场主体或一般居民要想继续取得对等的效益，就需要付出更多的边际成本，而这时候临近城区的村庄便成为一种理想选择。

二是项目/企业带动型社区。这类模式多在经济较为发达抑或是村庄企业实力雄厚的地区出现。在这种模式下，企业是村庄建设的主要投资者，实践中常分为三类，一类是企业投资型，即某个大型企业投资进行社区的住房和基础设施建设，以此来换取整合宅基地后空余出来的土地的优先使用权。在这种方式下，一方面社区建设资金可以得到有效保障，从而确保社区建设顺利推进；另一方面，农民通过土地入股或流转的方式进入企业，成为企业职工，既整合了土地资源，也解决了农民的就业与生计问题，是一种双赢的局面。二类是村企合一型，即依靠村庄企业进行社区建设，社区各项管理和服务主要由企业承担。在这类社区中，村民既是社区成员，也是企业职工，同时还是集体经济组织的所有者。社区实行村委会、村办企业、社区管理组织三位一体的组织架构。三类是龙头企业带动型，在这种模式下，龙头企业为社区建设的主要力量，由龙头企业带动农户发展，共建社区。这一模式的出现与农业产业化的发展密不可分，在这一过程中，许多企业为了保证优质原材料的稳定供应，积极在农村建立企业基地，形成了龙头企业+合作社+基地的生产方式，而为了保障基地稳定，许多企业也积极建立与村庄的联系，对村庄建设发挥了很大作用。

三是纯农村社区。这类社区一般距离城镇较远，区位优势不强，往往由传统的村庄合并而来，其动力主要来源于城乡建设用地指标增减挂钩的驱动以及提高农村公共服务与基础设施水平。这一类社区的村民的经济来源主要依靠外出务工或务农，整体收入水平偏低，社区建设的资金投入主要依靠村庄整治出来的建设用地指标反补款。这样一方面提高了农村的基础设施与公共服务水平，改善了农民的居住生活条件，另一方面，村庄节约出来的建设用地指标也为城市发展和项目落地提供了发展空间。据齐河县农办相关负责人介绍，这类社区在县域的农村新型社区建设中占据了3/4的比例。这类社区面临的最主要问题是，由于农民整体收入水平不高，整理出来的建设用地指标反补款及政府财政投入资金难以支撑起社区的实体建设，农民集中以后生活来源无法得到妥善解决等。

显然，中国地域的辽阔与各地的差异性决定了村庄合并与社区建设的实践是多元的，上述分类远远难以涵盖所有出现的情况。比如城中村改造便是新型农村社区建设的一种模式，这种模式主要是由开发商主导，政府从旁监督协调。政府按照一定比例给开发商配地之后，农村社区投资、设计、建设都是开发商一手操作，民众可以按照一定的补偿标准购买相应的房屋，代价是土地的流失，而开发商却可以将剩余的房屋出售，因而是最终的获益者。当然这种模式显然已经脱离村庄建设的意义与范围了，故不做详述①。

## 3.5. 新型农村社区建设的效果

### 3.5.1. 居民的居住条件得到了明显的改善

新型农村社区建设一个重要的外在体现就是居民的居住条件变化了，居民从原村的平房或低层楼房搬进了宽敞明亮的双层或多层楼房，房屋的外观与结构更加标准化和美观化，总体布局相对优良，居民的住房面积整体上

① 根据合并的层次划分，可以分为单层合并与双层合并；按照建设主体可分为“农民自建型、集体代建型、招商建设型、社会援建型”等等，将在第四部分补充。

扩大了，同时社区水、电、气、暖都基本配套，太阳能热水器、水冲式卫生间等生活设施也基本普及，功能相对齐全。这一系列措施既改善了农民的居住环境、方便了生活，同时还节约了建设成本，从而有效地改变了传统农村“脏、乱、差”现象，使农民享受到了与城市居民基本相同的居住条件和居住环境，提高了农民的生活质量和幸福指数，也有利于争取民众对社区建设的支持。

#### 3.5.2. 公共基础设施建设与公共服务水平的提高

公共服务均等化是指政府为社会提供大致相等的最基本的公共产品与公共服务，它是现代政府的重要目标之一。新型农村社区建设的一个重要作用就是集约利用资源，降低服务成本，从而更有效地推进基本公共服务的均等化。村庄合并为社区后，社区的公共服务与公共基础设施水平都有了很大的提高。在基础设施上，新型农村社区的道路基本硬化，并安装了路灯，社区普遍栽种绿化苗木，美化了社区景观，垃圾处理与污水处理等基础设施的建设更方便了人们的生活。在公共服务上，许多社区都配备了相应的学校、医疗中心、社区超市、社区休闲娱乐活动广场，此外，普遍都建立了统一的服务中心，使居民能更方便和快捷地办理相关事项。相比于原村的泥泞小道、井水、村卫生室与村小学，社区无论在道路、水电、绿化等基础设施还是医院、学校等公共服务都得到了明显的改善。

此外，社区居民的生活也进一步丰富化和多元化了。健身器材的配套使得社区许多居民都能锻炼休闲，社区广场也为居民活动提供了空间。根据笔者调研情况，在山东、河南这两个省份中，有76.67%的受访者认为社区路况与以前相对有了很大提高，73.78%的受访者表示社区环境卫生情况有了很大改善（图19）。

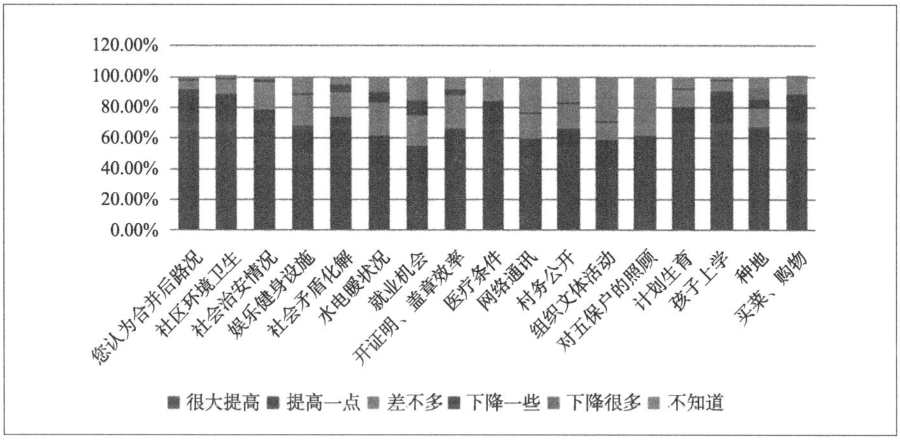


**图19　村庄合并后公共服务发生了哪些变化（数据来源于调研所得）**

数据来源：根据调研材料整理制作。

### 3.5.3. 土地节约、资源整合效果明显

我国村庄总体上呈分散性居住状态，农村地区宅基地每户占地少则半亩，多则一亩以上，一户多宅的情况也比较常见，这严重制约了土地利用效率，而土地的有限性使得“一户一宅”模式难以永久地持续下去。通过社区建设，可以有效地整治土地，集约利用建设用地，从而有效化解城镇化用地的刚性需求与粮食安全、农业现代化对土地的刚性需求之间的矛盾。如河南叶县通过旧村复耕，全县可节约土地12万亩，新乡市先期规划重点发展的272个社区整合旧村占地49.1万亩，节约土地27.6万亩，节地率达到56.2%。2006—2010年，山东省通过农村新型社区建设复垦耕地74242亩，腾出建设用地指标近6万亩[①]。通过土地整治与社区建设，农村资源得到了整合与重新开发利用，为城镇化、农业现代化开拓了空间，为村民改善生活提供了机会。

---

① 山东省政府：《山东省人民政府关于加强土地综合整治推进城乡统筹发展的意见（鲁政发〔2010〕73号）》，2010年8月2日。

# 第4章 村庄合并的路径选择（下）：行政维度的合并

湖南地处中国中部、长江中游，土地面积21.18万平方公里。湖南共有耕地413.50万公顷，其中以水田为主，旱地为辅，园地68.71万公顷，林地1229.65万公顷。全省人均耕地面积0.06公顷（0.9亩），仅为全国人均耕地面积（1.52亩）的59.2%，不到世界人均水平的五分之一[①]。截至2015年年底，全省常住人口6783.0万人。其中，城镇人口3451.9万人，农村人口3331.1万人，城镇化率为50.89%。2015年，全省地区生产总值达到29047.2亿元，三次产业为1.5：44.6：43.9[②]。2015年，湖南省村庄个数为38380个，居全国第五位。

## 4.1. 行政维度的村庄合并

行政维度的村庄合并即在行政建制上将几个村庄合并在一起，但并不引发居民生产生活方式的变革。这一类型合并主要出现在湖南、江西、安徽一带，以湖南为典型。行政上的合村并组主要是为应对农村税费改革后的财政困境，同时伴随着乡镇区划改革、农村治理格局优化。实际上，进

① 湖南省统计局网站：《湖南“十二五”农业发展情况分析》。

② 湖南省人民政府网：《湖南省2015年国民经济和社会发展统计公报》。

入21世纪以来，湖南的乡镇和村级区域规划一直都在缓慢调整。以村级区域规划为例，2003—2013年，湖南省行政村总数由4.73万个减少至4.16万个，减少了12.05%。2004年中央1号文件提出："进一步精简乡镇机构和财政供养人员，积极稳妥地调整乡镇建制，有条件的可实行并村。"因此，为减少行政费用、调整乡镇区划、优化村庄治理格局，湖南一些地区便开始启动建制村的合并工程。湖南开始大规模推行村庄合并是在2015年。2015年9月，全省全面启动了乡镇区划调整改革，出台了《湖南省乡镇区划调整改革工作方案》，计划撤并500个以上的乡镇、1.6万个以上的建制村，村庄减幅约为39%，使建制村总数控制在2.5万个左右，平均每个建制村人口预期规模为2500人，1000人以下的原则上要求合并。要求合村于2016年底前完成，2017年上半年选举产生新一届村委会。同时将合并任务具体分配到所辖县市区，要求实际合并数目不得少于任务规定数量，如表21所示。

**表21　湖南省建制村合并工作任务指标分解表**

| 地区名 | 原有村委会数量 | 调整后村委会数量 | 减少量 | 调整比例 |
|---|---|---|---|---|
| 长沙市 | 1203 | 793 | 410 | 34.08% |
| 株洲市 | 1561 | 1060 | 501 | 32.09% |
| 湘潭市 | 1513 | 1013 | 500 | 33.05% |
| 衡阳市 | 4878 | 2592 | 2286 | 46.86% |
| 邵阳市 | 5510 | 3391 | 2119 | 38.46% |
| 岳阳市 | 3097 | 1411 | 1686 | 54.44% |
| 常德市 | 3353 | 1631 | 1722 | 51.36% |
| 张家界市 | 1517 | 969 | 548 | 36.12% |

续表

| 地区名 | 原有村委会数量 | 调整后村委会数量 | 减少量 | 调整比例 |
|---|---|---|---|---|
| 益阳市 | 1786 | 1081 | 705 | 39.47% |
| 郴州市 | 2937 | 2078 | 859 | 29.25% |
| 永州市 | 5048 | 3044 | 2004 | 39.70% |
| 怀化市 | 3854 | 2720 | 1134 | 29.42% |
| 娄底市 | 3260 | 1968 | 1292 | 39.63% |
| 湘西自治州 | 1961 | 1658 | 303 | 15.45% |
| 总计 | 41478 | 25409 | 16069 | 38.74% |

数据来源：与长沙民政局相关人员访谈所得。

湖南的村庄合并与山东、河南不同，对比来看，湖南村庄合并的一个最鲜明特点就是村级组织的合并，以及由此带来相关机构的合一，比如村部、村小学、村卫生室等①。但除此以外，农民的生活方式、习惯和居住方式基本没有变化。由此观之，在某种意义上，湖南的村庄合并可以看作是乡镇区划改革的附带结果，这种行政维度的合并，在实践上多是靠政府行政力量强制推动，一级一级地分解指标。其合并多体现在村级两委干部和村级组织体系的变化上，而村庄居民在居住空间以及日常生活上并没有什么改变。因此，湖南的村庄合并并不涉及物理空间的重组，对于村民而言，主要的社会交往和联系短期内变化并不明显。根据问卷调查结果，有77.4%的村民认为并村没什么影响②，其中主要受影响人群是村干部。可见，湖南的村庄合并仅仅是行政维度上的合并，且要求时间短，力度大，故而多靠行政力量

① 在湖南省也存在村庄合并后建立社区的情况，但多是个例，并且在调研目的地区没有出现类似案例，本书将不予重点讨论。

② 数据通过问卷调研统计分析得出。

推动，从省经市县，一级一级的指标分解下来，一直到达政权末梢——乡镇。这点在益阳市合村责任分工中体现得非常明显：省乡镇区划调整改革小组负责并村工作的顶层制度设计，领导小组办公室负责日常统筹协调；市州负责本区域并村工作实施方案制定、督促检查、宣传引导、验收总结；县市区党委、政府是村庄合并工作的实施主体，负责区域内的统一领导和处理合村过程中可能遇到的重大问题；而乡镇一级党委、政府则负责具体实施，同时明确了乡镇党委书记为“第一责任人”。

## 4.2. 湖南村庄合并的原因

### 4.2.1. 行政村的制度变迁

根据制度变迁的理论，村庄（指行政村，而非自然村）作为一个行政意义上的组织单位，伴随着历史和社会环境的改变，在不同时期有着不同的组织形式特点。村庄演变和发展轨迹同样遵循了制度变迁理论所揭示的规律，是一个制度变迁的过程。这个过程主要表现为新旧制度的更替和转化，以新的、符合当前社会发展实际的制度来替代陈旧的、难以支撑村庄常态运行的制度，以实现村庄管理、运营的正常化，从而适应当前社会经济的发展。纵观村庄发展和演化的历史，每一次制度变迁的发生都跟当时的政治、经济和社会环境息息相关，很多时候这种变迁不是从内部自主发生，而是由外力推动发生改变的。在早期，村庄的基本经济形态为小农经济，整体发展规模受限，并囿于落后的交通手段，人们与外界交流甚少，村庄规模较小，往往以自然村为行政单位，治理格局多以宗族长老为核心。后来，随着经济的不断发展和国家权力的介入，逐步突破了以自然村为行政单位的管理格局，建立了农村基层管理组织，比如生产大队，对农村基层进一步加强管理。到如今，又出现一些新的因素促使村庄制度发生变迁。首先是社会主义市场经济发展日趋完善，农村已经成为主要市场之一，如近几年兴起的电商下乡，“农村淘宝”、京东等都在想方设法进一步抢占农村市场，农民逐渐被卷入到互联网市场中，生活方式发生了很大改变。其次，经济的发展和城乡一体化建设的推进，使得农业生产机械化水平快速提升，一些农村精英率先探索农村农业规模化、集约化生产，大大改变了原有的农耕方式。再次，农村空心化问题日趋严重，许多村庄人口逐步减少，部分村庄基本上“空巢化”、空心化，导致公共服务供给成本过高。以上这一系列因素使得原有约束村庄规模的内外部条件被削弱，村庄的制度安排逐渐呈现非均衡状态，原有的村庄规模、机构设置和职能供给已经难以适应环境变化的需要，于是对新制度的需求日益呈现。

纵观我国改革开放以来的发展情况，经济社会环境发生了巨大的转变，许多原有的制度安排已经不能适应当前的社会环境要求，因此，在各个领域，制度变迁都在不断地进行着。我国目前所进行的村庄合并，也是为了适应经济、社会等环境变化的需求，通过国家力量推动，逐步使得村庄制度安排从非均衡状态转到一种均衡状态，从而达到一种稳定的村治状态。推动村庄制度变迁的主要因素包括以下几个方面：

首先是在经济方面。近几年来，我国大力推动城乡一体化建设，实行城市反哺农村，大力发展农村经济，通过培育新型农业主体，实行集约化、规模化、产业化、市场化经营，改变了农业单一的生产方式，使得农村生产生活方式有了巨大的改变。然而，农村在融入大范围的农业市场以后，存在这样一个问题：零星的个体小农户力量弱小，在市场竞争中处于弱势地位，难以成为有力的市场竞争者。这就要求村庄成为一个集体，共同管理，以实现规模经营，壮大实力。也就是说，村域管理需要把农户联合起来，使弱势的小村庄与强势的大村庄融合，从而扩张村域经济实力。显然，外部环境的变化对村庄制度安排提出了新的要求，因此，出于村庄长远经济发展的考虑，村庄合并制度变迁符合了当前农村经济的发展需求。其次是在社会环境方面。由于当前乡村社会逐步向现代化社会转型，许多农村人都进城务工，接触了许多新的思想和观念，权利意识上升，更加关注乡村公共生活，有了更多政治参与动力。但是他们大部分人脱离了土地，并不像上一代人那样扎根土地，很多时间都不在农村，导致他们即使有新的政治诉求，却难以参与到村庄政治生活中去，比如去主动竞选等等。并且，在一些小规模的村庄，十几年过去，仍然是老一辈几个人按照传统方式运行着村庄职能，难以适应当前社会环境的变化。因此，村庄可以根据实际情况适时合并，避免出现村委会功能弱化的状况，从而推动乡村社会和谐发展。再次是在政治环境方面。自2000年以后，国家实行了农业税费改革，各项政策先后出台，其中就包括取消农业税、屠宰税、乡统筹费等面向农民征收的税费；同时，每年出台的中央1号文件都是关注“三农”问题，根据不同的时期特点，从政治、经济等各个方面全方位引导农村发展。政府各项支持政策的出台，给农村进一步发展、走农业现代化道路提供了极大的发展空间。综合性的变迁给农村提供了机遇，也带来了问题，如村级财政空虚、人员工作积极性低、村庄发展困难等。这些问题的出现，均要求村级组织进行相应的制度变革，以适应当前社会的变化和发展需求。

### 4.2.2. 湖南村庄合并的政策意图

实际上，在2015年全省大规模合并村庄之前，湖南部分地区就已经先后进行过两轮基层区划改革调整。经过这两轮调整，全省乡村数量有所减少，但乡村规模小、数量多、布局散的问题仍然突出，乡镇区域面积和平均人口低于全国水平。近年来，随着经济社会的发展，这一问题逐渐成为制约农村进一步发展的瓶颈：这样的村镇规模一方面增加了运行成本，稀释了公共财政投入效果，另一方面也导致部分乡镇的集聚效应和辐射力不强，难以助力农业农村持续发展。因此，为了有效深化农村地区改革，解放和发展农村生产力，拓宽和优化农村发展空间，湖南省决定启动乡镇区划调整改革，撤并一批规模小、经济实力弱、基础设施较差的乡镇，在乡镇合并之后，紧接着的是村庄合并。通过这一基层建制调整，整合了资源，增强了活力，促进新的“四化”协调发展。

具体而言，湖南村庄合并的政策意图主要有以下几点：

第一，精简农村基层行政机构，减少行政人员数量，以优化治理结构，更好地管理和发展村庄。比较来看，在全国31个省（自治区、直辖市）中，湖南省土地面积排第10位，人口数量排第7位，而乡（镇）数量居全国第2位，建制村数量居全国第5位。显然，基层行政单位分割过于细碎，既稀释了公共投入，也不利于资源整合；而村庄规模小、行政人员偏多的格局，也无法有效地促进村庄发展和促进农业农村现代化。因此，为了有效精简基层行政机构和人员，激发乡村活力，优化乡村治理结构，湖南在全省范围内启动了乡镇区划调整和建制村的合并工作。2015年到2016年，湖南省大力开展村庄合并工作，全省范围内村委会由4.15万个锐减1.6万个，陡降至2.55万个，降幅约为39%。

第二，减少行政费用，缓解省、县、乡三级政府财政压力。自农业税取消以后，村组织的收入大大减少，财政收入主要依靠上级政府转移支付。因此，各级政府在不同程度上都需要面临向村级组织进行转移支付的压力，这其中，省级政府转移支付比例最大。而进行村庄合并，减少了村干部的数量，自然也减少了一部分财政支出。湖南长沙民政部门的一名工作人员的说法能直观地表达出湖南省乡镇区划改革的动机：

“我们这里搞这个村庄合并，因为湖南相比其他省来说，村庄数量、村庄运转费用比较高，你看现在农村大部分人都出去打工了，空心化很严重，计划生育也放开了，村里面就没什么事，合并起来还能整合农村资源，推动农业现代化。”

尽管各地适当提高了单个村干部待遇，但从长远来看，必然会降低村级组织管理成本。因此，村庄合并的最大得益者为负担转移支付比例最重的省级政府，其推动村庄合并有着很强的动力。

第三，减轻乡镇对村庄的管理难度。笔者在湖南调研发现，由于村级组织人员减少，乡镇对村级的管理更为简单和方便。有乡镇工作人员透露："以前我们开会要召集十几个人，还有些不一定能按时来，分配任务比较麻烦。现在只有那么六七个人，自然就好交代任务了。"可见，村庄合并确实给上级政府管理带来了一定的便利。

第四，解决农村"空心化"问题。随着城市化进程的不断深入，一方面大量农村剩余劳动力流入城市，农村实际人口大量减少，村级组织的管理任务随之减少，其传统管理职能呈不断弱化趋势；另一方面，当前农业逐渐走向规模化、现代化经营方式，许多农民将土地流转出去，不再种地，这样，更多的劳动力被释放出来，有的进城，有的则就地转化为职业农民或农民工人①，农民的生产生活方式有了巨大改变。这也使得农村居民服务需求更加多样，对村庄管理提出了许多新的诉求，要求延伸村庄管理职能，提供更多的公共服务。而村庄合并则能够扩大村庄规模，在一定程度上集中村级管理资源，优化要素配置，降低公共服务成本。比如可以以强村带弱村，发挥资源互补的优势，合力调动资源，共同促进村庄经济发展。

#### 4.2.3. 湖南村庄合并的目标要求

在规模上，通过村庄合并，全省每个建制村预期人口规模平均为2500人。根据地域地形的不同，划分为不同的人口规模标准：在平原湖区，建制村人口保持在2500—3500人规模，而丘陵区建制村人口数保持在2000—3000人，半山半丘地区建制村人口规模为1500—2500人，山区建制村人口

① 职业农民与农民工人的主要区别在于是否受到他人或企业雇佣。

规模为1000—2000人。在时限要求上，湖南省确定乡镇区划改革调整不搞试点，2015年下半年启动，合并建制村与乡镇区划改革调整同步推进，也可与第十次村民委员会换届同步，2016年年底前完成，2017年上半年选举产生新一届村民委员会。

## 4.3. 村庄合并的过程与阶段

目前来看，全国范围内许多地区都进行着不同程度的村庄合并，而由于各个区域具体情况的差异，不同地区采取的合并方式各有特点。湖南由于省委省政府统一出台了意见，市县两级也基本是遵照执行，故地区差异不大。下面以益阳村庄合并的情况为例，进行具体的分析和说明。

### 4.3.1. 村庄合并情况介绍

2015年起，湖南益阳进行了大规模的村庄合并工作，并且在2016年6月前已全部完成，其村庄合并规模和进度都具有相当的典型性。2015年12月，益阳市根据上级文件出台《益阳市乡镇行政区划调整方案》，并获得省级人民政府批准，对乡镇区划进行调整。结合《湖南省乡镇区划调整改革领导小组关于切实做好建制村合并工作的通知》中规定的村庄合并标准，要求山区和丘陵地区的建制村合并主要以面积为依据，而湖区建制村合并主要以人口数量为依据，1000人以下的原则上要求合并。合并后的新村，其人口规模维持在3000人左右，面积保持在5平方公里左右。村庄合并以后，益阳市从原有的1786个建制村缩减到1081个，减少705个，减幅为39.47%，合并力度较大。比如在笔者调研的益阳市赫山区沧水铺镇，合并以前共有14个建制村和1个社区，撤并调整为9个村1个社区，合并幅度为33.33%。具体合并方案如下：将原青秀山村、碧云峰村和黄源塅村合并为一个村，新村命名为碧云峰村，下辖村民小组43个，人口6652人，面积12.68平方公里；

将原沧水铺村和龙会寺村合并为一个村，新村命名为沧水铺村，下辖村民小组41个，人口4702人，面积5.74平方公里；将原珠波塘村和潮泥村合并为一个村，新村命名为珠波塘村，下辖村民小组45个，人口4142人，面积7.48平方公里；将原五里牌村和水井坳村合并，新村命名为金山村，下辖村民小组53个，人口5701人，面积11.04平方公里，其他建制村保持不变。

### 4.3.2. 湖南村庄合并的原则

村庄合并是农村基层管理组织和治理方式进行重新整合和创新的过程，对于新农村的和谐发展有着重要的意义。而在具体村庄合并过程中，又涉及方方面面的问题需要协调解决，如法律法规问题、与村庄历史文化的契合以及村庄经济社会发展的协调等等。因此，益阳市要求在村庄合并过程中需要遵循以下几个原则。

（1）因地制宜的原则。综合考虑村庄的人口、面积、自然地理条件、历史人文渊源等具体情况，因地制宜制定并村方案。对于不同地理类型的村庄，应根据当地特点合理确定村庄的人口、布局和规模。

（2）依大靠强的原则。按照整合资源、优势互补的出发点来推进并村工作。一是以大并小，即将人口少、面积小的村与大村合并；二是以强并弱，即将基层党组织软弱涣散的村与强村合并，三是以富并弱，即将经济实力弱、长期无集体收入来源的村与富村合并。

（3）促进发展的原则。通过村庄合并，以整合各方要素、资源配置和村庄布局。同时加强并村过程中的规划设计，从而促进村庄发展和新型城镇化进程。

（4）整体合并的原则。村庄合并要求以建制村为单位，原则上不得拆分村庄并入不同的新村，同时不得跨越乡镇的行政建制进行并村调整。

（5）依法推进的原则。并村工作需要尊重村民意见，充分发扬民主精神。在并村的过程中要严格按照《中国共产党农村基层组织工作条例》《中华人民共和国村民委员会组织法》和《湖南省村民委员会选举办法》规定的程序推进[①]。

4.3.3. 村庄合并准备阶段

（1）广泛宣传、动员到位。一是分级召开动员会对并村工作进行动员部署，通过召开领导小组会议、全体镇村干部会议、各村党员组织会议等形式，层层传达并村精神和任务，深入动员，统一思想；二是采用宣传车巡回宣传、张贴标语横幅等方式让全镇居民知晓并村工作的意义和要求，消除部分群众的思想障碍和顾虑，并调动参与的积极性，从而推进并村改革平稳、顺利地进行。如沧水铺镇共派出宣传车20余趟（次），张贴各种标语横幅200余条，宣传效果良好。三是拓展舆论手段，除县、乡召开动员会等常规形式开展动员之外，还集中利用市、县级电视、报纸等主要媒体，为村庄合并营造舆论优势。四是及时发现和应对舆情，明确规定一旦发现舆情，必须在24小时内进行应对，并向县乡领导汇报，请县乡党委、政府做出处置决定。另外，需要在网上回应的要及时按照党委、政府的意见，准确、细致做出守法度、有深度、有温度的答复。

（2）清产核资。在实际推动村庄合并之前，乡镇（街道）要对所辖村集体资产债务进行清查审计，核定权属，做好登记，并及时公布审计情况，同时注意加强管理，防止集体资产流失。在合并调整期间，由乡镇政府暂时冻结村庄的集体资产和债务，日常运转经费和集体开支可由政府先行调付，所有账目移交乡镇代管。

（3）征求意见。广泛深入群众，征求农民意见，同时开展调查研究，以摸清现有各村的人口规模、地域面积、自然地理条件、历史人文渊源等基本情况。在此基础上，就并村过程中村干部的去向安排、合并新村命名与村

① 资料来源：根据《湖南省乡镇区划调整改革领导小组关于切实做好建制村合并工作的通知》等文件整理。

部选址、资产债务处置等问题广泛听取各方面的意见，统一认识，做到群众知晓、认可和支持。

（4）制定并村方案。在深入调研的基础上，通过反复协商和充分论证，提出并村的实施方案。一是规范新村命名。新村命名要严格按照《地名管理条例》的有关规定，充分尊重地域特点、历史文化沿革和村民感情。调整后的村名一般在撤并的村中选择，如以大并小则以大村命名、以富并穷则以富村命名，并经村民会议讨论通过，但允许有例外。对争议不定的村名，由区民政局地名办认定。二是合理选择新村办公场地。按照方便群众办事、发挥现有资产作用、有利于经济与社会事业发展的原则，选择交通便利、半径距离相对中心、人口相对集中的地方作为新村办公场地，要避免资产闲置和浪费。另外，新村办公场地的选择须经村民会议认可，才能确定下来。

（5）合并村召开村民会议。2013年新修订出台的《湖南省实施〈村组法〉办法》第三条规定，村的调整必须经过村民会议讨论决定。但考虑到城乡人口的广泛流动，许多村庄召开村民会议可能会存在一定难度，该办法进一步规定，可以根据本村实际情况，以适当形式召开村民会议，如村户代表签字形式。一般而言，这种形式的村民会议基本要求有以下两点：一是签字的村户代表数要达到全村总户数的三分之二；二是要求到场的村户代表需要半数以上签字同意方可通过决议。而对于部分情况复杂、村民意见分歧较大的村，对签字率的要求往往更高，尤其是村庄合并这种大事，部分乡镇要求签字同意率在80%以上，这样方能有效落实村民决议，推动并村工作顺利进行。沧水铺镇各个村签字率达标后（如表22所示），召开村民会议，按照《村组法》规定通过并村方案，并签字认可。合并方案基本成熟后，镇人民政府向区人民政府递交并村方案请示件。

表 22 沧水铺镇村及合并村民签字情况表

| 村名 | 应签人数（人） | 实签人数（人） | 实签同意人数（人） | 同意率（%） |
|---|---|---|---|---|
| 青秀山 | 960 | 743 | 422 | 56.8 |
| 碧云峰 | 2704 | 2704 | 2199 | 81.3 |
| 黄源塅 | 1258 | 1258 | 1093 | 86.9 |
| 沧水铺 | 1826 | 1826 | 1544 | 84.6 |
| 龙会寺 | 1465 | 1465 | 1423 | 97.1 |
| 珠波塘 | 1893 | 1893 | 1460 | 77.1 |
| 潮泥 | 1312 | 1312 | 1141 | 87.0 |
| 五里牌 | 1867 | 1867 | 1717 | 92.0 |
| 水井坳 | 2606 | 2606 | 2516 | 96.5 |

数据来源：根据调研材料整理制作。

### 4.3.4. 村庄合并具体实施阶段

（1）明确责任分工，引导和监督村庄合并。由于并村工作牵涉到农村基层组织各个方面的利益，有着其独有的复杂性和特殊性，因此，需要在具体实施过程中，明确各级政府分工，保持一致，合理发挥主体责任，支持和保障并村工作的顺利施行。具体分工如下：省乡镇区划调整改革小组负责并村工作的顶层制度设计，领导小组办公室负责日常统筹协调；市州负责本区域并村工作实施方案制定、督促检查、宣传引导、验收总结；县市区党委、政府负责并村过程中的统一领导和处理并村工作中可能遇到的重大问题。乡镇一级党委、政府则具体负责推动和实施并村的各项工作。各级政府在积极引导和督促并村工作的同时，要密切联系群众，了解群众意愿，进行多方互动，实现良好的合作，以充分发挥农民的主动性和积极性，促进并村工作有序开展。

（2）设置过渡期，成立临时工作机构。并村启动后，由乡镇统一收回原村党组织、村委会印章和牌子。各新村设置过渡期，过渡期从并村开始一直延续到新一届村委选举为止。过渡期内，成立新村临时工作机构，即临时党支部和临时工作委员会，临时党支部书记兼任临时工作委员会负责人，由乡镇党委指定或指派，合并各村的“两委”作为临时党委和工作委员会成员继续工作。过渡期间，旧村印章使用由县里出台统一办法，村庄合并后，经县人民政府同意，新村可以按规定刻制新印章，而原村的印章统一收归乡镇进行保管。合村完成后，新村村部统一悬挂规范制作的“中国共产党××村支部委员会（委员会、总支部委员会）”和“××村村委员会”牌子，不再加挂其他任何牌子。

（3）合理处置集体资产及债权债务。合村过程中，对旧村的资产债务的处置是并村工作的难点之一。原则上而言，原村的集体资产和债权债务在清理核实后一并纳入新村进行统一管理，并设立财务账目。并村过程中，要加强财务管理，要求原村的集体资产不得平分，原村债务也不能让村民平摊，不得以一村的资产平衡弥补另一村的债务。原村已签订并生效的有关经济合同，按原合同执行，合同期满后不得续签，纳入新村进行统一管理。对违规处置和变相侵吞集体资产的行为要从严问责。

（4）安排工作人员，实行值班制度。新村成立后，首先，要明确各临时支部和临时工作委员会的负责人和组成成员，同时合理安排各成员的职责分工。其次，要健全工作机制，安排专人坐班，确保群众办事有人找，村级事务有人理，工作能延续，依法依规运行新村各项工作，直到下届换届期选出新村村委为止。与此同时，乡镇党委政府还需加大对合并村的工作指导力度，协调各村矛盾，力争并村并心，真正融合。

## 4.4. 村庄合并的组织管理与资金投入

如上文所述，在组织管理方面，合并期间一般由镇政府牵头成立临时党支部（临时工作委员会），党支部书记由乡镇党委或街道工委指定，其他成员由合并各村的村支两委委员择优组成，人员数量根据新村规模大小确定，也可根据不同情况进行细微调整，如在新村村委选举前，可安排原来建制村村支两委委员协助支部工作，亦享有相应的务工补贴。过渡期间的村庄各事务由这一临时党支部负责，合并完成后到选举期再组织进行合并新村的换届选举。在新村村委的人数安排上，一般依据村庄人口规模相应配备3—7人。1000—2000人的村，村干部数量原则上控制在3—5人左右，2000—3000人的村，村干部数量原则上控制在5—7人左右，3000人以上的村，村干部数量可以在7人基础上依据现实情况适当增加。在村干部的去留问题上，各地也要求做通村干部的思想工作，鼓励村干部自愿离任或者有效发挥余热。同时对于离任的干部发放相应的奖励金。如怀化市为了减少合并阻力，对在原村出任村干部但未在新村的选举中选上的人出台了相应的补偿办法，规定任职满15年且未受到处分的村干部每年仍会获得一定的津贴，这会促使他们继续在村庄事务中发挥积极作用，促进村庄治理的有序化。显然，建制维度的村庄合并，乡—村的联系是方便了，但是随着村庄面积的扩大、人口的增加以及村干部的相对减少，村庄的治理幅度扩大了，治理难度也增加了。

在财政投入方面，由于行政维度的村庄合并并未涉及大量的资金投入，因此，在资金上并未出现困难。为了有效推动村庄合并，省市县都会出台相应的奖补政策。就全省而言，每合并一个村，省级财政便拿出4万元作为奖励。市县财政则根据自身情况有不同的补助标准。在长沙市，市级财政补助3万元，在湘潭市，市级财政相应地补助2万元，在湘潭县，县级财政补助1万元。这些补助款不均分给个人，而是划拨到合并新村的账户上，作为村级运转费用。

# 第5章 村庄合并的挑战（一）：经济利益的博弈

村庄合并有着综合性目的，亦存在多元驱动，同时在现实中也形成了复杂的实践。我们在这一章中仅仅考察在村庄合并的进程中，各个主体的经济逻辑及其原因，又面临着哪些制约条件，而这些因素在某种程度上决定着将会把村庄合并导向何方。

## 5.1. 村庄合并的经济驱动逻辑

我们知道，行政维度的村庄合并的推动主体主要是政府，而居住维度的村庄合并的推动主体除了政府还有企业、村民等，但无论是企业出于用地需求还是慈善目的，抑或是村民出于改善居住条件和提高生活水平的需求，都无法如此普遍地在中国大地推动这一复杂而综合的变迁。企业与村民的诉求也许在绝大多数情况下会被纳入政府的改革目标中去。一个不争的事实是，政府成了推动村庄合并的直接主体。村庄合并的政府主导，又反过来影响着各方主体的行动逻辑。

### 5.1.1. 土地财政

村庄合并的进程有多元的参与主体，每个主体的目的及其行为选择都是不一的，他们遵循着自身的驱动逻辑行事，并在村庄合并的进程中交汇、博弈。从理论上来讲，村庄合并与新型农村社区建设，通过增减挂钩，以政府在其中的统筹安排和监管作为保障，既盘活了城市建设用地的指标控制，拓宽了城市发展的空间，又增加了村庄的耕地供给，同时利用指标交易款进行新型农村社区建设，改善了村民的居住和生活条件，提高了农村的公共服务水平，通过这一桥梁，城乡资源得以互流互通，而政府则改善了民生，因而是一件多方共赢的好事。然而，现实却比理论来得复杂而多元，这一理想的逻辑图在村庄合并的过程中不同程度地发生了偏离。

我国是社会主义国家，生产资料公有制是社会主义的本质特征之一，土地作为最基本的生产资料更是如此。我国宪法第十条明确了土地的权属性质：城市土地属于国家所有，农村土地属于集体所有。这一制度安排影响了我国的财政汲取选择。西方国家大多采取土地私有制，对于一块固定的城市土地，政府基于土地上的任何基础设施建设和偏好政策都无法直接从土地上收回来，而需要与拥有这块土地的公民或组织进行复杂的纳税博弈。我国则不同，由于城市土地国有，基于土地上的任何基础设施与公共服务改进效益都能从土地升值上收回来，土地出让的本质是出让土地及其附加在这片土地上的机会收益。因此，土地财政的本质是出售未来的基础设施、公共服务与规模经济带来的机会效应，商业资金的进入就在于对土地未来价值的预估。因此，从某种程度上而言，土地财政更像是一次基于土地的融资而不是收益，土地公有与政府信用成为地方政府吸引社会资金投入的制度保障，我国的城市化便是通过这样的融资过程来完成建设的。

上面仅粗略描绘了城市土地的融资图景，对于农村而言，村庄合并与社区建设也隐隐夹带有这样的色彩。在路径选择中我们已经谈到了社区的资金投入，主要分为以下三个部分：一是政府的直接财政投入（其中以土地增减挂钩补偿款为主）；二是政府动员社会商业力量投资新型农村社区建设；三是农民自己出资。在河南省，新型农村社区建设便是作为新型城镇化的重要战略基点来推动这一融资过程的。然而，社会对于新型农村社区建设的土地升值预估并不理想，首要原因之一便是基于土地之上的经济规模效应存在局限性，农民对于基础设施与公共服务的改善需求显然难以承载起这样大规模的融资。一方面，集体土地不允许买卖，因而新型农村社区的基础设施与公共服务改进即使有吸引力，由于其融资对象是农民，农民的经济条件难以满足这一融资需求，限制了融资空间。2016年，我国农民的人均纯收入仅为12000余元，而农户入住社区因各地情况不同而需要花费数万到十几万元不等，农民希望改进居住条件和生活水平的动力被阻力消解了。另一方面，由于大部分新型农村社区属于纯农村社区，城镇辐射区和项目区中村相对较少，因而社会与商业力量对社区土地的升值预期不理想，难以形成经济上的规模效应，社会资金投入的获利空间有限。企业的行为是逐利的，在村庄合并与农村社区建设的过程中，商业力量因看不到获利空间而不肯进行大规模的投资。然而，通过村庄合并与新型农村社区建设腾出来的建设用地指标，却可以换作他地（城市）使用，从而在城市形成新一轮的土地融资，政府从这一部分收益中，按照相应的规定与标准来反补给新型农村社区建设。当前，国家出于粮食安全的考虑，严守耕地红线，许多地方的建设用地指标控制成了限制城市进一步发展的瓶颈，而城乡建设用地增减挂钩却为这一瓶颈打开了制度缺口，项目落地与城镇扩张需要建设用地，地方政府无疑会不遗余力地推动村庄建设用地的整合与复垦。此外，新型农村社区建设的整个过程，在客观上也有助于GDP的增长，因此，这既是对地方经济的拉动也是对过剩的建筑业产能的消化。因此，地方官员有足够的动力推动村庄合并与新型农村社区建设。山东提出到2030年全省建设7000个农村新型社区的规划，而河南在2012年末已建或在建的新型农村社区也达到了3000个以上。

在农村社区建设热潮中，在城乡建设用地增减挂钩的制度框架下，地方政府受到这根逻辑线的主导，大力推行村庄合并与新型农村社区建设，既开拓了城市的发展空间，又改善了农村居民的生活条件，提高了农村的基础设施建设与公共服务水平，拉动了内需，村庄合并是一个综合性的社会变迁过程，它不仅仅有驱动逻辑，还有约束逻辑。但我们发现，在现实的村庄合并与农村社区建设进程中，除了这根驱动逻辑线具有一贯性以外，其他约束逻辑线在一些地方不同程度地发生了断裂。

5.1.2. 行政成本的降低

行政维度的村庄合并的目的较为单一，其经济逻辑是为了有效降低基层的财政投入和行政成本。湖南省《关于开展乡镇区划调整改革工作的意见》（2015）提出：“湖南省乡镇规模小、数量多、布局散的问题突出，乡镇区域面积和平均人口低于全国平均水平”，这一特点与经济社会持续发展的趋势不相适应，因为其“增加了运行成本，稀释了公共投入，削弱了综合实力，导致部分乡镇的集聚力和辐射力不强”。出于促进农村发展的考虑，湖南于2015年启动了新一轮的乡镇区划改革调整，村庄合并作为这一区划调整的重要内容，在乡镇区划调整完成后也相伴而来。从这一文件中我们可以看出湖南村庄合并的意图及动力。长沙民政局一工作人员这样认为：“因为我们湖南和全国相比，乡村的数量偏多，合并起来可以集中投入，降低行政成本。”几个村庄成建制地合并在一起，村庄的运转费用得以有效降低，而作为负担主体的省级政府，当然有动力去推动这一进程。与居住维度的村庄合并不同，村庄在建制上的合并并不涉及大宗投入，也没有触及农村居民生活的根本，而更多的是人事安排上的调整，因而在经济逻辑上相对单纯。

## 5.2. 村庄合并的经济约束逻辑

我们看到居住维度的村庄合并与行政维度的村庄合并两种路径的经济逻辑存在着迥然的差异，因而其经济约束也不同。从经济的角度而言，当前制约居住维度村庄合并的主要因素有以下几项：一是社区实体建设，包括社区楼房、基础设施和公共服务社区建设，其资金来源于政府财政、企业或建筑商的先期投入，这就要求地方政府有较强的财政能力或者通过社区建设能带来较大的获利空间。如果政府对农村社区建设的资金投入主要依赖土地增减挂钩的收益，那么必定以有效的土地复垦为前提。二是居民的经济能力，即居民要有一定的储蓄和收入，一方面要保证农民能够承担入住社区的建房、买房和装修费用，另一方面也要使其能支撑因集中居住而增加的生活成本，如水、电、暖等日常消费，这就需要提高村民收入。三是产业的跟进，即社区附近有较为稳定的非农产业的就业机会与收入。社区的建设需要产业的支撑，没有产业则没有立足点，这是对入住社区居民的长远生计的保障。行政维度的村庄合并，在经济上的约束相对简单，仅仅涉及村庄的资产债务问题。具体如下述：

### 5.2.1. 社区建设资金不足

村庄合并与新型农村社区建设的资金来源已如上述：商业力量对农村社区建设的投资在实践中是有限的。企业资本的目的是逐利，受此驱动的村庄，往往本身区位优势较好，具有优良的资源禀赋，在农村社区建设的政策框架下，政府只需从旁规范或引导，便能顺势而为地进行合并，山东的Y社区便是这样的例子。然而对于大多数纯农村社区而言，这并不能形成普遍意义的资金来源。大部分村庄合并与新型农村社区建设的投入负担落在了政府和农民身上。现实的情况是，新型农村社区建设的资金主要来源于通过村庄合并节约出来的建设用地指标反补款以及村民自身的投入。从访谈中我们了解到，一个5000人口规模的社区常常耗资数亿元，而一个市甚至一个县，往往同时“上马”建设数十个社区，这对于资金投入的要求很高。我国实施分税制以来，中央收归大部分财权，基层公共事项多靠转移支付来执行，由于基层财政能力不足，传统村庄的集体经济较弱，公共财政或集体资金显然不足以支撑起这样大规模的投入。一方面，一些地方政府在推行村庄合并与社区建设过程中过于贪大求快，尽管政府通过成立融资平台，以预期结余的建设用地指标作为抵押进行融资，但资金投入还是难以跟上大规模的农村社区建设。另一方面，农民建房买房的资金也存在一定的困难，在搬进社区以后，如没有配套产业来解决就业问题，居民的日常生活笼上了一层忧郁。

“自己的房子住得好好的，为什么要花钱去住政府给我们盖的楼房?”这是部分农民的真实心理写照。对于村庄合并与新型农村建设而言，如果政府没有足够的财力支撑，需要收入本就不高的农民承担大部分投入，其阻力便可想而知了。于是一些社区尽管已经建起来，农民却住不进去。农民住不进去，旧村则难以拆掉，腾整建设用地的反补款也难以到位，如此形成恶性循环。

### 5.2.2. 离地农民的再就业问题

自近代地理大发现和工业革命以来，西方国家的村庄居住格局就一直在发生着变迁，而农民在这一过程中受到了不同程度的剥夺。实际上，先发市场经济国家的村庄变迁同样是在行政力量推动下进行的，即使工业生产方式具有相对优越性，但农业生产方式的稳固性使得村庄系统很难从内在层面发生变化，因而只能从外部着手。在欧洲，由于工商业的持续发展和殖民地的建立，这一趋势便有了足够的资源支持，并逐渐成为一种形态稳固下来，从而在很大程度上化解了工业革命排挤农民的压力。

后发国家不能以全球资源作为支撑，只能在国内进行原始积累。后发国家的城镇化，显然没有如此多的资源可资利用，资源与产业难以同时跟进，其城镇化常常是一种数字意义上的城镇化，农民进了城，却扎不了根。

按照刘易斯城乡二元经济结构理论①，后发现代化国家存在着社会化大规模生产的城市工业经济和小农生产的农村经济两种经济实体，并由此带来城乡基础设施、生活与消费水平的差异。后发国家要实现现代化，破解城乡二元结构的矛盾，就需要发展城乡产业，促进农村过剩劳动力向第二第三产业的转移，促进农业和工业两个部门投入产出资源配置比例均衡，从而实现经济的平衡发展与增长，实现城乡的良性互动。根据国家统计局数据，2017年，中国城镇化率为58.52%，其中户籍人口城镇化率达到42.35%，根据“六普”数据，中国在2010年总人口数接近14亿，这说明当前农村仍然有5亿多人口（按户籍人口算则有7亿多人口），大量剩余劳动力仍然储蓄在乡村，刘易斯拐点远未到来，中国城乡二元经济结构还将在未来相当长的时间内存在，而村庄合并与农村社区建设或许为破解城乡二元结构的矛盾搭建了桥梁。

居住格局的变迁往往要伴随着一定的产业跟进。这一点对于整村搬迁的农村社区特别重要。这一类型社区，其居民往往离耕地路途远，交通耗时多，而耕地所得收益甚少，因此，许多农民都选择将土地流转出去或租借或荒废。这类离地农民由于年纪较大，又无一技之长，寻找新的工作十分困难，而社区又未能形成新的产业来满足就业需求，这是困扰社区建设的一个主要问题（图20）。居民没有经济上的立足，社区就没有支撑的基础。我们从地方政府关于村庄合并与农村社区建设的文件中都能看到，各地都很注重产业跟进，但部分地方政府对于产业跟进没能提出更加具体的办法。

在具体的推行过程中，地方政府更多的是受到建设用地指标增减挂钩的政策激励，且涉及如此大规模的新型农村社区，地方政府没有足够的能力

① 威廉·阿瑟·刘易斯:《二元经济论》，施炜、谢兵、苏玉宏译，北京经济学院出版社1989年版，第45-46页。

去引导产业的落地、转型与升级。这样单纯的城镇化亟须注入动力，很明显这不能单纯依靠行政强制和财政补贴，而更需要自身“造血”。因而，在这一过程中，保障农民对于土地的保有至关重要。邓大才[①]通过对土地产权的分析，指出农村土地兼具经济要素和社会保障的二元属性。在我国基本公共服务和社会保障还比较薄弱的情况下，如果农民的城市化过程受阻，土地就构成了农民生活的基本保障，与农村社区建设相伴随的土地制度改革还须相对谨慎。此外，就中国的整体国情而言，就算未来中国城镇化率达到70%，仍将有4亿多人留在农村，这意味着中国的城镇化与城乡结构无法遵循先发市场经济国家的发展路径。中国未来城市与农村到底是什么关系，城乡人口究竟如何布局，产业结构如何调整，都是需要系统而长远思考的问题。如果这些问题不想清楚，措施未完善，大规模地推动村庄合并，势必会引发不良后果。

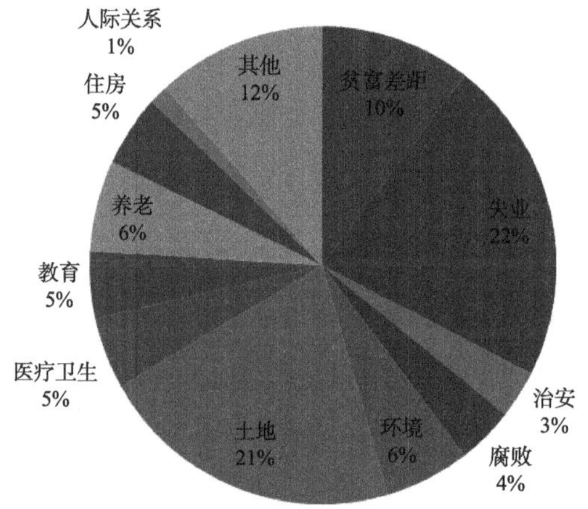


**图20 社区亟待解决的问题**

数据来源：根据调研材料整理制作。

① 邓大才：《中国农村产权与经验——来自国家治理视角下的启示》，《中国社会科学》，2017年第1期，第4–24页。

### 5.2.3. 农民利益保护问题

新型农村社区建设，尽管目的之一是改善农民的日常生活条件，事实上，农村社区无论是水电、道路还是环境，都有了明显的提高，但在这一变迁过程中，一些地方政府对农民的利益保护不足，具体体现为以下几点：一是宅基地置换补偿标准不高，经费难以到位。无论是政府统建还是自建，居民的旧房都会进行评估折价，这样既满足了农民价值补偿需求，也有利于推进上楼工程。旧房折价问题由于涉及每个村民的切身利益，如果标准把握不好往往会引发矛盾。政府在评估过程中与村民对自身房屋的估价不等，并由此带来不平衡感。如在临沂某村，旧房折价的评估标准只依面积，不依新旧，不虑装修，且整体折价标准比较低，不但不能满足折换新宅的需求，而且还需要农民拿出一大笔资金才能入住社区。二是土地征用与流转使农民利益受损。如对建设社区的土地，地方政府征用后承诺每年给予一定的资金补偿，但在一些地方，补偿款随着政策调整未能最终落实。三是各种奖补政策落实不到位。为动员民众拆旧换新，入住社区，对于入住社区的居民，一些地方政府承诺出台奖补优惠政策，这些补贴因地域不同而不同，名目也比较繁多，如年度农户补贴、拆旧补贴、过渡费等。在财政压力下，一些政府承诺的相关优惠政策难以兑现，引发居民不满（图21），政府的公信力也因此打了折扣。

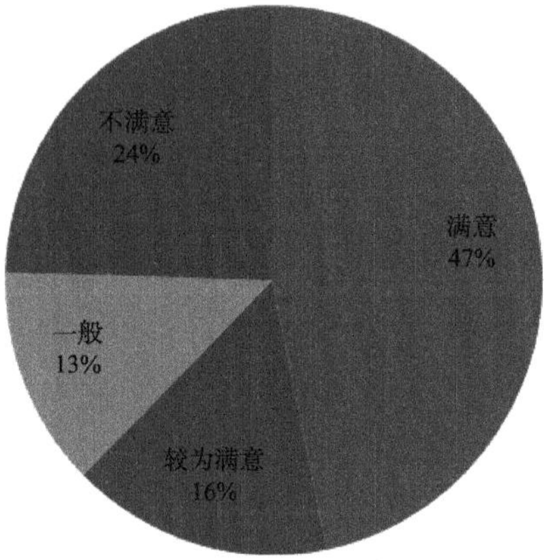


**图 21　居民对平房换楼房的补贴方式满意程度**

数据来源：根据调研材料整理制作。

### 5.2.4. 宅基地复垦与土地利用进行不畅

在18亿亩耕地红线的刚性要求下，建设用地的扩展必然要以耕地的补偿为限。城乡建设用地指标挂钩政策就是为此。新型农村社区建设新增了建设用地，就必然要以原来村庄的宅基地复垦作为补偿，并在其中结余土地以供利用。在当前的村庄合并与社区建设中，部分地区宅基地复垦不畅。这存在多方面的原因：就主观的角度而言，由于长久的习惯和心理惯性，一些村民对入住社区持观望态度；另外，在政策执行上，一些干部，往往将重心放在社区建设的一方，相对轻视了原来村庄问题的处理。在客观上，一方面原村的水泥地面宅基地和柏油马路增加了复垦的困难；另一方面，由于平房换楼房、优惠补贴等社区政策吸引力度不够，利益补偿机制不完善、不平衡，政府在动员村民拆旧村住社区的过程中遇到阻碍。这一系列因素导致部分原村在拆迁复垦过程中呈点状拆迁，拆迁周期长，土地连片复垦效率不高。在一些通过社区建设腾出土地面积较多的地方，新增土地的使用也存在着政府、集体和企业之间的博弈，政府多希望把复垦之后结余出来的土地用作城镇经营性用地，社区（村）集体则更愿意自主开发和利用这些土地来发展集体经济，而企业更愿意通过土地开发建房出售和发展非农产业。由于当前政府、农民、企业之间的成本分担与收益分享机制还不健全，因而在土地如何利用的规划中很难协调，土地利用效率低。

### 5.2.5. 村庄合并过程中的资产与债务处理

在行政维度的村庄合并过程中，资产债务的处理是需要解决的核心问题之一。尽管湖南省出台了相关办法，但一些地方依然难以妥善处理这一问题。实际上，益阳市在村庄合并时便实行“并村不并账”的原则，即原村的资产债务归原村所有，村庄合并后以原村为单位的各片区仍然单独立账，独立核算。同时，合并后的新村也会有一本新的账目，用以核算新村的各项收入和开支。这种“并村不并账”的做法在具体施行过程中出现了不少问题，主要表现在以下几个方面。（1）资产债务合并难。由于不同村庄经济实力有所不同，富村往往不愿意与贫困村合并，即使合并，富村也十分注意对集体经济的保护，不愿意与贫困村共享。例如在皇家湖村，原许家坝村拥有60亩的集体财产，每年能有4万元的固定收入，而原赤江咀村则没有，出于自我保护经济利益的考虑，原许家坝村自然不愿意分享拥有的集体财富。实际上，这种合村不合账的做法，难以让村民对新的村集体产生较强的认同感。（2）村级债务消肿难。在湖南，许多村都有债务，村庄合并后，旧村失去了正当的法人资格，不具备偿还债务的主体资格。富村当然不愿意平衡弥补穷村的债务，而政府的公共财政显然也难以为所有负债村庄兜底，原村的村级债务问题一时难以有效解决。（3）资产债务管理难。并村后，新村各片区（为了便于管理，通常将原来的一个村划分为一个片区）的资产仍然处于独立核算状态，而新村组织，除了要管好自身的财务事项外，还要负责各片区资产债务账目，管理层次上不减反增。事实上，由于财务各自独立，新村村委对片区财产难以干涉和介入，对它们的资产管理仅仅停留在名义和形式上，形成了“一村多账”的局面。由于“合村不合账”，原先两个村庄合并的新村就会多出一个新村“账目”，这给乡镇一级的核算工作也带来了困难。“一村多账”与核算单位的增多进一步增加了乡镇的核算工作量与核算难度，同时也影响着核算审计工作的及时性和准确性。（4）资产债务监管难。村庄合并后，新村各片区的账目独立核算，尽管名义上有新村组织参与管理，但实际上新村村委难以有效干预和介入，如果各片区的组织不完善，民主监督缺位，有可能导致集体资产的流失。

## 5.3. 角色错位：政府与农民

从理想的角度而言，村庄合并为社区，农民的生活条件和公共服务水平得到了改善，同时节约了土地，成为促进城乡协调发展的重要途径，当然是一件利国利民的好事；而行政维度的村庄合并，则有助于调整基础治理结构，节约行政经费，合理配置资源。按道理来讲，农民该有很高的积极性才对，但我们看到这一变迁的进程，政府成了第一主体，这显然需要深思。

### 5.3.1. 政府的角色

就变迁的属性来说，在某种程度上，村庄合并是一种制度性变迁（或者叫规划性变迁）。制度变迁，简而言之就是制度发生改变，以新制度替代旧制度的过程。制度经济学创始人诺斯的研究表明，经济增长不仅取决于于资本投入、技术进步以及劳动效率的提高，它还在较大程度上受制于有效的制度供给[①]。在某些情况下，如果生产要素不变，通过改良制度也能有效促进经济增长。制度经济学将制度看成是一种公共物品或公共需求，制度变迁的重要推动力就是制度的非均衡状态，即制度供给不能有效满足制度需求，

① [美]诺斯:《经济史中的结构与变迁》，厉以平译，上海三联书店1994年版，第194-203页。

进而由这一获利空间引发制度变迁。考虑到村庄空心化的现实，在当前中国工业化与产业转型升级、城镇化和农业现代化加速推进的背景下，整合农村各项要素、实现以村庄合并为空间体现和治理结构表达的制度变革是顺理成章之事。但由于城乡的长期二元分割以及地方政府对自身的职能定位认知的影响，使得这一本可以是诱制性的制度变迁变成了强制性制度变迁，本该是第一行动主体的农民没有充分积极行动起来。这背后有着深刻的成因：一方面，城乡二元分割以及城市对乡村各种资源的汲取，使得诱制性变迁发生的社会吸引力不足，社区建设没有显著的获利机会，相反还需要大量的投入；另一方面，政府在长期行为中也形成了趋向于以自身意志为标准的惯性，因而使得社区建设的制度变迁变成了强制性的。这不仅不利于动员社会力量和发挥其作用促进社区建设，也不利于形成有效的制度安排。

村庄合并与农村社区建设初衷是改善农民的生活条件、提高农村的公共服务水平，是农民普遍需要的，但如果这需要农民承担较大的代价，对于他们也许就没有那么迫切的必要性了。然而，对政府而言，建设用地指标却存在着紧迫的必要性。此外，就行政维度的合并而言，湖南考虑更多的是集中投入，节省成本。由于其仅在建制上将村庄进行合并，既不涉及大宗的资金投入，在短期内也没有对个体村民的日常生产生活产生重大影响，牵涉的更多是村干部和村集体，因而在落实上也更容易贯彻自身的逻辑。

### 5.3.2. 弱化的主体

无论是居住维度的村庄合并还是行政维度的村庄合并，都牵涉农村居民生产生活各方面的变革与切身利益，要想有效地推进这一进程，农民的意愿是不得不考虑的问题。无论是农业现代化、新农村建设还是村庄合并与农村社区建设，农民都是当之无愧的主体。然而在当前的农村变革过程中，部分地区农民的主体地位却被有意无意地弱化了。

就笔者调研的三省统计数据来看，一些地方村庄合并的推行过程没有注重把村民参与纳入政策体系中来，如图22所示，25%的民众不知道谁在主导村庄合并，15%的民众表示，政府虽与村民进行了商讨，但并未充分征求和采纳村民的相关意见，14%的民众表示，村庄合并为社区是由政府主导的。总体来看，这些地方的民众没有有效地参与到这一过程中来，政府成了这一合并过程的主要推手。

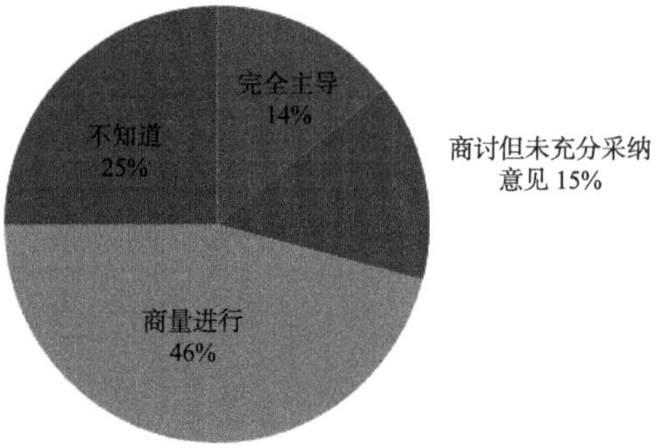


**图 22　村庄合并是政府主导还是村民参与**

数据来源：根据调研材料整理制作。

尽管地方政府要求村庄合并必须尊重民意，但民意的形成与表达机制还未完善。

究其原因，无外乎两个方面：一是后发国家的变革往往是国家进行顶层设计，并将指标逐级分解，从而举全国之力有计划地推动变革。政府习惯了大包大揽，使得本是农村建设主体的广大农民成为被动安排的政策客体。广大农民的主观能动性没有被充分调动起来。此外，由于部分地方政府在政策实施过程中工作做得不细致，急功近利，反而引起了农民的反感。当然，这是需要另外讨论的问题了。

另一方面，则是村庄的内生动力不足。我们知道，近代的政权建设以及兵燹所导致的村庄内卷和失序，中华人民共和国成立以后的集体化时期，国家以另一种方式深度整合了村庄。改革开放后，国家从村庄社会撤出，社会力量一时无法弥合留下的权力真空，也无法在农业生产或村庄公共事务上形成有效的合作。农民无法在村庄的范围内整合起来，当然也就难以形成对村庄合并的主导。随着社会主义市场经济的确立，在城乡二元户籍制度的框架下，城市以极低的成本汲取农村的各项资源，村庄人才流失成为普遍现象，空心化日趋严重。与此同时，家庭联产承包制下的小农生产逐渐显现出它的局限性——无法持续有效提高农民收入，同时也制约了农业现代化的推广进程。此外，国家对农村显然还不能完全担负起保障功能，土地除了作为生产资料的属性之外，还兼有社会保障的功能，这也造成了小农格局的长期性。这一系列综合复杂的因素相伴而生，制约了村庄社会的活力与经济动力。

因此，在当前的村庄合并进程中，村民的主体作用无法充分发挥出来。一方面，村庄合并牵涉到多个村庄并波及每一个村民，无论是依赖村庄权威——本已经流散殆尽——或者是对话，都难以形成主体的公共选择；另一方面，集体经济的贫弱和个体农民收入不足，也制约了这一过程。

2016年的中央1号文件明确指出：把坚持农民主体地位、增进农民福祉作为农村一切工作的出发点和落脚点。显然，农村变革要尊重农民的主体地位，而对于农村变革实效的最好衡量则是农民有没有受益，村庄合并也是如此。在农村的变革过程中，应该尊重农民的主体地位。无疑，这已经涉及更长远的乡村振兴的意义了。

### 5.3.3. 行政主导型政策的预期与意外

村庄合并无论就居住维度还是行政维度而言，都已显示出政府的主导色彩。从理论上来说，政府是受主权者的委托而组成的旨在实现公共目标与公共利益的组织，然而，政府是由人组成的，政府也有它趋利避害的需要。

政府有自身的制度框架和组织逻辑，但政府的运转却需要人来充实，官员既作为制度而存在，同时也作为个人存在，这就使得任何一个公共职务的职能发挥都离不开在职的个人的因素。不可否认的是，在当前体制下，政府的主导地位与政府中的个人色彩也可能被不适当地放大。村庄合并与新型农村社区建设，触及到村民生产生活方式的大变革，会对城乡关系与农村发展产生深刻影响，然而，在一些地方，农民的主体地位却被有意无意地弱化了。村庄合并与新型农村社区建设的预期的目标设定受到政府自身的逻辑驱使，而且逐级分解，在这样的机制下，行政主导型政策往往容易衍生为一场运动。

一项政策有它的预期政策目标，但如果不综合考虑、系统设计，便很可能与预期目标产生偏差。通过将村庄合并为社区，以城乡建设用地指标增减挂钩政策为依托，政府在经济上能够获得这一差价带来的收益，然而，村庄合并与新型农村社区建设，不仅要能“建得好”，还要让农村居民“住得进、稳得住”，如果住进社区需要农村居民倾其家底，而且无法有效解决离地居民的就业问题，这样的村庄合并与新型农村社区建设便显得不那么合时宜了。显然，对于农村居民的现实经济情况与心理状态以及进入社区以后居民生活怎么办的问题，部分地方政府缺乏系统的思考，也没有提出综合性的应对措施，这就导致系列后续问题。

河南的村庄合并与新型农村社区实践便是一个很好的例子。居住维度的村庄合并没有充分将村民的主体因素纳入政策过程中去，新型农村建设成了政府的一腔热情，村民的回应不足，很多社区建好了村民却住不进去，旧有的村庄拆不掉，无法腾出建设用地指标，而新的社区又占据了建设用地，建设用地有增无减，社区建设的部分前期投入资金成了直接的经济损失。同样，行政维度的村庄合并，在某种程度上看起来更像是管理负担的转嫁，乡镇政府的任务是减轻了，然而，村庄治理却因其幅度的增加而变得更加复杂；对基层的投入是相对集中了，可是许多自然村却面临着被边缘化的风险。显然，政府的预期目标被这些意外消解了。治理要求多元主体平等协商，这实在是很有意义的，但这一目标有时很难达到。政府的权力手段、财政支撑以及信息优势，使其获得主体地位。政策预期与意外的平衡，还有相当长的一段路要走。

## 5.4. 村庄的经济发展

现代化的进程与发展趋势表明，人类的居住 — 治理格局是随着产业格局而变化的。然而，就当前的村庄合并来看，村庄合并的多重目的中大多没有包含对产业/农业发展的考虑，各地的实践更多地在于在地理空间或建制维度上将其合并在一起，产业的跟进不过是要更有效地推进这一进程或维持这种新的形态而已。但农业、农村、农民三者的联系是分不开的，涉及其中任何一项的变革无疑都会波及更广的范围。村庄合并即使在目的上没有将产业发展纳入进来，在手段上也不可能越过它，从而在结果上会不可避免地对农村的经济发展产生影响，而这一影响是我们在这一节要着重考察的内容。

### 5.4.1. 两区同建的思路与效果

两区同建，意为在农村社区建设的同时进行产业园区的建设，从而为农村社区建设助力。最早提出且最系统的两区同建实践是在山东德州，2008年以来，德州市按照“政府主导、规划先行、因地制宜、群众自愿、社会参与、依法依规、梯度推进”的原则，把两区同建作为实现新型城镇化和农业现代化的结合点来推进村庄合并与农村社区建设。全市规划建设农村新型社区641个，除城市规划区内社区和镇驻地社区外，纯农村社区有426个。从这一比例来看，大部分农村社区仍然是纯农村社区，而这恰恰映照了上述的驱动逻辑。到2013年年底，全市已建或在建的农村新型社区为378个，在推动居住社区建设的同时，德州提出，每个社区都按照“发挥当地优势选择主导产业，每个主导产业都有产业园区”的思路，“宜工则工、宜商则商、宜农则农、宜旅游则旅游，同步规划建设农业、工业、商贸、文化旅游等各类产业园区876个”。从已建的大小产业园区来看，大多是农业方面的园区，工业园区大多是当地有资源、市场有需求的产业，如农副产品加工、地方特产制作等。通过两区同建，德州有20 万农户（约80万农民）搬进了社区，占全市农户的20%（全市农村人口为403万），在同步建设的各类农村产业园区中，有30多万农民实现了就地就近就业。

通过这些数据，我们可以看出，德州在推动村庄合并与农村新型社区建设的同时，不仅注意到产业对社区的重要作用，而且还提出了有针对性措施同步推进产业园区建设。当然，我们也不能只看数据，有些农村社区，建一个蔬菜大棚也被称作产业园区，而一个啤酒厂在乡镇落地，也是产业园区。但是历史始终是要往前进的，对于特定时代下的某些无奈选择，我们不可过分苛责，德州的两区同建，尽管其效果会从统计数字意义上打折扣，但其意义却是深远的，无疑它将为中国新型城镇化的路径选择提供丰富的经验素材。

2017年，党的十九大报告提出要振兴乡村，当年年底，中央农村工作会议也提出要加强农村一二三产业融合发展，在这样的背景下，两区同建将会持续走向纵深。也许有人会产生这样的疑问，产业园区应集中在城区还是分散在各个大社区？农民进入园区之后是否还需要从事农业劳作呢？实践是最有力的回答。就第一个问题而言，德州的经验告诉我们，工业的、大型的园区自然是向市、县城集中，农业的、休闲旅游的园区则可以分散在各个大的农村社区，而农民的就业选择自然与此分布相关。当农业的产业链不断延伸、农业的多功能性得到发展和释放，农民的择业将会随着这些新产业新业态的出现而更加丰富多元。

### 5.4.2. 村庄集体经济的复苏

村庄集体经济主要依托于土地的集体所有，除了拥有区位优势或特殊资源的村庄外，对于当前大部分村庄而言，经过几轮的土地承包，伴随着农业税费的改革，村庄的集体经济逐渐弱化，这一趋势在现代化不断深入的情况下，在城乡二元分割的体制下更加严重。

税费改革之前，地方政府在农村地区的公共服务支出主要来源是农民交纳的税费，而现在，农村地区公共服务的支出主要是通过转移支付来实现的。这样一来，基层组织对村庄事务的治理范围缩小了，乡镇政府和村级组织在村级事务中的功能也随之弱化，村级可支配收入大大减少。一些村庄为了必要的村庄基础设施与公共事务治理，甚至背负了债务。没有集体经济收入，村级组织便无力为村民办实事，从而难以构筑起有效治理的经济基础。

当前的村庄合并与农村新型社区建设，在某种程度上为村庄集体经济的复苏赢得了机会，从而为自治打下良好的经济基础。一方面，村庄通过合并可以腾整出大片的土地[①]，而这些整理出来的土地，作为用地指标归政府统一调配，作为生产要素归于新的集体。在德州的实践中，这一新增的集体土地的利用主要通过以下三种途径进行：一是育种，即将这些集体土地租给农业科技型民营企业，建成良种培育基地；二是转包，即将这些集体土地转包用以发展大棚蔬菜；三是入园，将这些集体土地纳入产业园区，用以发展特色农业或相关产业。从德州的实践我们可以看出，新增的集体用地的开发利用基本都依托于民营企业，村集体借此将生产要素化为资产，而企业通过投资将其转化为资本，从而形成了良性循环。这不仅在直观的效果上壮大了农村的集体经济，还会在长远意义上促进新产业新业态新模式的发展。另一方面，农村新型社区建成入住以后，随着需求的多样化，各种各样的市场化

---

① 德州市通过村庄合并与农村新型社区建设总共新增约100万亩耕地。

服务便接踵而来了，如洗衣店、果蔬市场、生活超市等，集体经济组织可以通过将社区的门面出租而收取租金。通过这些方式，民营经济与集体经济相得益彰，农村的集体经济开始获得越来越多的“真金白银”，而集体组织也能凭借这些经济力量和经济手段促进农村社区的有效治理。

对于行政维度的村庄合并而言，随着几个村庄的合一，村庄的运转费用相对于原来的单个村庄来说提高了不少，但同时，随着集体的扩大，村集体可以凭借发挥效益的资源也更多了。从这个角度而言，行政维度的村庄合并对于村庄集体经济，起到了外生的促进作用。只是这一促进，在更多的意义上是指公共财政对村集体的投入。至于普通的村民，在这一过程中获益感不强。

### 5.4.3. 农业现代化与小农经济并行

在早期的争论中，许多理论家认为，现代农业与小农经济之间是不可调和的。而当前我国农业经营仍然以小农户为主，如果以经营规模50亩为限，截至2016年年底，我国有近2.6亿户农户在这一规模之下，占农户总数的97%左右，平均起来，每户经营的耕地在5亩左右。农业的现代化，其核心在于规模经营，当前土地产权的细碎分割似乎与规模经营之间有不可逾越的鸿沟，在现有国情下，我们看似只能有一种非此即彼的选择。小农户的长期存在已经成为一个基本共识，在这一前提条件下，许多经济学家强调土地私有化，强调自由流转，从而在要素层面上实现自由流通，进而实现农业经济的增长。我们需要推进农业现代化，但不能不考虑中国还有亿万的农民。仅仅出于稳定的考虑而不顾经济的规律和农业的发展，那么这个稳定是不会长久的。

理论上的争论行进至此已经无力说明中国农业的未来，那么这时候就该把话语权交给实践和事实。可喜的是，我们看到当前各地出现的多元化的实践已经在逐渐调和这一分歧，人民的智慧是无限的，近年来，各地蓬勃迸发出来的经营体系创新正在逐渐弥合这一鸿沟。农村电商的蓬勃发展和农业的社会化服务的出现，让我们渐渐意识到，规模经营并不一定以土地的集中为前提条件。2017年中央农村工作会议指出，要促进小农户与现代农业的有机衔接，这充分说明，分歧的调和在政策层面也开始有了进展。

当前的村庄合并与农村社区建设，逐渐将人从土地的束缚中解放出来。对于农民而言，土地的意义十分广泛。以前土地在跟前的时候，不管收益如何，总想着自己在地里耕作一番，在某种程度上，土地已经不仅仅是一种生产要素，农业不仅是养家糊口的手段，而是一种情怀和眷恋；而当自己远离了土地，住进社区以后，这种情感与自然的联系在一定程度上被削弱了，留下的更多是经济联系，经济联系则主要是考虑成本 — 收益。如果将土地流转出去或者利用农业的社会化服务所得的价值更高 —— 也就是更经济，在保障其承包权的情况下，谁还会固守着那片土地呢？而且当农民开始远离土地的时候，也是其开始远离自然农业的时候，生产与尊严的压力将会促使其面向更广阔的市场经济，从而形成一种倒逼的内生动力促进产业发展。正是从这个意义上来说，村庄合并与新型农村社区建设有助于土地流转，有助于土地托管，从而促进农业的社会化服务。德州平原县在村庄合并与农村新型社区建设过程中，借助招商引资政策，通过土地流转，引进培育农业龙头企业80多家，带动发展订单农业50万亩，形成各类特色种植小区52个。同时，针对粮食晾晒、农机存放等一系列种地难情况，平原县成立了宏发农机专业合作社，开展农机社会化服务，旨在解决普通村民上楼后如何种地的后顾之忧。该合作社承担了周边27个村庄共3万余亩的农机作业任务，土地托管服务面积达2100亩。

尽管如此，我们仍不可操之过急，休克疗法所带来的结果与那些鼓吹土地私有和自由流通的经济学家无异。以村庄合并与新型农村社区建设促进农业现代化和倒逼产业的发展，需要伴有一系列的配套机制。如保障农户的土地权益，完善国家社会保障网络，同步推进产业园区建设，加强农户和失地农民的职业技能培训等，同时还要注意城镇化的规律与时间节点，稳步推进。只有系统的措施相辅相成，才能集改革发展稳定于一体，才能在广泛的意义上惠及农民和国家，如果不综合考虑这些，就大规模推进，往往会适得其反。

### 5.4.4. 农村能否成为返乡创业的承载地

工业化和城镇化的持续推进吸引了农村大批外出务工人员，在户籍制度的框架下，农民工逐步成为我国数量庞大的一个群体，2016年，农民工总量达到28171万人[①]。然而，在城乡二元分割和户籍制度的限制下，随着城市发展和容纳空间逐步饱和，获取收益的边际成本逐渐升高，两地分居的生活模式对家庭幸福的剥夺，农民工在获得较高经济报酬的同时也承受了许多生活的寂寞和艰苦。相反，近年来农村却在逐步发展，农村的基础设施和人居环境有了明显的改善，电商农业、乡村旅游、特色农产品加工等各种农村新产业新业态新模式蓬勃发展，受这一系列因素的影响，许多农民工选择返乡创业。2017年，各类返乡创业人员达到700万人，其中返乡农民工比例为68.5%。城镇化是人的城镇化，城镇化需要顾全家庭的幸福，对于大多数人而言，如果能就地城镇化，谁愿意天各一方？因此，新型城镇化也要和返乡创业结合起来，同样，乡村振兴的核心在于乡村产业的发展，而农民工的返乡创业无疑是其中重要一环。因此，农民工返乡创业，是就地城镇化的重要体现，是促进要素回流农村的重要途径，是实施乡村振兴的需要。

从以往的研究来看，影响农民工是否选择返乡创业的因素当中，除了年龄和受教育水平外，对于家庭因素的考虑超过了对经济效益与社会地位的

① 数据来源于国家统计局《2016年农民工监测调查报告》。

追求，而政府的扶助政策则产生了外部影响①。农民工之所以返乡创业，也许更多的是为了家庭，以家庭的和谐幸福弥补经济上的不足，这种考虑反映出农民工返乡创业的获益机会与获益程度尚不高，家庭的稳固幸福与经济收入之间的权衡取舍成了农民决定外出还是返乡的重要因素之一，促进农民工返乡还需要更多地挖掘经济动力。当前的村庄合并与农村社区建设，在基础设施与公共服务方面为农村打下了良好的基础，农村各类产业园区的建设以及农村新业态的蓬勃发展，使得农村成了一个可能获得收益的平台，各类主体返乡创业的积极性被提高了。就地城镇化需要转变农村的经济产业结构，同时也伴随着社会结构的转型，村庄合并与新型农村社区建设为此提供了契机。

① 陈文超、陈雯、江立华：《农民工返乡创业的影响因素分析》，《中国人口与科学》，2014年第4期，第104页。

# 第 6 章
# 村庄合并的挑战（二）：治理体系的重建

行政逻辑主导与我国的制度框架和治理结构是分不开的。关于治理的研究，以往的范式多注重于政府、市场、社会三种行为主体的互动，而实际上，这三种主体有其自身的行动逻辑，亦伴有相对应的治理机制，分别为行政机制、市场机制和社群机制，治理的结果取决于这些主体之间的有效互动，而治理主体互动的关键则在于这三种治理机制的互嵌度。在村庄变迁的过程中，我们看到行政机制的主导成为普遍现象，而市场逻辑和社群逻辑却处于相对缺位的状态。前面已经从村庄合并过程中的经济逻辑的层面呈现了这一事实，接下来，本书将从治理的角度来继续考察。

治理理论兴起的时间尽管短暂，但很快便席卷了全球。作为一种新的范式，它第一次将社会力量纳入公共事务的治理过程中。我们知道市场的神话基于理性人的经济假设，即人人都是诸葛亮，但这一神话早已在一次一次的市场失灵面前破裂，因为我们发现并非人人都“理性”，市场中的广大主体，具有的理性都是有限的。部分经济学家提出市场具有自我修复技能的假设，其逻辑原点在于人人并非都是诸葛亮，但人人都是事后诸葛亮。但是这一假设忽略了这样一个事实：事后诸葛亮们，要在失灵的市场中构建一种新的机制，其交易成本是巨大的，也就是说，市场即使具有自我修复的能力，也会因其成本巨大而继续选择失灵，这时候便需要政府出来弥合协调。我们知道，现代政府的重要职能之一便是在市场失灵的地方挺身而出。然而，公共选择理论却向我们证明，政府有时也会失灵。于是我们就陷入了两难困境：难道我们只能在两种失灵之间进行选择？公共治理理论的出现便是为了应对这一问题——如果不是彻底解决，至少也能缓解。

伴随着时代的发展浪潮，村庄治理亦在历史的漩涡中经历着深刻的变迁。古典时期村庄秩序的基础在于能人与伦理之道，这些能人多以其一技之长、办事公道为基础，然后延展到整个人格方面，从而构成村庄秩序的基础。在传统的村庄中，约束人的是内心的道德教条与伦理关系，其外在体现是舆论而不是法律，而在伦理基础上的大众意见则构成了权力与权威的基础。从古典的士绅治理到近代的政权建设，传统的宗族体系逐渐瓦解，传统的伦理——道德体系也逐渐式微，有道乡绅或隐退或蜕变为土豪劣绅，军人和国家政权深入乡村，通过直接或代理的方式进行竭泽而渔的资源汲取，政权建设趋于内卷化[①]。中华人民共和国成立以后，国家推行公社制，政权深入到乡村的每一个角落，打破了传统的秩序基础而代之以政治组织，乡村的水利等基础公共设施建设在此时有了一个突飞猛进的提升，而粮食产量的提高则更多地惠及城市。改革开放后，国家权力开始从村庄中撤出来，家庭联产承包责任制的推行，拆大公社为小农村庄，农民的积极性被调动，正是在此时，村民自治出现于历史舞台，并逐渐成为一项基本的政治制度。农业的生产效率在当时的历史条件下被提高了，但同时村庄的政治能力和公共空间却随着国家权力的撤出与市场经济的深入而逐渐弱化了。伴随着市场经济的纵深发展，村庄各项资源外流严重。这一外流对村庄的影响是多方位的。一方面，村庄资源外流不利于村庄经济的发展。农村地区相较于城镇，资产市场化程度低，农业对资本市场的吸引力有限。受制度限制，农民住房、宅

---

① 政权内卷化的概念主要由杜赞奇提出，具体参见：《文化、权力与国家：1900–1942年的华北农村》，江苏人民出版社1996年版，第66页。

基地等无法作为资产进入市场，外来资金流入村庄比较困难。另外，受到农业发展风险大、收益低、可控性低等不利因素的影响，农业对资本市场的吸引力略显不足。另一方面，村庄劳动力流出，让原本资源匮乏的村庄处于更加弱势地位。越来越多的农村资源流向城市，使农村的生产和管理都处于不利的状态，村庄面临发展失序的威胁。村庄劳动力总是持续单向流出村庄流入城市，村庄资源外流，尤其是村庄人才的流失不利于基层民主制度的完善以及国家政策的顺利传达，阻碍了村庄的基层民主建设进程，影响了村庄的整体发展，使得村庄治理变得更加艰难。随着工业化和城镇化的持续推进，我国村庄迈入了后税费时代，村庄空心化趋势加剧，村委职能进一步减少，村庄集体经济也进一步衰弱。而当下，村庄合并似乎正在成为一种浪潮在全国铺卷开来。时至今日，村庄治理格局的演绎路径还未看到柳暗花明，变迁依然在继续。

## 6.1. 当前村庄的行动主体及其行为特征

村庄的行动主体及其行动特征是村庄治理格局的关键。对于当前中国的大部分村庄，国家制定村庄发展宏观政策，同时也随着新的时代条件变化开始以各种形式逐步介入村庄。乡镇政府作为连接村庄的政权末端，多以完成和落实国家政策为主要任务，村级两委的精力多花在应付日常行政事务上。国家虽有政策倾斜和资源输送，但一方面由于政治能力和组织能力衰弱，村庄不能有效地承接，致使资源不能有效利用，另一方面，在资源输送的途中或出现腐蚀，或行政部门一级一级截留，普通村民在这一过程中获益感不强。行政任务的执行以及村财乡管使得村委更多地依附于乡镇，丧失了自主地位，村庄更像是乡镇的下级行政单位而不是自治单元。村庄集体经济日趋衰弱和村民的个体化使得村庄政治与组织能力缺失，同时市场化与城镇化引发了村庄精英的流失，国家的多项资源输送和公共服务难以达到理想的效果。市场经济的深入使得农村的家族联系与邻里联系逐渐松散，合作越来越难以可能。农民代际落差进一步扩大，老一代的村民还残留着四世同堂、邻里和谐的美好景象，而年轻一代的农民，户籍虽然还在乡村，却更多地偏好于城市生活方式。除了价值观念和生活面向的变化，小农经济的生产方式也遭遇了瓶颈，农村的发展需要农业现代化，而农业现代化则需要整合土地、资本、劳力等要素，可是农民合作的困境使得这样的整合障碍重重。当然，中国地域的广博性和不均衡性使得各种各样的例外存在，而这样的例外仍然有很大的比例，我们在这里不过是以简化的方式指出这一趋势而已。这些因素无不深刻地影响着乡村的进一步变迁，在我国普遍的村庄合并中，伴随着不同地域不同的演化路径，这些因素也在具象化呈现。

## 6.2. 居住维度村庄合并的治理结构改组及其影响

### 6.2.1. 农村社区基层组织建设

村庄合并为社区将会直接引发我国基层治理机制的变革，无论是对制度架构还是具体实践都产生了新的要求，而社区自身的地位及其行政组织的法律依据与人员构成便成为面临的首要问题，这种定位直接反映了国家与社会的关系，并决定了当前和接下来一定历史时期内的互动趋势。

村庄合并为社区以后，虽说大多数原属同村的村民居住在一整片区域内，但是仍有相当一部分人——尤其是没有集体搬迁的人被打乱安排，邻里则不是原来的邻里，村民小组也发生了物理空间的变化。这不仅意味着新的社会联系与交往的产生，新的社会格局与单位的形成，也暗含着原有的权力纽带被打破、治理结构改组，权力运行方式将要变化。基层两委如何组织应对将成为影响农村治理格局的关键因素。

在党组织建设方面，山东《关于推进农村社区建设的意见》（2009）提出，“抓好以党组织为核心的农村社区组织配套建设……正确处理党的领导、村（居）民自治和依法办事的关系，健全完善党领导下的村级民主自治机制。各级政府和职能部门要按照宪法和有关法律法规规定，不断转变职能，强化社会管理与服务，努力实现政府行政管理与基层群众自治有效衔接和良性互动。”因此，在涉及村庄合并的农村社区建设过程中，加强基层党组织建设、发挥基层党组织的领导作用都成为其组织建设的重要内容。

在推进基层党组织建设的同时，各地也在积极探索完善基层自治组织的建设与功能发挥。山东《关于推进农村社区建设的意见》（2009）提出，“加强农村社区村民委员会建设，完善农村基层民主政治制度，维护广大基层群众的民主选举、民主决策、民主管理、民主监督权益。”在加强基层党组织的核心领导作用与基层自治组织的基础作用的同时，山东还提出要完善村民代表会议以及红白理事会等社会组织、合作社等经济组织建设，从而完善农村治理的组织体系。其中，党组织的作用无疑是核心的，其最重要的一点体现就在于，山东、河南大部分地区居住维度的村庄合并以后都是以新成立的基层党组织来负责具体的社区各项公共事务。而齐河县更是提倡社区党总支书记与社区村委会主任“一人兼”，同时要求“两委”成员交叉任职比例达到90%以上，社区党总支书记与村委会主任“一人兼”比例达到95%以上。因此，就这个意义上来说，基层党组织的地位与作用在村庄合并与农村社区建设过程中是大大地加强了。在村庄社会，政党整合正发挥着越来越重要的作用，在某些地区甚至已经超过国家整合和村庄的自发整合。

### 6.2.2. 社区的组织定位建构

社区作为一个实体单位的存在，在行政上和法律上的性质尚不明确。村庄合并为社区后，原来的组织网络和邻里关系都随着居住格局的变化而改变了。在这一区域内，村民自治如何再组织，社区与乡镇以及村庄的关系如何厘清都成了社区治理的难题。在笔者调研的多数地区，社区仍是个新兴事物，在当前阶段，它只是一个过渡性的组织，在更多意义上是承接社区公共基础设施与服务的基本单元。而在一些社区建设推行较早的地区，社区已经成立了管委会，管委会的书记多由乡镇副书记兼任，以此来协调原来各村的村委。

我们可以看到商河县玉南社区的组织架构图（图23），玉南社区设有社区党总支和社区管委会，负责社区的各项事务。社区党总支下设党群工办公室，然后是合并各村的村支部，每个支部有支委3人，负责原村支部的各项事务。社区管委会下设四个办公室，分别是：管委会办公室、经济发展和城建办公室、社会事务办公室以及综合治理办公室，然后是合并各村的村委会，每个村委会有支委3人，负责原来各村的事务。由此观之，玉南社区的社区机构倒像是一个新生的行政层级。从乡村关系来看，社区的党总支和管委会的人员多来自乡镇政府，乡村的关系仍然如旧，故社区在这里更像是一个平台，将乡镇与村庄紧紧联系在一起。

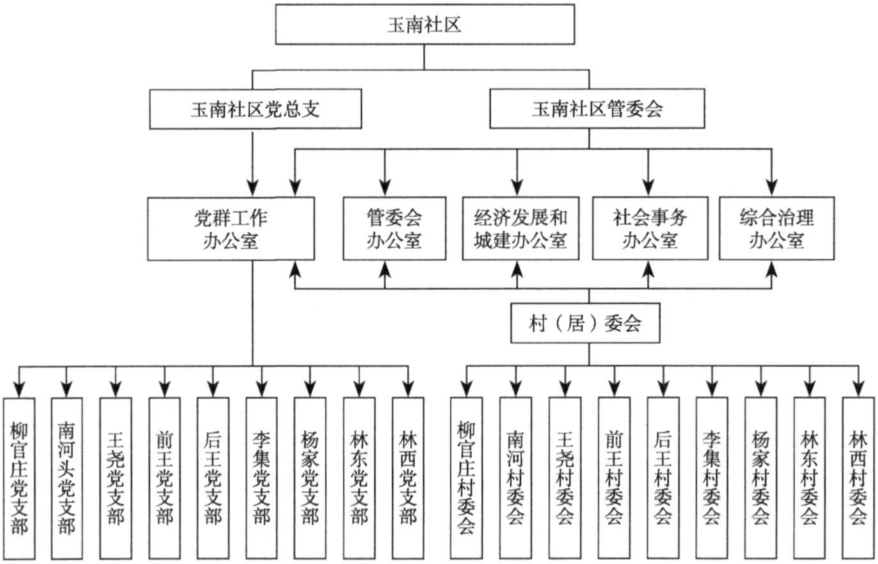


**图 23　玉南社区组织架构图**

数据来源：根据调研材料整理制作。

村庄合并为社区以后，人们在物理空间上成了一个新的单位，随着村民对社区生活的逐渐融入，形成超越村庄边界的社区管理与协调组织便成为当务之急。在我国社区建设的多数地区，随着社区建成，都会有相应的组织架构产生，如社区管委会等。河南的社区管委会多在乡镇副书记的领导下进行统筹协调，在山东济宁、临沂等地区，合并后的社区成立了新的党总支，由乡镇副书记兼任社区书记，而合并各村的书记作为委员进入社区党总支，从而进行协调和统一管理，但各村的经济事务仍暂归各村自主管理。德州的社区干脆取消了原村的“两委”，重新选举产生新村的村委，德州强调“先成一家人，再进一个门”。潍坊、泰安等市的一些社区在成立社区党支部之余，创建了新型的社区成员代表大会、社区委员会和社区监督委员会，并且还成立了社区发展协调委员会。这些组织的成立，方便了统一管理，协调了多方利益，减少了社区矛盾，是促进社区建设的重要组织保证。伴随着社区建设走向纵深，农村社区亟须新型、合法的组织架构。而当前的社区管委会、代表大会、监督委员会以及发展协调委员会等都缺乏一定法律地位，因而不利于社区的健康可持续发展。

在许多地区，社区的公共组织虽然成立，但要发挥实际作用，仍然需要依靠原来各个村的村委。如在齐河县，新选出来的社区主任难以协调社区事务，在更多意义上，社区村委会仅仅是一个新的村民单位，用以办理常规性的公共事务，如村民办事需要盖章，便用社区村委会的章，除此之外，如村民之间的摩擦调节、动员村民组织公共活动等仍然需要原村的村委出来发挥作用。乡村之间的衔接与互动模式照旧，而保证每一个自然村都有人进入村委会，既是为了增强村委代表性，也是为了有效协调各自然村。

改革开放后，由于历史遗留的影响以及计划生育和农村税费收取等国家政策执行需要使得村庄更多地依附于乡镇，在村账乡管的体制下，村委也只能充当乡镇的两只脚，真正意义上的自治处于缺位状态。从统计数据来看（图24），在笔者调查的两个省份的社区居民中，74%人认为乡镇与社区是上下级关系，14%的人认为社区与乡镇是平行关系。此外，就笔者访问的情况来看，绝大多数人认为社区与村庄是上下级关系。这些数据鲜明地反映了社区定位的模糊性。社区的定位在未来的发展过程中还亟待厘清。

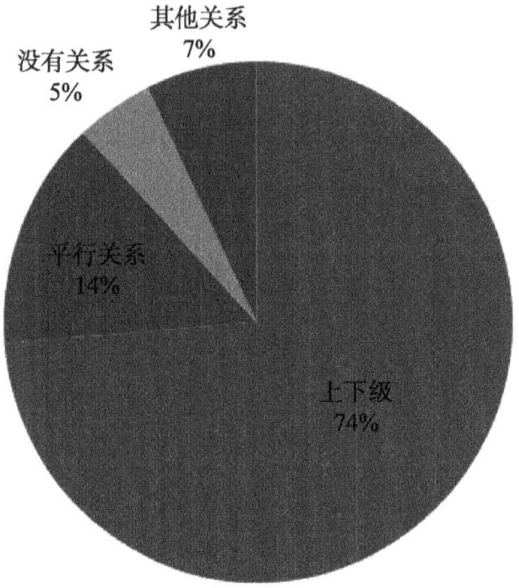


**图 24　社区与乡镇的关系**

数据来源：根据调研材料整理制作。

### 6.2.3. 创新性社会治理的实践

网格化治理是社会治理的一种创新方式，在城市社区率先实行，其实质在于将社区划分为单元网格，每个单元网格配备专门的网格员，网格员的职责主要是负责信息采集和专递、及时发现和化解单元网格出现的问题、提供针对性的服务。

十八届三中全会《关于全面深化改革若干重大问题的决定》提出，“要改进社会治理方式，创新社会治理体制，以网格化管理、社会化服务为方向，健全基层综合服务管理平台。”在当前的村庄合并社区中，有些社区已经走在前面，进入了社区网格化治理的轨道。在山东烟台，社区单元网格的划分及其治理基本遵循了村庄传统，综合衡量了人员秩序与村民感情，在村委、小组长及有威望的人中寻找合适的网格员，同时将平安建设、民生服务、基层党建整合到每个网格员身上，既能确保需求落地，又节省了人力，有效地保障了农村的安定、村民的生活服务以及党组织的基层建设，而网格员的工作津贴则由政府财政定期拨付。不过，当前农村社区网格化治理的运行仍然存在明显的行政刚性约束，伴有强烈的政府主导、由上至下推动的行政化逻辑。网格员的待遇由政府公共财政承担，这是一把双刃剑。一方面，它保证了网格员待遇的稳定性，从而促使其积极工作；另一方面，又使网格员不同程度地行政化。除了网格员，这种双重影响同时还在更广泛的范围内发生着作用。网格化治理的优点在于其精细性与针对性，这也使其对网格员寄予了深厚的期望。在网格化治理中，网格员的角色定位是至关重要的。网格员首先要能积极发现问题、回应需求，这就迫切需要提高网格员的职业素养和专职化水平；此外，网格员在更长远的意义上还需要找到能真正调动起村民凝聚力和集体感的方式，从而激发广大村民的主人翁意识，激活村民参与社会治理的积极性，显然，这些工作内容都在行政刚性约束范围之外。在当前的网格化治理实践中，普遍存在着重管控、轻服务的导向，网格化治理的目标旨在真正形成有机的社会网格，促使民众自觉付出心力维护共同的家园，培养起农村内生的活力，从而焕发出村庄治理活力。

### 6.2.4. 自治框架下的法与德体系重塑

治理的维度和纽带是多重的，费孝通早就指出，传统的乡土社会是礼俗性质的，而城市社会则是法理性质的。在传统乡村，家庭邻里的纠纷与矛盾，多由家族族长或村庄能人出面进行调解，因为这些人“德高望重，处事公正”，而且还代表着由深远的血缘联系和共同体精神形成的集体意志。城市的陌生人社会却没有这样的基础，因此，城市社会关系的调节多依赖于人所共知的法律。然而，随着社会分工的卷入，人口的流动性逐步增加，意识也逐渐解放，村庄原有的集体意识渐渐失去了其基础，公共舆论的影响力与制裁力日益降低，传统规范逐渐失效，新的法治规范却没有及时在乡土社会中成长起来，从而造成了一种双重失范困境。

2017年党的十九大报告指出，要健全自治、法治、德治相结合的乡村治理体系，这是新时代我们重建乡村治理体系的方向。村民自治作为我国的基本政治制度之一，无疑是村庄治理的核心。就常识而言，我们也可以判断出这三治并不在同一维度上，自治是相对他治而言的，而法治与德治则是另一组关系概念。三治合一的治理体系，自治是制度基础，法治与德治则是自治的两条轨道。因此，要构建有效的村庄治理体系，我们需要解决：1，如何进一步完善村民自治的内容；2，如何在这一框架下调和法与德这两个维度，以使其相得益彰。自治的相关问题我们已经在上文谈过，因此接下来主要谈谈乡村治理中的法治与德治。

无论是新农村建设还是农村社区建设，法制（治）[①] 都是其中一个重要的领域。村庄合并为社区后，由于人口密度进一步扩大，传统秩序已经超出了各自村子的范围，法制化管理更显必要。齐河县晏城镇镇长对此有过生动的描述："像南北社区这样的社区，由十二个村合并而成，十二个村有十二种村风，十二个村有十二个村子里的文化；如果没有一套系统的法制化管理机制，只凭经验和感性来运转，那就等于手中的风筝断了线，是没有灵魂的飞翔。"

而警务室则承担起了调解纠纷、普法宣传的功能。我们可以看到齐河县南北社区的例子：

齐河县南北社区警务室的任警长，在警务室入驻社区之后，头两年调节的纠纷达到八十多起，而且多是鸡毛蒜皮的小事。任警长说："我们警务室只能调解，不能办案。但可以将其看作是调处矛盾纠纷的中间缓冲地带，调解不成，你再去对簿公堂。"

场景一：张某跟工头聂某干活，有130元工钱未结。一天午后，张喝完酒去要账。聂看他有醉意，不愿理睬，回道："你先回去，明天再说。"张成

① 以往的文件中多表述为"法制"。

一听急了："明天再说？我逮你一回容易吗，130块钱鞋底都快磨光了，今天不算清楚，俺还不走了。"聂不想和他纠缠，便伸手推他走，这一来二去趺趺撞撞把张推到了院子里，张也来了脾气，就开始骂起脏话来，聂本来也不是好脾气，心里强压的火这时候一下蹿上来，伸手就给了张一拳头。张挨了一拳，扑通一屁股坐在地上，便嚷嚷着："聂某打人了。"同时张掏出手机报了警。

任警长赶到现场，对二人的矛盾排解道："大家都一个社区的，有什么不能通过协商解决，非要动手打人。根据《治安处罚法》，可以立案处理，聂出手打人，拟处500元罚款，张干扰他人正常生活，给予严肃警告。"二人没想到情况这么严重，忙做解释。任警长考虑到两人都已认识到自身错误，有悔过表现，免于追究法律责任。调解决定如下：聂还张130元工钱，张不得以任何理由再起事端。一听这结果，二人均连连允诺。任警长说道："以前村里因为一点矛盾大打出手的情况常有，大家都没有意识到其实这是犯法的。其实很多事情都可以通过法律途径来解决，现在进了社区，大家应该多补补这方法的知识。"①

通过以上事例我们看到，警务室警长承担起了纠纷调解的作用，并在纠纷调解中进行普法宣传和法制建设。我们知道矛盾的协调解决，需要权威力量。政治的经典定义之一就是对社会价值的权威性分配。然而，传统村庄的各种权威载体已经湮没在时代变迁的浪潮中，社区矛盾纠纷的调解，无疑需要一种新的权威。在某种程度上，警务室是国家权力的象征，其背后代表着国家法制规范力量，因而能在旧的权威流散之际作为一种新的权威承担者出现。

然而，对于这一"重担"，任警长却感到有些无奈：

---

① 根据访谈整理。

在社区，许多纠纷都是由一些小事引发的，尽管表面上看很简单，但实际纠葛却很深，如果处理不好，可能使事态进一步扩大。而且社区这样的小事太多了，如果仅仅依靠警务室来处理，我们的精力根本应付不过来。因此，社区应该由一个综合性的部门出面处理，才能从根本上解决问题。①

法制建设是农村社区建设的一个重要领域，国家在加强农村社区建设的要求中也指出，加强社区法制建设。然而，社区法制建设的承担者及其配套机制，却并没有从制度上完备。从礼俗社会走向法制社会，无疑需要一个过程，这就需要形成一个相对完备的矛盾调解机制，同时还要求社区工作者以足够的历史耐心去做群众工作。

法治建设无疑是村庄合并过程中的一个重要维度，但德治同样不可荒废。如果说法治是村庄治理的制度保障，那德治便是村庄治理的重要支撑。也许在现代化深入推进的今天，重拾德治会有着更重要的现实意义。治理需要权威，没有权威则只会落入无休无止的争吵——或者是弱肉强食的自然状态当中，其结果要么是共同行动难以达成，要么是不公平，这当然是无序的治理。我们知道，治理与管理的最大不同之一就在于权威的来源。管理的权威来源于正式的上级授予，而治理的权威却依赖于某种非官方的因素。德治在某种程度上就暗自契合着这样的价值。实际上，我国传统基层社会便是礼俗性质的德治，“无讼”是对这种状态的最好写照。随着市场经济深入的推进，在各种理念流侵农村社会的过程中，农村社会的传统道德和价值观念已经发生了很大的改变，过去联系村庄社会关系的纽带也逐渐松解，但是这并不代表传统的某些东西就已经失去了作用，村庄中的新的权威往往会以这些旧的为基础。只有不断挖掘和弘扬中华民族的优秀传统精神、发挥村庄的文化价值、发扬新乡贤的模范作用，不断提升乡村德治水平，才能使村庄治

① 根据访谈整理。

理体系焕发出更多的生机。

## 6.3. 行政维度村庄合并的治理改组与困境

湖南村庄合并于2015年开始，用一年左右时间完成省级政府指派的任务。在组织管理方面，合并期间一般由镇政府牵头成立临时党支部（临时工作委员会），党支部书记由乡镇党委或街道工委指定，其他成员由合并各村的村支两委委员择优组成，人员数量根据新村规模大小确定，也可根据不同情况进行细微调整，如，在新村村委选举前，可安排原来建制村村支两委委员协助支部工作，他们亦享有相应的务工补贴。过渡期间村庄的各事务由这一临时党支部负责，合并完成后到选举期再组织进行合并新村的换届选举。在新村村委的人数安排上，一般依据村庄人口规模相应配备3—7人，1000—2000人的村，村干部数量原则上控制在3—5人左右，2000—3000人的村，村干部数量原则上控制在5—7人左右，3000人以上的村，村干部数量可以在7人基础上依据现实情况适当增加。在村干部的去留问题上，各地也积极要求做通村干部的思想工作，鼓励村干部自愿离任或者有效发挥余热，对于离任的干部发放相应的奖励金。怀化市为了减小合并阻力，对于在原村出任村干部但并未在新村的选举中选上的人出台了相应的补偿办法，规定任职满15年且并未受到处分的村干部每年仍会获得一定的津贴，这会促使他们继续在村庄事务中发挥积极作用，促进村庄治理的有序发展。

从整体上看，湖南的村庄合并确实减少了村干部数量，做到了精简村级管理机构和人员，进一步优化了村级组织结构，降低了行政成本，对推动村庄的“善治”起到了一定的积极作用。然而，由于我国基层社会生态环境较为复杂，每一项政策的推行，都会存在相应的困境。村庄合并政策也正是如此，它的推行，对我国基层治理形成了新的挑战。

### 6.3.1. 新村村委面临的挑战

#### 6.3.1.1 派系对抗

在湖南并村过程中，由于经济问题复杂，直接关系到各村居民具体利益，难以在短时间内取得共识，因此，许多地方采取了“合村不合账”的做法，以保证村庄合并的顺利推进。这就造成了这样一种状况：合村以后，尽管村庄的行政建制、村庄名称和领导班子并在一起了，但两个村（也可以多个，这里以两个为例）之间还是相对独立的利益单位，其村级财务和福利分配依然独立，客观上还是实实在在的不同利益主体。

长久以来，宗族势力都是村庄治理不可忽视的因素之一。中华人民共和国成立以后，宗族势力一度受到打压，但随着农村改革和经济发展，这些因子在部分地区又开始复兴。许多村民开始以宗族领袖为共同体利益代表，参与到村级公共生活中，并且在与公共权力的互动中逐步确立了乡土公共权威的角色和地位。而在村庄合并中，许多村庄由于历经多次变迁，姓氏复杂，宗族力量则多是通过利益派系的形式来追求自身利益。

笔者调研的H村，位于益阳市长春镇辖区，是由两个行政村合并而来，分别是皇家湖（以前名为黄家湖）旁的C村和X村。C是大村，地域面积为2.44平方公里，下辖685户，共2528人，以倪姓为主，在村庄合并过程中处于强势地位；邻村X共有1400人，以李姓为主，相对比较弱势，但X村在合并之前集体经济收入较好，共有60亩田地，每年能够有4万元收入，C则没有，这一点给X在与C村的博弈中增加了筹码。两村合并后第一件事就是村名的确定，因C村靠近皇家湖，其周边正在大力发展皇家湖生态公园项目，为扩大项目知名度，带来更多的经济、社会效益，两村决定以H命名，一方面可以减少两村关于新定村名的冲突，另一方面也能够让两者依托皇家湖景区，共同促进皇家湖旅游业的发展，以实现两村经济共济，客观上加快村与村之间的融合。然而，两村的合村工作推行并不顺利，并村以后，由于以倪姓为主的C村在人口和地域上占据优势，村支部书记、村委会主任由原C村书记倪某某担任，而其他两位委员则为原X村人员李某桂、李某娥，以实现交叉任职，相互牵制。在村民议事人员分配中，共25位成员，倪姓占9人，李姓占10人，各占一半。可见，村庄权力分配基本上属于均衡的状态，体现出当前H村治理结构的相对平衡的面貌。在此之前，两村村委曾在村级权力的分配上产生了很大的冲突，尤其是合并初期，两支大姓对立十分明显，这给两村的进一步融合带来了非常恶劣的影响。对此，乡镇人员也表示，并村工作非常困难，尤其是在H村村干部的选任问题上。鉴于以上情况，乡镇政府为按时达到合村目标，并没有强制要求减少村委人员，而是把减员问题的解决放在下一次村委选举上。事实也是如此，H村并没有真正精简人员，两村仍维持现状，只不过在明面上把村合了。同时，通过交叉任职，安抚了双方情绪，照顾公平。笔者认为，乡镇政府将会通过行政干预的方式保障权力交接的基本顺利，至于做到真正的合村合心，或许只能通过时间的流逝来消除双方的情绪了。

#### 6.3.1.2 结构异化

村级行政组织是农村基层组织，其合法性主要体现在其组织体制的形成具有一定的国家法律依据，是以国家强制力为基础的、按行政区划确定的正式组织。村治结构主要由村级正式组织构成，包括村党支部、村委会、村民小组等。村庄各个正式组织的独立、有效运作是村治结构健康发展的重要因素。

笔者调研发现，湖南许多地方村支部书记和村委会主任均由同一人担任，即“支书、主任一肩挑”，对村级其他正式组织实行一元化领导，一体化运作，表现为高度集中的权力结构。这在法理上就产生了一个矛盾：即镇党委与村党支部的关系是领导和被领导的关系，村支部书记由乡镇直接任免或委派，而按照《中华人民共和国村民委员会组织法》规定，村民委员会主任、副主任和委员，由村民直接选举产生，任何组织或者个人不得指定、委派或者撤换村民委员会成员。显然，国家管理与社会自治在某种程度上出现了不协调不一致的问题。在这种治理模式下，村民委员会的功能出现了缺失，使得村治结构在一定程度出现异化。如何协调处理好这种关系，还需要我们在实践中不断探索。

6.3.1.3 强弱合并的问题

在人民公社时期，国家权力深入到农村内部，农村治理结构主要受行政力量驱使，实行“政社合一”单一化运作。20世纪80年代实行家庭联产承包责任制以后，政社分开，国家权力从乡村抽出，留给村庄较大的公共空间，在这期间，宗族意识复苏，其势力逐渐参与到乡村生活中。一般说来，具有相同血缘和地缘关系的人居住集聚在一起，会形成具备稳定特征和文化取向的宗族，宗族领袖利用族群的血亲网络、姻亲网络等村落社会关系，把一部分或者大部分人群凝聚起来，从而把握村庄的主要话语权，在村治结构中占据优势地位，为宗族谋取更多的政治、经济利益。当前，由于许多村庄姓氏并不单一，传统宗族力量逐步演化为多姓氏力量存在于村治结构中，为所在村庄（对外时表现为村庄利益）谋取利益，这一点在合村过程中体现得较为明显。在益阳市沧水铺镇，镇政府决定把Q村、B村和H村合并成一个村。由于B村依靠碧云峰景区，整体发展良好，是周边最具备经济实力的“强村”，在村庄合并中占据绝对优势地位，而其他两个村相对比较弱，基于长远发展考虑，镇政府决定以B村为主，实行“强村带弱村”，新村命名为B村。然而这一政策施行时并未如预期般顺利，原Q村村民抵触情绪较重，尽管合村以后，依托碧云峰景区，能够实现资源互补，以强带弱，推动村庄经济发展，但由于Q村与原B村之间有天然的山峰阻隔（如图25所示），交通不便，两村之间来往较少，村民对合村多数持消极态度，从Q村合村签字率上就可以看出。该村应签人数960人，实签人数743人，实签同意人数422人，同意率为56.8%（这是沧水铺镇政府统计数据）。实际上，这种同意率的算法并不科学，并未将未签人数[①] 算入基数，实际上的同意率应该为44.0%。可见，合村工作没有得到Q村村民的一致认可，也不符合签字同意率达到半数以上的政策要求。合村以后，由于Q村处于弱势地位，面对原B村的“强势”，也只能服从安排。尽管新村并未出现“两级对抗”或“多级对抗”的激化局面，在原Q村村委看来，合村没有完全考虑到Q村的利益，因此，他们在日常工作中的积极性并不高，影响了村庄整体的工作运营。

另外，合村过程中的市场因素也不可忽视。随着社会主义市场经济的兴起，村庄的物质生活水平有了很大的提高，市场所带来的力量也不容忽视。一是使得村民思想更为多元，人们不仅仅拘泥于传统的思想观念，个人意识上升，希望更多地参与到乡村社会生活中去；二是引发了人际关系的更新。由于乡村逐步被纳入市场经济之中，人们的经济活动和社会交往范围随之扩大，各种利益的合作和博弈也在扩大，进而导致“熟人社会”中人际关系更为复杂。宗族、亲戚关系在一定程度上被非血缘的朋友和利益团体（如合作伙伴）关系所震动，经济利益作为重要资源在关系网络中的地位逐步上升[②]，乡村社会的人际交往也趋于多元化。在B村村庄合并过程中，据笔者调研了解，之所以将原Q村与原B村合并，实际上主要是市场因素影响，因Q村和B村背靠碧云峰景区，政府在对景区进行项目开发，合村之后能够整合两村资源，集中开发和建设，有利于景区项目的进一步深入推进，从而带动村庄的整体发展。尽管存在地理条件限制，Q村与原B村交界的地方无路通行，给群众办事带来了不便，但在市场因素的推动下，依然进行了合并，

---

① 未签人数为217人，但不知道他们是由于出门务工未能签字，还是村民自己放弃签字。

② 萧楼、王小军：《互构村庄：权力转换机制与村庄治理结构——一个农村政治学研究的分析性框架》，《开放时代》，2001年第3期，第82–91页。

即暂时牺牲Q村村民的利益，以获取更长远的经济、社会效益。可见，在市场、行政和社会力量的相互作用下，以Q村村民暂时得了平衡，但这并非长久之计，在后续的发展中，需要通过经济的发展，将Q村和原B村之间的地域间隔打通，从而加强村与村之间的融合才是正确之道，也才能够逐步实现真正的并村并心。否则，新村村委内的矛盾和间隙将一直存在，甚至逐步扩大，影响村庄的有序发展。

在村庄合并过程中，由于原B村比较强势，新村在核心权力分配上争议不大，并且新村村委班子的建构也顾及了其他两个村庄，村委过渡较为顺畅。与此同时，原行政村的一部分村干部就此离任。事实上，对于“下台”的村干部而言，他们往往具备足够的能力和群众基础，但村庄撤并出于区域公平或者人员限制等原因削减部分村干部，以达到精简管理机构、人员的目的。而作为村庄政治精英和乡土权威的他们在村庄中具备左右村级集体意识的能力，这部分“撤职”干部对村庄合并的态度取向可以能动地影响他们的支持者的行为取向。因此，B村十分关注“下台”村干部的安置问题，规定“并村后不再担任新村干部的，自退任之日起到本届村支‘两委’任期届满为止，原待遇保持不变”。但这仅仅是经济层面的一种“关照”，至于如何去妥善解决削减村干部问题，则需要进一步深入推进合村工作。

### 6.3.2. 治理幅度的扩大增加了治理困难

#### 6.3.2.1 村庄幅度扩大，村委管理任务增加

在2008年，湖南进行过一次大规模的村庄合并，许多规模较小的行政村合并，使得后续大部分村庄人口都在1000人以上，这就给后来的合村工作带来了许多困难：再次进行村庄合并，由于原先村庄人口基数较大，合村之后往往形成3000人以上的大村，甚至达到6000人以上，管理难度加大。比如原青秀山村、碧云峰村和黄源塅村合村后，新村下辖村民小组43个，村庄人口6652人，总面积为12.68平方公里，村部选址在原碧云峰村村

部。村庄幅度的快速扩大使得干部资源配置比原来更稀缺了。首先，管理幅度扩张使得村庄治理困难增加，如图26所示，由于新村村部设在原碧云峰村，黄源塅村与原碧云峰村直线距离2公里，青秀山村与原碧云峰村直线距离3公里，而两村交界处是没有道路直通的，其实际距离更为遥远。村庄管理距离的大幅延伸，增加了治理的难度，使得村干部"鞭长莫及"。有村委表示，"现在不像以前，通常去一趟村里（指村庄其他片区）来回就要好一阵，还是骑摩托去的"。其次是村委人数减少，管理任务增加。碧云峰村合村后村内3个片区，村支两委共13人，相当于每个片区（原青秀山村和原黄源塅村）只有3～4个村干部负责，与之前相比，村干部人数减少了，而村民对村级组织的公共服务需求并没有减少，村干部管理任务增加，加上管理距离延伸，难度也随之上升。村庄合并后，村干部们不仅要全面照顾到合并后新村的所有村民，还需要处理片区内各种新出现的纠纷以及土地调整、维护稳定等方方面面的工作。在碧云峰村，村干部有13人，总人口计6652人，平均下来，每个村干部要面对数个村民小组的500多位村民，因此，在村级服务提供、发展农村生产力上往往显得力不从心。根据笔者在益阳市的调研了解，村庄合并虽然在一定程度上达到了精简人员机构、节约行政成本、减轻乡镇一级管理负担的目的，但村级组织的工作难度明显增加了：村庄合并使得乡镇政府和村庄之间的联系更为便捷了，也便于乡镇政府对村庄事务的指导；可是在村级组织内部，由于村庄人口基数扩大、地域面积增加以及基层村干部的相对减少，村干部与村民的联系更少了，长此下去可能会造成村里干群关系疏离，不利于村庄的有效治理。

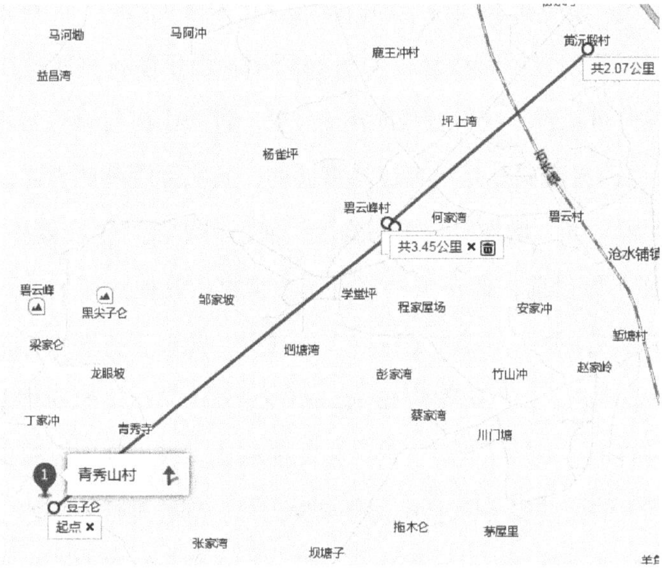


**图 25　青秀山村、碧云峰村、黄源塅村分布图**

数据来源：根据调研情况制作。

6.3.2.2 村民会议和党员会议组织难度加大

根据《村组法》规定，村民会议或村民代表会议是村民自治体制中的最高权力机构。村庄合并后，由于村庄人口和地域规模扩大，片区① 与新村部距离过远，给群众带来了一定的不便，也使得村民会议的组织和召集难度加大，对群众参与的积极性有一定影响，长久下去，可能给村庄治理带来了负面影响，不利于村庄整体的健康发展。

6.3.2.3 资源分配带来的治理困难

村落所拥有的资源总量和生产开发带来的资源增长量是有限的，村庄内部各片区甚至村民个人对于资源都有着较为强烈的需求，这往往需要强制

① 这里的片区是指村庄合并以后，每个原有村庄就会成为新村的一个片区，如碧云峰村就分为三个片区：黄源塅片区、青秀山片区和碧云峰片区。

性的权威对有限的资源进行分配。对村落来说，主要表现在对资源进行平等的分配上面。在村庄合并过程中，由于各个村庄情况不一，要想对资源进行完全平等分配是很难实现的。而一旦分配不均，就有可能带来村民的不满，尤其是对于合并后的新村而言，村庄尚未融为一体，资源分配不均可能会激化矛盾，导致村庄内部冲突，不利于村庄的和谐稳定发展。长春镇龙凤港村由碑石仑村和九条龙村合并而来，两村合并较为顺利，村委内部也比较团结、融洽，但在村庄内部资源分配上依然存在矛盾。如村里组织修缮道路，两个片区①村民均对“先修对方片区道路”表示不满；在村庄经费投入上，两个片区要求投入均等化；甚至在党员名额分配上，也要求保持对等和“公平”。可见，地缘上的村民团体意识给村委工作增加了一定困难，需要进一步开展合村工作，打破片区之间的隔阂，增强村民的认同感。

#### 6.3.3. 自然村管理难度上升

村民小组是乡村社会最基本的共同体单元，构成了村庄社会生活的基本网络，在部分地区它是与自然村落一一对应的，是村治结构中的重要组成部分。20世纪80年代实施家庭联产责任承包制以后，湖南一般以自然村为单位，设立一个小组，由自然村内“乡土权威”最高的人员担任小组长，方便村委对自然村的管理。随着村庄合并的演进，农村基层社会的治理也受到了较大影响。而村小组的合并，使得许多地方一个小组长负责好几个自然村，管理难度加大。一方面组长精力有限，在管理上难免力不从心；另一方面小组长对于其他自然村并不了解，基于地缘政治的角度，也难以有效地代表其他自然村村民的利益。实际上，每个自然村的形成都有着长时间的历史，自然村内的成员相互熟识且对共同体具有很深的认同感，在这样一个熟人社会里，许多事情都需要小组长解决，用他们的话来说就是“在我这一

① 这里是指龙凤港村下辖的碑石仑片区和九条龙片区。

片，有什么事，我不出面别人没法处理”[①]。这造成负责多个自然村的小组长难以融入其他小组中，村民对其没有足够的认同感，对不熟悉的小组长很难产生信任，他们认为新的组长对自身情况及切身利益不了解，不一定能代表自身的利益。因此，有什么问题也不会主动向小组长反映，甚至在小组长询问情况时，会有拒绝交流或排斥交流的情况，这对村小组长开展工作是很不利的。可见，自然村小组长的撤并，不利于村庄治理的有序运行。

另外，村民小组的撤并一定程度上也影响了小组长的工作积极性。在碧云峰村调研时，多名小组长（当时在任，2017年届满）表示，“好歹为国家干了几十年了,（现在）说下就让下，没人管（我们的利益），也没说后续有什么（补贴）”。实际上，小组长们多从经济利益和乡土地位等角度考虑，经济利益上，每名小组长每个月能有几百元的工资，在他们看来，好歹也是一笔收入；在心理层面，他们从“国家干部”[②]身份跌落，心理落差大，一时难以接受，很大程度上影响了他们的工作积极性。对于其他不需要“下台”的小组长来说，由于“未来”可能的同等遭遇，不免在情绪上也会产生一些负面影响。

#### 6.3.4. 公共服务的缺位日渐凸显

在合村过程中，湖南要求保持原村学校、村卫生室、村图书室等村级公共服务设施使用现状不变，实行统一管理，以方便村民就医、子女就近入学等，任何组织或个人不得私自处置和占用。由于只涉及建制的合并，因此公共服务与基础设施没有明显的改善，相反，部分村庄还呈现出服务供给弱化的趋势并有时难以配套。

在村庄合并以后，湖南许多村庄人口规模都在3000人以上，甚至有高

① 廖瑀：《村庄合并对村级组织的负面影响——以成都市郊赛驰村为例》，《中国乡村发现》，2007年第10期，第45–48页。

② 访谈中笔者发现，他们在某种意义上把自己视为“国家干部”，认为自己“一直在为国家做事”，尽管他们清楚地知道自己并没有编制。

达6000人的大村，而我国2014年全国乡镇人口平均为才3.39万人[①]，也就是说，5个相同规模的大村就能组成一个中等规模的乡镇。随着村庄规模的扩大，村部与村民之间空间距离增加，这给村庄公共服务的有效供给带来了困难。由于湖南村庄合并仅限于行政体制上的合并，不涉及集中搬迁居住，在乡村道路建设、社会治安、医疗保险、环境保护、农田水利设施建设、农业实用技术推广等公共服务供给上仍保持现状，受到影响的，主要体现在群众办事、法律帮助、纠纷解决等方面。村庄合并使得村部与村民之间距离扩大，给群众办事带来了不便，以B村为例，从Q片区去B村村部走路需要近一个小时，许多村民对此表示不满，加上村委人数减少，村干部工作任务增加，在公共服务提供上较为困难，难以全面照顾到村民利益。在B村，如果Q片区的农户发生纠纷，那么就需要Q片区的村干部进行调解，而不能指望住在6~7里外的村主任赶过来。事实上，B村针对距离问题，在村庄内部职责分配上，按片区管理，在片区设立办事点，由片区村干部负责，这着实大大方便了群众办事，一定程度上解决了距离过远的问题。但另一方面，人数的掣肘使得当前村干部比以前负责更多事情，包括处理纠纷、人口统计、土地调整等等工作，这对村干部的实际要求比以前高出很多，现有的村干部显然难以承载起这份期望。

随着村庄合并措施的深入推进，在湖南部分村庄出现了公共服务供给弱化的趋势，具体表现在以下几个方面。首先是群众办事不便。合村之后，村部自然也得合并，而村部选址或是选定在“强势”村庄原村部，或是在两村之间相等距离新建村部，以体现两村的“公平”。事实上，由于一些村庄规模较大，无论村部选址在哪，都会增加村部与一些片区的距离，产生群众办事不便的问题。加上原村部废弃，也造成了一定的资源的浪费。其次是学

① 资料来源：根据2015年《中国统计年鉴》整理。

校教育方面。并村后，村小学也进行了合并，一般来说，会选择地理位置相对较优、师资力量较强的一方为新村小学，新村内所有适龄儿童均到新村小学上学。显然，这也给部分村内小孩上学带来了不便，一方面上学距离增加，稍远的地方还需要家长接送，耗时耗力；另一方面，对于家长外出务工的留守儿童来说，由于家里爷爷奶奶年纪太大，无法开车接送（或者没有经济实力买车），有些学校会提供有偿接送服务，增加了村民的负担。再次，卫生室的合并也给村民就医带来了一定的困难。在益阳部分村庄，村庄合并后卫生室会撤并一个，使得一些片区村民就诊不得不到另一片区去，住得远一点的村民就诊时往往会多开一点常用药，以备不时之需。

## 6.4. 村庄场域中的国家与社会

### 6.4.1. 村干部的角色变迁

近代以来，我国农村发生了一次又一次的变革，这里我们要关注的是村干部的角色变迁及其心理定位。

从中华人民共和国成立初期到集体化这段时期内，这一代村干部大多不识字，比较贫穷，但对党极为忠诚，是中国共产党赋予了他们主人翁的地位，因此对党和国家有很高的认同。在集体时代，村干部依靠自己的管理才能及思想政治工作来管理公社大队，同时肩负着全方位的政治、经济与社会功能，包揽了村庄生产、生活各个方面的管理工作，其激励手段与治理方式主要依靠政治上动员，用行政机制推动。改革开放后，村民的自主性被激发，村干部的经济职能突出，然而，村干部的角色在调适中却未必能顺利转型，部分村干部的服务意识弱化，到新农村建设时代，村干部的权威基础普遍被削弱，除少量区位优势良好的村庄以外，大部分村庄的集体经济趋弱，权威型村干部逐步转为对话型村干部，村庄的秩序更多地依赖有效的对话，而村财乡管的制度也使村干部更多地依附于乡镇。在当前的村庄合并这一深刻的变迁过程中，村干部及其个人社会网络成了这一变迁的先头兵。将村庄合并为社区，其突破口就是村干部，涉及村民的搬迁，许多地方往往都是村干部、村党员及其亲友网络先带头搬迁，然后再通过村干部与普通村民的有效对话去化解阻力。在齐河南街村，由村支书召开村民大会，逐条回应村民的质疑，从而有效消除了许多村民的疑虑。而在行政维度的村庄合并中，由于更多涉及村干部人事上的变更，所以多由乡镇政府与村干部进行对话。

村干部的作用不可忽视。村干部虽然不能有效地整合其村庄社会——也许有例外，但作为村庄的带头人，他们具有一定的导向作用。同时，他们作为整个村庄的代表，不管是从习惯上还是法律上，村民之间矛盾的解决仍然有赖于村干部协调，在积极的意义上，部分有能力的村干部还能为村庄争得项目，从而构筑起新的权威。在历史的流变中，村干部的角色亦随之变迁，新的时代需要新型村干部，乡村振兴还需要给予村干部更多的期待。

### 6.4.2. 国家的在村力量：第一书记和村干部

在村庄中，“能人”的作用尤其明显，而且往往是村庄“能人”构成了秩序基础。

在这里我并不打算从职能上划分，而是从内外两个方面来说明。即村庄本土“能人”和外来精英。村庄本土“能人”包括村干部、村庄富户和传统有影响人士。外来人才则包括村干部和第一书记等。这些人大体构成了当今中国农村治理的主体。

首先来看村庄本土“能人”，这是村庄中不可忽略的一个群体，他们对村庄的发展与改变起着至关重要的作用。他们生于本土，长于本土，对村庄有着本土化的透视，对风俗、人情、轶事、邻里关系都有着十足的了解。然而随着集体化的解体和市场化的深入，村庄中的“能人”发生了变化，一方面，传统的文化“能人”逐渐流失或没落，士绅们不再回乡，知识分子也不在村，文化“能人”已然流失。同时，随着村民个体性的增加，村民逐渐在更广泛的意义上以公民的身份与国家直接产生联系，而不是以村民的身份和村庄共同体产生联系，这时候村庄“能人”便难以在共同体的层面整合村庄社会；另一方面，在村的“能人”也渐渐异化，其角色已经由保护型经纪更多偏向联系的作用——如果不是向赢利型经纪变迁的话。“能人”们逐渐在丢失他们的公共责任。

从这个角度来看，村民自治的实施，便不可避免地要受到来自制度与现实的双重压力。一方面，乡村关系的行政化倾向不断掣肘“自治”的意义[①]，另一方面，村庄在持续的市场经济吸附下所导致的各项资源流失，使其内生动力不足，自治很难发挥出实效。为了有效缓解村庄的颓势，国家除了宏观上的资源输送外，在微观上积极进入乡村，这其中的典型代表是第一书记和村干部。

早在2005年，湖南岳阳便大规模向村庄派驻第一书记[②]，选派第一书记的村庄大多“经济薄弱，组织涣散”，而第一书记的职责则在于帮助村庄发展经济，加强基层组织建设，巩固党在农村的执政基础。此后，四川、浙江、山东等地先后都出现了第一书记的实践。2015年，中组部、中农办和国务院扶贫办联合印发了《关于做好选派优秀机关干部到村任第一书记工作的通知》，第一次以国家文件的方式，将第一书记作为一项制度确立了下来。第一书记作为帮扶力量，其本身与村庄的社会关系和利益网络无涉，并且由于其背后有单位的支撑，因而能站在一种较为客观的角度，去积极服务于村庄的发展。但也因为这种置身事外的角色定位，第一书记有时难以深入村庄内部，从共同体的层面整合村庄，其帮扶具有一定的临时性。

“大学生村官”的实践最早出现在江苏。1995年，江苏丰县推行了“雏

① 这其中也许还有两委关系的影响。

② 有的地区也叫作“包村干部”。

鹰工程”，13名大学生入选进村任职。随后，这一做法逐步在各地推广。从政策目的上看，大学生村干部的作用主要有两个，一是在农村空心化的背景下促进农村建设，二是缓解大学生的就业压力。从“雏鹰工程”的目的来看，其重点在于人才培育而不是农村建设。大学生村干部的制度设计及其个人目标定位主要不是村庄发展，他们中多数人是要离村的。村干部大多是年轻的大学生，他们受过良好的教育，有知识，但是他们不能真正地“入村”，无法成为“本土化”的精英。由于没有深植于村庄的社会基础，同时也没有这方面的意识，因而村干部和村民往往将其作为来去匆匆的过客对待，对于村庄的公共事务很难发挥出决定性的积极作用。同时，大学生村干部相较于第一书记，由于其背后并没有单位的支撑，可调动的资源十分有限，所以对村庄的发展所起的作用十分有限。作为一项制度，它更多的是对于村干部自身发展的意义，而不是对于村庄的意义。

尽管国家有介入村庄的意愿，但这种嵌入型的村干部，很难在完全的意义上整合村庄社会，难以真正激发出村庄的内生活力。也许造就一支“懂农业、爱农村、爱农民”的三农工作队伍还需要更完备的制度设计和更有效的培育机制。

### 6.4.3. 乡—村关系

在农村的场域环境中，国家与社会的关系往往最重要的体现就在于乡 — 村关系。在笔者调研的多数地区，社区仍是个新兴事物，在当前阶段，它只是一个过渡性的组织，在更多意义上是作为承接社区公共基础设施与服务的基本单位，而原来各村的村级组织与村委成员，在各村仍有很大的发挥作用空间。在组织管理上，各地根据自身情况亦采取了不同方式。如山东平原县，首先是选班子，即将几个村庄在行政上合并起来进行统一选举，从而形成行政社区，然后再将几个行政社区集中居住到一起形成居住社区，但是居住社区并没有相应的管理机构，乡 — 村的权力架构与组织模式仍然沿用原来的划片管理模式，即乡镇通过划定片区，片区的片长和党总支书记由乡镇工作人员充任，并联系和管理各自相应片区的村庄。在临沂临港区，合并后的社区成立了新的党总支，社区书记由乡镇副书记兼任，而合并各村的书记作为委员进入社区党总支，从而进行协调和统一管理，但各村的经济事务仍暂归各村自主管理。在河南辉县，张村乡社区甚至没有形式上的社区公共机构，只是各村在居住上集中而已。也就是说，居住维度下村庄合并的组织管理大多仍延续原来的乡—村运行模式。行政维度的村庄合并则没有涉及乡—村之间运行模式的改变，唯一变化的就是，乡镇召集村干部开会时的协调成本降低了。

就当前的情况来说，乡—村之间缺乏一种有效的对话机制。实际上，乡—村之间的对话，本可以通过村干部这一角色实现的，然而，村干部的角色变迁和行政化导向使其被寄予对话的可能性变弱了。从这个角度来看，村民自治还需要进一步完善，从而搭建起基层政府与村庄对话的桥梁。实际上，农民的组织程度越高，政府与农民的对话成本越低，政府与农民的合作也就相对容易。从这个意义上来说，行政维度的村庄合并，其对话的可能性随着治理幅度的扩大而逐渐降低了，村庄有效治理的社会基础被弱化了；而居住维度的合并则由于在空间上将人们聚集在一起，从而形成了有效对话的可能场域。

### 6.4.4. 建构秩序与内生秩序

人类需要在一种秩序中才能有效地进行生产生活，而秩序的来源无外乎两种：建构秩序与内生秩序。这与治理的三种机制可以联系起来，建构秩序对应着行政机制，而内生秩序则对应着市场机制与社群机制。

传统农村社会的运行逻辑属于典型的内生秩序，其对应的机制是社群机制。中华人民共和国成立以后，国家权力深入乡村，行政机制成为村庄秩序的基础；改革开放后，国家权力撤出乡村，这一建构秩序逐渐失效，村民在更广阔的范围内作为经济活动的一员而纳入了市场机制。然而市场机制有赖于价格——利益原则，这使得村庄共同体又受到市场经济的进一步消解，村民逐渐个体化。再加上城乡二元体制的长期分割，村庄秩序的内生基础逐渐被侵蚀。

无论是从原理还是从现实来看，国家权力来自社会，而且最终也要返还于社会，但这并不反对在某一个历史时间段内权力的集中。也许在传统秩序逐步瓦解，新的秩序还未建立之时，任权力流散于社会，不仅不能有效组织社会，严重的话可能还会导致霍布斯状态。国家在当前时段深入村庄，通过“振兴乡村战略”，来挽救乡村的颓势，有相当的必要性。现阶段的村庄合并以及国家深入乡村的行为，便是力求通过这一秩序建构，在经济、社会各个层面重建乡村，从而激发出乡村的内生活力，以形成内生秩序。当然，国家的整合一定要以激发社会活力为前提。

### 6.4.5. 基层自治的路径

基层群众自治制度，是依照宪法和法律，由居民（村民）选举的成员组成居民（村民）委员会，实行自我管理、自我教育、自我服务、自我监督的制度。村庄合并为社区后，社区成了一个新的社会格局与单位，而社区的居民又都是符合法律规定实行自治的村民，因而，社区建成以后以什么为单位组织基层群众自治也成了一个亟待解决的问题。在现实中无非是两种路径，一是以原村为单位，各村自行组织自己的村委会选举；二是以社区为单位进行选举，这两种路径选择与社区的定位密不可分。许多地方考虑到合并新村的干群之间、群众之间相互不熟悉、沟通不够，因而直接选举社区村委会的条件不成熟，故而在实践中，多以临时成立的社区管委会来代行职责，等条件成熟选出合并后的村委会后，社区管委会随之撤销。河南辉县甚至没有合并班子的打算，只是将几个村庄的人搬迁在一起集中居住，因而其基层自治仍然采取第一种办法。但是原居住格局被打乱，原来的村民小组和权力纽带也发生了变化，这无疑对村民自治提出了新的疑难。有些地区仅仅把这作为一种过渡性方式，在以后的发展中，更多的是探索以社区为单位的基层自治。而在行政维度的村庄合并中，则是在合并过程中成立临时管委会，等合并工作完成，再选举新村的村委会。

基层有效自治的实现形式无疑是可以多元的，党国英等人曾提出过通过自治体下沉的方式来实行有效的村庄公共产品和公共服务供给[①]。在一般覆盖地域较大、人口较多的行政村，村民自治的实战效果并不理想，一方面由于村委疲于应付上级任务和乡镇使命，不能有效提供村庄公共产品，另一方面则是蕴藏在村民小组中的社会管理资源和服务资源不能被有效利用。通过自治体的下沉，促成行政与自治的分离与分工，村委负责政府委托的行政事务，而作为制度基础的传统家户制则可以提供基础性秩序。在社区这样的规模较大的自治体内，自治体的下沉显得愈发重要。因而，基层自治有效实行的形式，无疑需要地方政府和社会达成更多的默契和互动。

受历史等诸多因素的影响，中国现代化的进程呈现出后发和外生的特征，这一特征决定了在全球化的市场经济环境中我国赶超型发展战略的选择。赶超战略无疑需要国家深度介入乡村，这一介入很容易造成强国家弱社会的印象。尽管改革开放后，国家曾一度还权于社会，但是国家任务的指派也一度规制了村委的自由，随着市场经济发展和城镇化的深入，引发了村庄人才的大量流失以及村庄政治组织能力的衰微，村庄治理疲软，国家输入给农村的资源无法有效下沉，因而又一次出现了国家介入村庄的历史需要。在现阶段的中国，国家与社会的关系关键不在于孰强孰弱的争执，而是要达成良性的互动。国家与社会从来不是对立的关系，而是各自有各自的领域，只有两者在自身领域范围内积极行动，才能相得益彰，形成国家与社会的相互

① 李周、党国英:《村民自治的有效实现形式：村民自治体适度下沉》,《中国党政干部论坛》,2015年第7期，第10–15页。

支撑。因此，在路径选择上，就要在保证村庄社会相对独立的基础上，国家作为社会整体利益的代表积极介入村庄，形成相互协同合作、相互监督的良性互动机制。很显然，当前这一机制建设还远未完成，国家与社会在村庄中的角色定位仍在不断的调适当中。

## 6.5. 治理现代化之路

从上文的分析中我们看出，无论是居住维度的村庄合并还是行政维度的村庄合并都涉及治理结构的改组，而农村治理伴随这一改组则出现了新的治理挑战。通过对这些问题的爬梳，我们不禁会问，什么是好的治理？村庄中的好的治理又如何实现？

对于这一拷问，传统理论多指向与村民的合作和有效参与、国家与社会的良性互动等一系列命题。正如新农村建设一样，村庄治理当然也应该以村民为主体。然而，我们不可忽视的一个常识是，治理的目标是达到“善治”（Good Governance），由于在治理的诸多主体中，政府拥有的权力和资源最多，所以起着决定性的支配作用。

在居住维度的村庄合并治理中，也许最根本的指向不在于社区的定位，不在于创新性的网格化治理，不在于国家与社会的关系，甚至不在于服务的下沉，这些都只是促进有效治理的手段，而目的只是促进有效的治理。从“管理民主”到“治理有效”的话语转变的背后隐含的是思维的转变。管理民主只是一种手段要求，而这种手段，并不一定会导向治理有效，因此，治理有效才是我们要追求的终极目标。但目标同样需要手段，实现这一目标的机制也会影响最终的目标结果。而这种手段能够有效的重要基础之一便又通向了另一个层面：共同体的培育。换句话说，也就是指向内生活力的激发。如果丝毫没有共同体精神，社群逻辑就失去了纽带基础，行政机制便可以轻而易举地压制它。正如网格化治理这一手段，在不同的社区，也就是在不同的共同体当中，其实质是不一样的。

农村的现代化内在地蕴含着农村社会治理体系与治理能力的现代化，同时也是国家治理现代化进程中的重要一环。农村社会治理的现代化，在规范多元主体、构建良好机制的同时，最重要的还是要激发农村的内生活力，即指向农村社会的共同体建设。

# 第 7 章 村庄合并的挑战（三）：社会整合

伴随着现代生产方式而来的是形式上平等化的公民结构变迁，现代政治正是奠基于平等化的公民结构基础之上的，而这一形式平等转而激发了民众的民主诉求，从而达到实质民主。治理作为一种结束统治的新的路径，已经深入人心，但同样，理性主义所带来的政治冷漠是民主社会面临的共同难题。奥尔森的集体行动逻辑虽然有其普遍性，但我们不能因此而灰心，世界上仍然存在着很多有效的治理，奥斯特罗姆以其细致的事实和精密的分析指出了有效治理在一定范围内是可行的。任何事都有阴阳之分，哪一方也不能趋于极端，物极必反，这是经验事实多次证明的。理性主义再怎么耀眼，也不能完全掩盖共同体的光晕。治理有赖发挥作用的重要因素之一便是公民的团结合作。从这个逻辑出发，我们明白治理的指向会导引至共同体精神的重建。

我国实行基层村民自治制度，而自治得以有效发挥的基础之一是村民的有效参与和基本团结。我们常说的村民的政治性不足也许存在误区，单纯地构建村民的政治性仿如沙滩建屋，其基础是空洞的。如果不形成一个有机团结的共同体，有效的自治只会停留在口头上。我们难以想象在一次公共事务中仅靠号召或者所获不多的利益就能把村庄整合起来，而如果不在日常的交往与生活中让村民去互相摸熟，也很难想象这样的村庄会成为一个有机团结的整体。从本源上来说，村民亟待重拾的是其社会性，社会性会产生持久的团结与合作，一个守望相助的群体在公共事务中当然不会搭便车。从这个角度来看，也许只有共同体与治理是高度匹配的。

## 7.1. 共同体的社会卷入

对于共同体和社会两种人类组合的形态及其特点，社会学界的两位泰斗（涂尔干和滕尼斯）曾经做过细密的分析。我们知道，共同体是在传统农业社会中广泛存在的，它以伦理和集体意识为基础，人们之间具有浓郁的情感依赖，大家守望相助，共担风险，共享收益。在没有现代教育的条件下，这也是传统中国底层读书人能够上升的原因，因为在他的背后是支撑着他的整个共同体，而反过来，他也承担着对整个共同体的道德责任。社会则是在现代工业生产组织中广泛存在的，在社会中，人们遵循着理性主义的处世原则，人与人之间的交往与相处是基于利益关系的考量，利益独享，风险独担。现代社会的构成主体是附着在生产组织中的广大劳工，工业化的生产方式与细密分工破解了原来的共同体，产业与生产的发展带来了社会密度与社会范围的增加，来自不同共同体的个人在生产组织里失去了共同生活与集体意识的基础。在共同体中，人们生产与生活都在同一个场域中，人们始终处在社会结构中，也只有这样，才能构造出亲密关系。费孝通指出，传统乡村是切实依赖于乡土而生活的，“直接依赖于泥土的生活会像植物一般在一个地方生下根，这些生了根在一个小地方的人，才能在悠长的时间中，从容地去摸熟每个人的生活”，因而，“乡土社会的信用并不是对契约的重视，而是发生于对一种行为的规矩熟悉到不假思索时的可靠性…… 在这样一个熟悉的社会中，我们会得到从心所欲而不逾矩的自由”[①] 。中国传统的乡村不仅是一个“生于斯、死于斯”熟人社会，而且是一个高度社会关联[②] 的村庄共同体，村民之间是相互熟识的个人，具有合作的默契性，人与人之间知根知底，关系紧密，村庄里面没有隐私和个人秘密可言。在社会里，生产与生活是割裂开来的，人们在生产中是组织化的状态，而在生活中则是“自由”的状态，离开了生产线的广大劳工，在生活层面很难称得上有真正意义上的结构，也只有在生产的过程中，人们才是结构化的状态，而在脱离了生产的“自由”状态，人们则是一盘散沙，强烈的孤独是我们普遍的感受。在共同体迈向社会的进程中，国家亦与之相伴，深度介入社会。因为只有在现代市场社会，国家才成为一种显眼的必要 —— 国家需要承担起传统共同体所承担的保障功能。

通过深入细密的社会分工与生产重组，村庄中的人们从原来的共同体结构中脱嵌出来，得以重新组织在了现代生产结构中；与此同时，消费主义与城市话语进一步深入乡村，在意识形态上也解构了村庄生活的意义，使得村庄的人们的生活面向更多地转向城市与现代。现代化行进至此，也就完成了村落共同体的社会卷入。

## 7.2. 新农村社区的共同体维度

居住维度的村庄合并在地理与空间的意义上将人们聚集在一起，乡土社会作为一种生活场域逐渐地退出人们的生活与记忆，然而，社区作为新的

---

① 费孝通:《乡土中国》，人民出版社2008年版，第7页。

② “社会关联”一词的概念是在涂尔干回答“社会如何可能”这一问题时提出的，他关注的是整体的社会结构而不是社会中的相互关系。贺雪峰在借用这一词时更强调社会关系方面，意指村民在遇事时可借以调动的社会资源，因而更偏向于“社会资本”的概念。笔者在这里更多地是在贺雪峰的意义上使用“社会关联”这一概念，意指社会成员之间的熟悉度、信任度、互助度和依赖度。

村民生活共同体却还没有健全地成长起来。村庄合并为社区的变革过程是多方位的，而社会作为一项隐性维度却常常被忽视，急剧的变迁不仅引发了人们心理上的不适，严重的还会导致共同体的衰解。因此，考察村庄合并后的共同体维度，将使我们更深刻地体会社区重建的一个重要面向。

### 7.2.1. 村庄共同体变迁下的心理状态

村庄合并为社区的进程打破了原有的乡土关系网络，在新的环境里，交往因素变得多元，传统的亲缘、地缘杂糅着复杂的业缘因素。社区的居民关系兼具城乡特色，一方面传统的熟人关系网络架构依然有着顽强的生命力，另一方面，这样的关系网络也在发生急剧的变迁，社会联结从原来的情感化取向逐渐转变为工具化取向，社会关联变得不稳定。村庄共同体在物理意义上消失了，这也就意味着承接着村民交往、消费、娱乐等生活面向的载体不复存在，进而冲击了人们心理意义上的村庄共同体，承载着熟人社会认同的村民小组也在这样的变迁中功能衰退，周围的陌生人逐渐增多而且可能继续陌生下去；同时，在居住样态的影响下，社区邻里串门的次数也在逐步减少（如图27），私人生活空间被拓展，乡土性慢慢消失，社区串门的次数减少。而且由于社区建设中的利益分配如补偿款和楼房折价等没有做到绝对公平，对原有的熟人关系也造成了一定影响。一些居民在心理层面上需要进一步得到照顾。

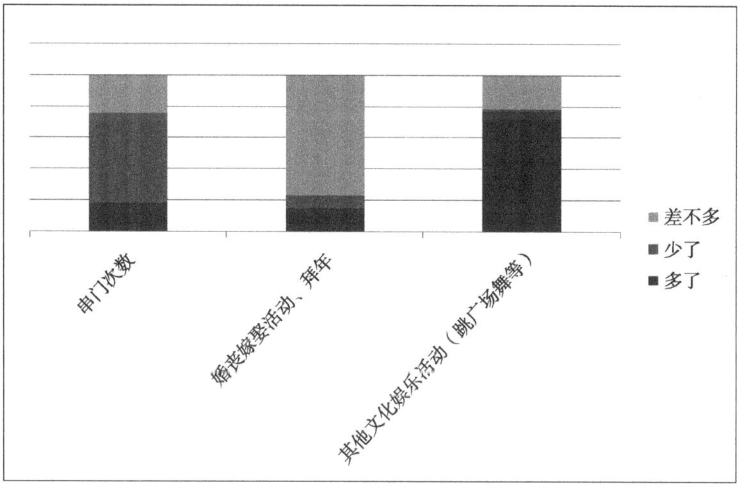


**图 26　社区活动与关系**

数据来源：根据调研材料整理制作。

### 7.2.2. 熟人与陌生人角色转变

从传统村庄的秩序基础及其共同体性质我们了解到，传统村庄是一个熟人社会。改革开放后的村庄，由于国家权力撤出，降低了村庄的社会关联，村民的自主性有所增加，但由于村庄地理空间有限，因而仍是一个相对熟悉的社会单位，有学者称其为“半熟人社会”[①]。城市社区则不然，由于分工的细化，城市人相互之间必须依赖陌生人，城市工作人员白天在单位工作，夜晚回到家里休息，流水线式的工作模式和生活压力，使城里人往往也没有多少空闲与同一社区的人进行交往，人与人之间是不熟识的，即使日常见面，但对对方大都不了解，是一个陌生人社会。村庄合并为社区，原来作为农民生活、消费和娱乐中心的村庄便消解了意义，取而代之的是社区。几个村庄的人聚居在一个社区里，人口密度显著增大，但人与人之间的社会关

① 贺雪峰:《论半熟人社会——理解村委会选举的一个视角》,《政治学研究》，2000年第3期，第61-69页。

联却弱化了。原有的村庄与小组结构被打破，既有的社会文化网络失去了组织载体，人口集聚虽使人们在空间上的距离缩短了，却使人们的心理距离感增加了。村庄合并为社区以后，一方面，由于人口的聚居和居民生活物理空间的重组，整个社区的社会关联并没有有效地建构起来，共同体逐渐散落成个人；另一方面，由于同一村庄的多数人仍在同一社区，社区内也存在着有一定熟识度的团体网络，故这样的社区是介于村庄“半熟人社会”和城市“陌生人社会”之间的社会单位。尽管随着居住格局的变化，有一些村民个体突破了原来的村社范围，但个体领域的交往仍未形成整体性的结构变迁。

#### 7.2.3. 从村庄到社区的习惯与冲突

不同的生产方式与生活条件会产生出一套与此相适应的生活习惯，村庄和社区对应着两种不同的习惯，有效的治理需要与习惯衔接起来，这样不仅能保证社区的良性秩序，也使居民产生安全感，有利于构建和谐的社区邻里关系。村庄合并为社区后，农民的日常生活面临着一系列变化，但是长久村庄生活的积习使得一些村民很难适应这样的变化，常常会引发一定的矛盾。比如一些村民习惯了在自家门前屋后种点小菜，而社区却不能提供这样的地方，这些人往往就把社区居民楼前面的绿化带中的绿植拔掉，种点葱蒜。社区是一个人均空间较小的单位，因而个人的活动很容易对他人造成影响，如养狗和社区电梯环境保持等，这类问题的管理，往往让相关机构束手无策，既影响了干群关系，也不利于和谐邻里关系的培养。社区强调干净、清洁与整齐划一，而在地道的农村，如进谁家需要换鞋反倒显得不正常了。这种内在的对立需要一个相对长时间的适应才能有效化解，一方面需要农民自身生活习惯的改变，这显然不能一蹴而就，另一方面，也需要社会管理工作者在这一过程中更具耐心。

#### 7.2.4. 社会交往的特点与结构变化

社会交往是社会适应与社会融合的重要方面。社区的建立虽然使人们在空间上融为了一体，但人们在心理层面还远未达到“一家人”的状态。在兼具城乡二元特色的社区社会里，面对着生活与交往的变迁，居民有着较为强烈的对冲感。首先，作为承载着居民历史与记忆的村庄和土地消失或远去了，眼前的社区不再是“生于斯、长于斯”的熟悉的空间和土地，社区居民一直在“本村人”与“外来人”的自我认同间徘徊。其次，社区在社会范围与社会密度上扩大了，社区的成员之间的各方面差异日渐显现，成员之间关系也不复以前那样密切。贫富差别也逐渐产生了，财产以及基于财产基础上的各种行为特质造成了人们在交往中形成了“同一阶层”与“不同阶层”的认知。最后，面对着社区这一兼具熟人社会与陌生人社会二重性质的交往场所，人们心里也会产生“可信任”与“不可信任”认知。大家尽管都在同一个时空维度下生活，然而这些因素的考量会影响人的认知并进而决定其交往选择，并由此产生出“我们”与“你们”的差别。社区的公共空间在地理的意义上被拓展了，但社区的公共活动却未能组织起来，由于社区的居住格局以及分布情况，居民的交往在原村的社会 — 文化网络基础上进一步缩小了，而且趋于内倾化，因此真正意义上的社区公共空间处于萎缩状态。

### 7.2.5. 社区公共性缺乏

社区公共性是指社区作为一个有机的社会单元，具有较强的公共联系，居民能在其中实现生产的连续性、生活意义的找寻和幸福的追求。村庄合并为社区后，社区已经取代村庄成为人们生产、消费和娱乐的中心，是居民生活的承载体。而要使社区成为一个和谐、融洽以及能使人积极追求幸福的场所，目前的状况显然还有待提升。国家当然能够组织公共生活，但国家要做的更多的应是提供基础性的制度框架与公共服务，它并不能组织到个人生产生活的方方面面，社会的活力仍然需要社区成员的主动性。贺雪峰指出，在当前农民的收入没有显著增加，可是支出却过快市场化的背景下，公共组织与文化活动作为一种“福利”可以相对降低消费主义对农村的影响，从而最大程度上缓解消费主义对农民幸福感的削弱[①]。即构造一种“低消费，高福利”的社会生活场域，从而使村庄成为农民生活价值意义可依托的场所。改革开放后，村民被释放的主动性无法支撑起乡土社会。当前，物理意义上的社区还未形成一个有机的社会，社区的社会组织停留在萌芽阶段，不仅数量少，结构单一，而且影响力与号召力十分有限。社区的居民也还没有组织起来，既无法形成公共生活，也无法有效提供俱乐部产品。

7.2.6. 村民的社会性与结构嵌入脱离

在传统村庄，由于有强有力的宗族势力和村庄共同记忆存在，权力有它自己的文化网络[②]，村民的行为逻辑是嵌含在村庄的文化网络之中的；中华人民共和国成立以后，国家力量打破了传统架构，权力的文化网络被组织网络代替，村民的行动逻辑被结构组织左右，两者都是有序的治理。改革开放后，村庄权力逐渐转向以利益网络为支撑，而利益常常又是多变的，村庄社会在结构上逐渐原子化，村民个体在行为上逐渐理性化，故而村庄治理原有构成便日趋退化。村庄合并为社区易，但村民交融为社区难。村民入住社区，往往都是村庄集体搬迁集体入住，大多数村民交往的范围仍是原来的村庄，以社区为单位的交往还远未形成，社区在整体上仍然是一个架构。尽管社区在建设时设计有承载社区公共空间的公共场所，然而，由于社区公共组织与公共活动缺乏，社区居民在其中往往只生活在各自的熟人小圈子里，但这样的圈子不会相交，也难以扩大。交往的差序格局逐渐内卷化。社区的公共空间在地理意义上尽管有所扩大，但在文化与交往意义上却是萎缩的，因为社区认同也就难以建立。按照涂尔干的说法，社会范围与社会密度的扩大

① 贺雪峰:《新农村建设与中国道路》,《读书》，2006年第8期，第92-99页。

② [美]杜赞奇:《文化、权力与国家：1900-1942年的华北农村》，江苏人民出版社1996年版，第13页。

会削弱集体意识，并进而削弱社会团结的基础①。如果这种以集体意识为基础的社会团结的削弱没有以一种功能分化为基础的社会团结补充，社区便会逐渐离散化。很显然，社区的基于同质性的社会团结的削弱并没有以基于个体分工的另一种社会团结作为补偿。我们知道，在传统农村，最强认同出现在宗族层面，逐渐消解了的宗族认同的关系架构，代际之间的差异也日渐明显，以往村民集体行动的熟人社会慢慢消失了。在当下的多数村庄，宗教、业缘等“石子”落入水中的波纹很难越过家庭和个人这样的“石头”激起的大浪。这一特征随着代际的传承更加鲜明，老一辈人的生产生活的大部分时间落在了农村，而年轻一辈人由于常年在外工作，他们的生活面向往往落在城市，对乡土的眷念并不浓厚。在老一辈人还固守着土地、残存着四世同堂、邻里和谐的幻想时，年轻人早已经向往着高楼大厦的都市生活，那是他们奋斗的目标，也是其生活意义。尽管这一批人最终会回到社区，但是他们没有对土地的眷念，也没有在悠长的岁月中摸熟的邻里性格。当承载着农村共同情感的人们随着历史流逝以后，新生代的村民们还能够维系起一个紧密的熟人社会吗？

也许齐河县一名打工者的话更生动地道出了这一变迁：

农村人喜欢熟门熟道，在城里人生地不熟，思想意识也有老大差别，我们打心眼里还是喜欢农村，早晚都得有落叶归根的时候。但是打工者的下一代就不敢说了，这些跟着父母到处转的孩子对乡村的感情比较淡薄，回老家就像走亲戚，蜻蜓点水，相反对城市他们却比较亲近，估计他们长大后也不会把农村当回事了。

① [法]埃米尔·涂尔干：《社会分工论》，渠东译，生活·读书·新知三联书店2013年版，第129–133页。

## 7.3. 建制新村的社会整合难题

同样，行政维度的村庄合并只在行政区划的意义上——某种程度上还有集体经济组织的意义上——将村民合并在一起，村民的社会交往并没有变化，由于交往幅度的增加，新的共同体显得更加难以孕育。

### 7.3.1. 村庄融合受阻的挑战

在村庄文化方面，据笔者调研了解，许多村庄因为合村前有各自文化的差异，使得村庄合并工作的推行遭到一定困难，而合并以后的村庄如何增强村民的集体认同感也是一个巨大挑战。一般来说，国家行政力量主导的建制村合并往往更多注重村庄地域面积、人口状况和资源利用等情况，而较少考虑村庄之间各异的宗族、文化传统这些“软性”因素。尤其是20世纪80年代以来，随着农村改革与经济发展，宗族势力作为传统文化的重要因子开始复兴，并构成了乡村秩序中的重要内容。合村以后，行政村的规模扩大很多，不同地域、不同宗族（姓氏）、不同人缘、不同民俗的村民被聚合在一起，许多村民并不十分熟悉，来往很少，村民社会交往还是局限于原来的范围与方式。这种建制上的合并降低了村民的组织化程度，原有的村级组织结构被削弱，因而不利于将原村有效地整合到新村的组织网络中去。村庄合并后不同片区、村民之间存在许多认识上和文化上的差异，这是造成村民之间矛盾、村庄融合困难的重要原因。

另外，从宗族内部来看，“家庭（分家）→宗族（联合）→联宗（联合）”是扩展得最为稳定和常见的方式[①]。因此，宗族依赖血缘关系长期在乡村生活中发挥着巨大的作用，具备稳定性、有效性、长期性和延续性强的特点。由于不同村庄特点各异，宗族在村庄的社会生活中有着多样的表现形

① 萧楼:《夏村社会——中国“江南”农村的日常生活和社会结构（1976—2006）》，生活·读书·新知三联书店2010年版，第285页。

式。就益阳皇家湖村来说，宗族对乡村政治的影响除了组织作用以外，还有一种镌刻于人内心的对宗族文化的认同习惯，而这种习惯最显而易见的表达载体就是“姓氏”。如皇家湖村的倪姓和李姓，以姓氏为基础，自然组成了具备共同体感的派系，文化认同感很强。就算对于同姓不同宗的村民，也秉承“同属一姓，五百年前是一家”的观念，村民对“姓氏”符号有天然的归属感和认同感。当这种“认同感”深入人心时，它所代表的就不仅是一种模式化的行为方式，在更宽泛的意义上，还是一种模式化的秩序和规则，甚至是利益。尽管它并不代表具体的经济利益，但在多数情况下它却能与“面子”“荣誉”联系起来。也就是说，派系是否能够获取权力和利益[①]对于共同体成员来说是一种切身相关“利益”，能够帮助他们在乡村生活中更有“面子”。在这种意义上，皇家湖村内部宗族对于村庄主导权的争取就显得极其必要了。因此，如果新村内部在后续权力分配中未能相互妥协，想要做到秩序稳定就格外困难，更不用说实现村与村之间的真正融合了。而且，对于村民来说，宗族中“能人”的对立会影响村民集体认同感的培养，也会延缓“合村合心”的进程。

### 7.3.2. 村民的公共生活参与意愿不高

近年来，随着村民经济生活水平的提高，他们的社区事务参与诉求也日益凸显。非常明显的一个变化就是，以前村民对于村级事务大多只停留于偶尔议论上，没有进一步的参与行为，而现在通常被认为“对村庄公共事务参与缺乏自信”的农村妇女也积极参与到乡村社会生活中来，她们有时会聊一些诸如“村里水渠修缮”“扶贫资金如何安排”的话题。在这里，聊天议论成了她们的主要参与方式。

在益阳调研的目标村庄，村民公共参与行为的主要形式有选举性参与

① 即派系人员当上村支书、村主任以及在村庄内部利益分配时取得优势。

和议论性参与。选举性参与是指村民投票选举村委会，或者通过参加村民会议和村民代表会议参与到村务决策中去，对于村庄治理有着积极作用。而议论性参与则是通过日常聊天，对村干部形成一种柔性监督，或者在聊天中识别具有共同话语的人，从而形成集体意愿，向村庄治理施加影响。然而，湖南在村庄合并政策实施以后，却在一定程度上使得村民的公共生活参与意愿降低。首先，并村后村庄规模扩大，村部与一些片区之间距离较远，客观上增加了村民参加村委选举或是村民会议的难度，使得村民参与选举的积极性有所降低。其次，村民对新村的集体认同感不足，参与村庄公共生活的意愿下降。碧云峰村某村民表示："（合村）都是村干部的事，（怎么解决）和我们无关"，实际上，通过访谈我们了解到，以前该村民对原村庄的公共生活还是比较在意的，合村后觉得自己所在村庄被其他村庄合并，心理上不愿接受，使得他参与村级公共生活的积极性暂时性降低。再次，村小组的撤并影响了一些自然村村民的主动参与渠道。村小组长撤并后，一个村干部或者小组长要负责好几个自然村，由于精力有限，难以全面顾及各个小组，对部分村民的一些议论性参与有可能疏漏。另外，由于村民对新的小组长并不熟悉，认为新的组长对自身情况及切身利益不了解，不一定能代表自身的利益。因此，有什么问题不会主动向小组长反映，甚至在小组长询问情况时，出现排斥交流的情况，不利于村民直接参与村庄公共生活，降低了村民公共参与的活跃度。

## 7.4. 共同体的重建

理性主义的兴起是与工业生产方式伴随而来的，它打破了传统的伦理维度，从而在心理上消解了人们的共同情感，人们以理性主义的原则处世。但理性主义带来的后果却使人们不堪重负，因为人类不能只靠理性主义生活，人类还需要有情感，需要相互信赖，显然这是理性主义所不能提供的。无论理性主义再怎么耀眼，也不能完全遮盖共同体的光晕。农村社区的重建对于重塑村庄共同体精神也许是一次极佳的机会。

早在21世纪伊始，我国的一些地方便开始自主探索农村社区建设。2005年10月，中国共产党十六届五中全会提出了新农村建设的方针，在经济、政治、社会、文化四重维度上提出了标准，其具体表述为“生产发展、生活宽裕、乡风文明、村容整洁、管理民主”，然而，新农村建设内容里面的社会维度多注重于教育、医疗等社会事业方面，较少涉及村庄共同体建设。几乎是同步的，2006年10月，中共十六届六中全会通过的《中共中央关于构建社会主义和谐社会的若干重大问题决定》提出：“积极推进农村社区建设，健全新型社区管理和服务体制，把社区建设成为管理有序、服务完善、文明祥和的社会生活共同体。”这是第一次在中央的决定和文件中使用“农村社区”概念，这一表述显示了新农村建设与农村社区重建在某种程度上的协和性，同时也表明中央对加强农村社区建设的重视和决心。2007年3月，民政部在全国范围内选择了有条件的县（市、区）启动了第一批农村社区建设实验。自此，农村社区建设便在我国大范围铺开。

在前文中我们已经了解，社区是指人们紧密生活的共同体，在英文语境中，社区和共同体便是同一个词community。因此，社区在原初的意义上，更多的是指社会学意义上的社区。而在当前中国语境中，社区的含义却发生了变化，我们通常意义上的社区是为了方便管理而对社会进行的单元切割，因而大部分是指行政维度上的社区。我国的大部分城市社区，便是典型的行政管理维度的社区，城市人的工作、休闲、娱乐和社交大都不在社区中进行，社区并不承担生产与交往的功能，更多的只是休息的场所，因而往往难以构建出有效的社区认同和亲密的社区关系。但农村社区却与此不同，尽管村庄合并成了社区，农村社区大部分村民的休闲、娱乐和社交仍然在社区中进行，社区远不只是一个休息的场所，它在某种心理意义上替代了原来的“村庄”，农村社区蕴含着村民之间交流交往的网络，因此是有可能构造出一个紧密的共同体的。

社区承担的职能影响着社区的结构和内在精神，社区的重建是否有助于重塑农村衰弱的公共空间，将是村庄合并与农村社区建设进程中的一个重要命题。农村社区的重建，指向的是村庄生活共同体，无论是从理论维度还是政策实践的维度，都已经清晰了然。然而从当前的村庄合并与农村社区建设实践来看，其目的却被泛化了，许多地方从村庄生产生活的各个方面着手进行建设，但目标泛化弱化了目标的指向性。村庄共同体的构建其本质是要使人们重拾社会性，并通过这一共同体精神激发村庄社会的活力，从而在更广泛的意义上去促进农村的现代化。村庄公共空间和公共文化作为共同体的实质载体，无疑应该在农村社区重建的过程中占据应有的比重。

# 第8章 走出困境的理论探讨与治道变革

传统中国是一个农业大国，五千年的中华文明也主要是农业文明。中华人民共和国成立之初，我国的城镇化率只有10.64%，广袤的土地上，农业人口占全国总人口的绝大多数。西方国家此时大都经历了第一、第二次工业革命，二战后进入了发达的工业化时代。中华人民共和国在废墟的基础上需要尽快改变一穷二白的面貌，因此国家提出以“农业为基础、工业为主导”的国民经济发展总方针，集中力量优先推动工业化和城市化发展，为中国的现代化奠定坚实的基础。伴随着工业化发展，城镇化也在缓慢前进，这一进程在“文革”时期一度中断。改革开放以后，中国的现代化发展劲头迅猛，工业化加速发展，城镇化也步入了快车道，从1978年到2017年，中国的城镇化率由17.92%增加到58.52%，每年大约提高1个百分点。跨越式的赶超发展使中国在短短的四十年内迅速实现了工业化，完成了西方国家用三百年左右才完成的工业化历程，并成为世界第二大经济体，跻身于世界强国之林。我国城镇化的增长速度在人类现代化史上也是极其罕见的，这种快速发展使中国人民完成了从站起来到富起来的过程，实现了从温饱不足到总体小康的战略目标跨越。但是工业化的崛起某种程度上是以农村资源的流失甚至某些乡村的衰败作为代价的，农业农村农民问题日渐凸显。党和国家及时捕捉到了这种迹象，开始调整注意力并出台一系列政策法规进行规范和引导。随着认识的不断深化，政策的不断完善，三农问题也逐步引起了学界的关注。20世纪90年代，温铁军在《读书》上发表《“三农问题”：世纪末的反思》，此后，曹锦清的《黄河边上的中国》，李昌平的《我向总理说实话》，陈桂棣、春桃的《中国农民调查》，引起了知识界对三农问题的反思和重视①，三农问题成为中国学界研究的热点问题之一。

中国的农村改革也是从20世纪80年代初开始的，主要体现在两个方面：第一，实施家庭联产承包责任制。这是农村土地制度的重要变革，在农业处于严重凋敝的情况下，它使农民与生产资料直接结合，农民利益与其贡献挂钩，个人付出与收入挂钩，调动了亿万农民的生产积极性，释放了农村经济活力，使农民温饱问题得到基本解决。第二，实施村民自治。20世纪80年代初，国家权力从农村的退出使得农村社会处于权力的真空地带，部分农村基层组织处于半瘫痪状态。但作为公共空间，农村依然有一系列公共问题亟须解决，如公共鱼塘的承包、水利设施的建造、道路的维修等诸多公共事务。此时，广西宜山、罗城一带的农民为解决村内的社会治安、公共矛盾等问题，出于自我管理和维护社会秩序的需要，自发组织成立村委会，选举村干部，这种自发的自治形式开始受到关注。1982年修订的宪法规定，村民委员会为基层群众自治组织，此后，1986年，民政部基层政权建设司会同国务院开展基层政权建设试点工作，吉林梨树县的海选、山西两票制等为全国村委会民主选举提供了宝贵经验，村民自治迅速成长。1987年制定《中华人民共和国村民委员会组织法（试行）》，1998年《中华人民共和国村委会组织法》正式出台，村民自治有了法律依据。至此，农村社会改革的基本框架趋于牢固，经济与治理形式改革的双轮驱动基本保障了农村社会的经济发展与社会稳定。但这段时期农村的发展一直滞后于城市，国家的重点依然在城镇化和工业化上。在城镇化的快速发展中，农村资源逐步流失，农

① 吕德文：《基层治理中的国家与农民的关系》，《南京农业大学学报》，2010年第9期，第1–7页。

民大量进城，农地抛荒，农村空心化现象加重。2004年中央对农村改革和农业发展做出具体部署的第一个1号文件发布，标志着新时代国家层面出台的战略性举措第一次比较全面地关注“三农”问题。至2018年，国家已经连续15年发布1号文件关注“三农”，表明三农问题在当代中国的重要地位。目前，非农产业已成为我国国民经济增长的动力和主导，现在我国已经跨入工业反哺农业、城市支持乡村发展的新阶段。十九大提出“乡村振兴”战略，以“产业兴旺、生态宜居、乡风文明、治理有效、生活富裕”作为总方向和总要求，它是对2005年新农村建设提出的“生产发展、生活宽裕、乡风文明、村容整洁、管理民主”的继承和发展，确立了从根本上解决三农问题的指导思想和工作方针。2018年2月中央发布1号文件《中共中央国务院关于实施乡村振兴战略的意见》，对如何实施乡村振兴战略进行顶层布局。目前我国已经进入新时代，主要矛盾已经转化为人民日益增长的对美好生活的需要和不平衡不充分的发展之间的矛盾。其中城乡发展不平衡与农村基本公共服务不充分就是重要表现。乡村振兴就是要解决城乡发展不平衡的问题。

我国的村庄合并正是在这种社会转型中，城乡差距拉大、农村呈现衰败迹象、基本公共服务不完善的条件下发生的。一方面，村庄合并是农业现代化、城镇化、工业化客观推动的结果；另一方面，劳动力和人口向城镇转移带来了公共资源同向度的聚集（城镇）和反向度的收缩（农村），加速了这一合并过程。这种聚集和收缩并非仅仅是经济原因带来的，更不可忽视的是城镇化的惯性和连带作用。伴随着农村人口的转移，农村学校、卫生所等逐步合并，教育、医疗等基本公共服务收缩，村庄合并也就成了自然而然的事情。由此来看，村庄合并是在国家权力与社会权力互动交集、权力伸缩与村民自治相互影响的复杂条件下运行的。村庄合并的种种问题也是在中国农村发生大变迁的大背景下进行的。

## 8.1. 村庄合并的若干核心问题探讨

如前所述，村庄合并作为中国农村的一种发展趋势在当前乃至今后很长一段时间依然以各种方式持续推进，但是它在实施过程中出现了一系列问题，如何有效地厘清这些问题和矛盾，找出化解措施，对推进其稳定有序发展具有重要的意义。要做好村庄合并这个宏大命题，至少有如下一些密切相关的命题和背景性因素需要深入地分析和探讨：村庄合并在目前还有没有必要性？合并对中国乡村振兴战略到底有何种意义？合并需要哪些条件？在村庄演化过程中，走向合并变迁的内外驱动力是什么？它们受哪些因素的影响？它是按照什么逻辑路径变迁的？在合并中需要处理好哪些关系？对这些问题的回答既关涉村庄合并的必要性及合理性，又关涉其有效运转及路径选择，也关系着合并的政策规制方向及未来发展趋势，因此有必要详细探究。

### 8.1.1. 村庄合并的必然性

村庄合并是中国由农业社会走向工业社会、由乡村社会走向城市社会发展的必然产物。由传统走向现代是一个宏观社会变迁过程。这种社会变迁投射到具体领域，在农村领域主要表现为农业、农村、农民的现代化转型。农业现代化的本质是产业化、集约化、规模化、合作化的生产和经营。农村现代化的发展要求农民居住的便利和公共服务的集中，村庄合并也是从城乡一体化战略到乡村振兴战略的必然。

#### 8.1.1.1. 农业收入在GDP中所占比重越来越低，城镇化发展趋势要求人口集中与村庄合并

1978年，我国农业增加值占GDP比重为28.2%，2014年这一数值首次突破10%以下，以世界发达国家的经验，这一数值在10%是国民经济的转折点。发达经济体的共同点是：农业增加值在GDP中的比重越低，政府对

农业的支持力度和强度越高①。但在我国，农业从业人员仍然较多，2017年农业劳动力占全社会劳动力比例高达27.7%。就是说大约每4个农业劳动力创造的价值仅相当于一个二、三产业从业人员创造的价值②。据估算，发达国家农业劳动力大概只有3%–4%，一些比我国收入水平略低的国家农业劳动力比重平均也只有12%。随着农业现代化发展，农业从业人口会继续减少③。当今世界，人口城镇化程度较高的国家，第一产业在国民生产总产值中的占比基本上都在10%以下。通常第一产业占比越低，城镇化程度越高，人口的分布相对越集中。以G20国家为例，2015年，印度（17.5%）、印尼（13.5%）、中国（9%）是农业产值占比最大的三个国家，而工业产值占比由大到小依次是沙特（45.9%）、中国（40.5%）、印尼（40%）、韩国（38.0%），其他国家均不到1/3，法国最低（19.5%）。第三产业占比按降序排列依次是英国（79.2%）、法国（78.8%）、美国（78%）、欧盟（74.1%）、意大利（74.0%）、日本（72.0%）。由此可见，农业从业人口占劳动力人口比例越低④，人口城镇化程度和集中程度越高。从这些角度来看，中国目前的人口、城乡结构不符合现代化发展要求。

**表23　部分发达国家和发展中国家的产业占比和城镇化率**

| 国家 | 第一产业占比（2015）（%） | 第二产业占比（2015）（%） | 第三产业占比（2015）（%） | 城镇化率（2015）（%） | 2016年GDP排名 |
|---|---|---|---|---|---|
| 美国 | 1.1 | 20.0 | 78.9 | 81.7 | 1 |

① 张红宇：《农业占GDP比重越低 政府支持力度越大》，2013年04月11日（http：//www.yicai.com/news/2619811.html）。

② 马志刚、欧阳优、郑新立：《我国经济增长的五大潜力》，《经济日报》2012年2月10日。

③ 蔡昉：《应继续减少农业人口》，见蔡昉2017年10月28日在上海交通大学上海高级金融学院主办的SAIF金融论坛上的演讲。

④ 黄匡时：《G20杭州共识中的人口产业格局》，《经济观察报》2016年10月16日。

续表

| 国家 | 第一产业占比（2015）（%） | 第二产业占比（2015）（%） | 第三产业占比（2015）（%） | 城镇化率（2015）（%） | 2016年GDP排名 |
|---|---|---|---|---|---|
| 中国 | 9 | 40.5 | 50.5 | 56.1 | 2 |
| 日本 | 1.1 | 28.9 | 70.0 | 93.9 | 3 |
| 德国 | 0.6 | 30.5 | 68.9 | 75.3 | 4 |
| 英国 | 0.7 | 20.0 | 79.3 | 82.6 | 5 |
| 法国 | 1.8 | 19.6 | 78.6 | 79.5 | 6 |
| 印度 | 17.5 | 29.6 | 52.9 | 32.7 | 7 |
| 意大利 | 2.2 | 23.6 | 74.2 | 69 | 8 |
| 巴西 | 5.0 | 22.3 | 72.7 | 85.7 | 9 |
| 加拿大 | – | – | – | 81.8 | 10 |
| 俄罗斯 | 4.5 | 32.8 | 62.7 | 74 | 12 |
| 澳大利亚 | 2.6 | 25.4 | 72.0 | 89.4 | 13 |
| 西班牙 | 2.8 | 23.6 | 73.6 | 79.6 | 14 |
| 荷兰 | 1.8 | 20.3 | 77.9 | 90.5 | 18 |
| 瑞士 | 0.7 | 25.9 | 73.4 | 73.9 | 19 |

数据来源：根据世界银行WDI数据库整理。2015年经济总量占前十位的国家中，排名第十的加拿大数据缺失。

根据世界银行WDI数据库的统计数据，从2015年部分发达国家和发展中国家城镇化率及三产业占比情况来看，城镇化率前十位的国家中，其第一产业占比都比较低，二者之间呈反相关关系（如表23所示），最高的俄罗斯不超过5%。而印度作为城镇化率较低的国家，其第一产业占比17.5%，属于最高。以2015年经济总量前十位的国家为例，除去经济总量占第十位的加拿大数据缺失外，农业增加值占比越高的国家，其城镇化率越低。农业增加值占GDP比重前三位的国家分别为印度、中国、巴西，分别为17.5%，9%和5%，其余国家农业增加值占比均低于3%，意大利为2.2%，法国

1.8%，日本1.1%，美国1.1%，德国0.6%，英国0.7%。2015年第三产业增加值占比前三位的国家为英国、美国和法国，分别为79.3%，78.9%和78.6%，其余国家顺序为，意大利74.2%，巴西72.7%，日本70%，德国68.9%，印度为52.9%，而中国仅50.5%（表23）。从2017年农业劳动力占比情况也能得出相似的结论（如图28）。

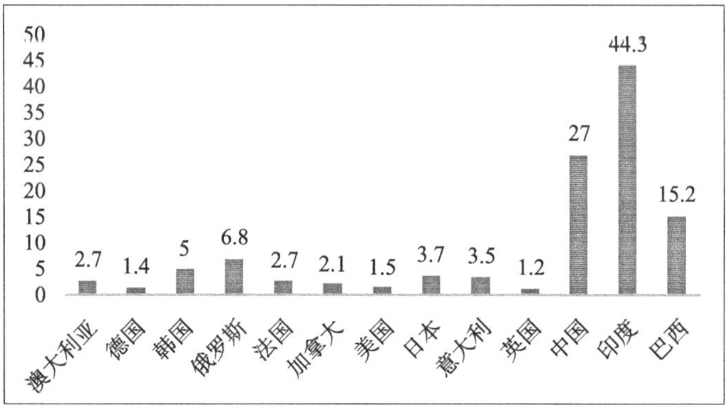


**图27　农业就业人员占比（2017，%）**

数据来源：世界银行WDI数据库。

8.1.1.2. 中国农业现代化的发展趋势决定了人口必然由分散走向集中

现代农业是通过现代化生产和经营手段，借助丰富的科学技术知识和高超的管理水平，以完善的物质装备为基础，充分利用自然条件来组织生产和经营的农业，现代农业也是可持续发展的农业。2015年中央1号文件提出"中国要强，农业必须强；中国要富，农民必须富；中国要美，农村必须美"的"强富美"目标，由此，农业现代化进入目标指向明确、全方位推进、高标准要求的时期，进入了加快实施和推进的阶段。2016年9月，国务院制定第一个农业现代化规划《十三五全国农业现代化规划（2016—2020年）》，农业现代化作为引领中国前进方向的新航标被确定下来，这也标志着我国的农业现代化进入了顶层有设计、有方向而且有目标措施和任务框架的阶段[①]。农业现代化发展促使其规模化经营、提高土地产出效益，而这种规模效益大大解放了农业劳动力，且不断地向其他产业转移。同时，人口聚集使公共服务更集中，成本更节约，能更好地促进城乡发展一体化[②]。

（1）农业产业体系逐步现代化

农业产业化过程也是农村人口从土地解放出来转移到二、三产业的人口集聚过程。农业产业化包括产业结构的优化和产业链的优化。第一，产业结构的优化。资源决定产业，产业结构关涉如何开发好、利用好、搭配好资源，适时进行产业结构升级，实施供给侧改革。在发展格局上，按照区域化布局、专业化生产、产业化经营的路子，从整体上进行把握。2015年，畜牧业产值约占农业总产值的1/3，主要农产品加工转化率超过60%，各类休闲农业经营主体超过180万家，成为农业发展、农民增收新的增长点[③]，农村新产业新业态大量涌现。近年来，通过入股、联营等方式，休闲农业、观光旅游、养老等新兴产业逐步兴起，各地利用农村特色资源的特色产业步入了快车道且不断带动产业升级，农业的生态价值、休闲价值、文化价值逐步被挖掘。根据《2017—2022年中国休闲农业行业专项调研及投资价值预测报告》，2016年全国休闲农业和乡村旅游经营收入达到4800亿元，呈现迅速发展态势。截至2016年年底，全国休闲农业和乡村旅游示范县（市、区）、美丽休闲乡村分别达到328个和370个，全国休闲农业和乡村旅游年接待游客超过24亿人次，从业人员达到850万人，营业收入同比增长8%[④]，有力缓

① 陈锡文:《中国不考虑农民的出路，关乎6亿人口生存的问题就无法解决》，摘自陈锡文在第三届复旦经济学家论坛上的演讲。

② 山东社会科学院调研组:《农业产业化 农村社区化 农民市民化——山东省诸城市破解“三农”问题的实践及启示》,《人民日报》2012年12月19日。

③ 韩长赋:《构建三大体系，推进农业现代化》,《人民日本》，2016年5月18日。

④ 中国报告大厅:《2017—2022年中国休闲农业行业专项调研及投资价值预测报告》，2016年12月。

解了劳动力向城市就业转移的压力。第二，产业链的延长和优化。农业产业逐步向产业集群方向发展，产业化的高度发展促使农业生产效率大幅度提高，产品产出率同时增长，延长了产业链，更多的剩余劳动力走向了加工、储藏、流通、销售环节，带动了相关非农产业的发展，一二三产业逐步融合。产业化发展引发生产基地集中化，信息、资源、人才流动起来，引导农业向农村经济的各个领域延伸，农业产业体系日趋完善。

伴随着产业化水平的提高，仅2012—2016年，全国就有6000万农业转移人口进城落户①。与小规模、分散化的生产方式不同，它通过资源的优化配置要求离农人口和非农产业相对集中，从而产生显著的空间集聚效应和规模相应。

（2）农业生产体系逐步现代化

第一，生产手段的变革是实现农业农村现代化的一个非常重要的途径②，它集新型农业技术、适度规模于一身。劳动要素相对机械要素的价格不断上升，机械对劳动产生广泛的替代③，农业生产的机械化、信息化加速了科学技术的扩散和农业现代化进程。目前，我国主要农作物耕种收综合机械化水平已经超过了65%，在小麦这个特定的产品中，农业的全程机械化率已经超过了90%，高的地方甚至达到95%。在全国20.25亿亩农田中，有50%以上可以实现人工灌溉，农业科技进步贡献率已达到56%，农作物良种覆盖率达到97%，土地适度规模经营占比超过40%④。农业生产的手段和技术在不断现代化，很多现代农业技术具有大规模协作的性质，例如旱作农业

① 见2017年9月29日中央农村工作领导小组办公室主任韩俊出席国务院新闻办新闻发布会并答记者问。

② 陈锡文：《实施乡村振兴战略推进农业农村现代化》，2018中国农业发展新年论坛暨中国农业企业领袖论坛主题演讲，2017年12月4日。

③ 纪月清、钟甫宁：《非农就业与农户农机服务利用》，《南京农业大学学报（社会科学版）》，2013年第5期，第47–52页。

④ 数据来源：中国统计年鉴。

生态技术、农业节水技术、防治水土流失生态技术、病虫害综合防治技术、综合生态工程技术、农村能源开发技术等，因此可以称为“协作性技术”[①]。一家一户的分散型农业已经不适应这种协作性技术的发展。农业发展由低质、价廉、技术含量低、资源浪费严重逐步转移到高科技、集约化、优质生产的路子上来，农业的抗风险能力和综合生产能力逐步增强。第二，中国人的饭碗牢牢端在自己手里。根据国家统计局数据，2017年全国粮食总产量12358亿斤，比2016年增加33亿斤，增长0.3%[②]。粮食产能不断提高，实施藏粮于地、藏粮于技战略，继续严守耕地保护制度。大力提高农业机械化水平，发展循环农业、生态农业、节约型农业。积极培育良种，将信息技术、水利技术广泛用于农业发展中。土壤肥料和农田用水监测力度进一步加大，确保农业生产的环境清洁。加快构建符合我国国情的粮食安全保障体系，确保谷物基本自给、口粮绝对安全[③]。

（3）农业经营体系逐步多样化

我国的农业发展呈现“家庭承包，多元经营”的格局。在现代化转型中，农地碎片化的生产和经营格局不但难以提高劳动生产率，而且在抵御农业市场风险能力上脆弱无力。家庭农场、专业合作社、种植养殖大户、农业龙头企业等新兴农业经营主体的出现，推动家庭经营、集体经营、合作经营、企业经营共同发展，为农业产业化集群提供了条件，产业发展又反过来成为人口集聚的依托。截至2016年年底，全国各类家庭农场大约87.7万家，共有31422万农业生产经营人员[④]。2017年，全国农民专业合作社达到188万家，规

① 王亚华：《提升农村集体行动能力加快农业科技进步》，《中国科学院院刊》，2017年第10期，第1096–1102页。

② 数据来源：国家统计局。

③ 韩俊：《谋划好农业现代化大棋局，决不能城市繁荣农村凋敝》，中国经济网，2016年2月14日。

④ 第三次全国农业普查主要数据公报（第一号），2017年12月14日。

模经营面积占比超过30%[1]。伴随着“互联网+”等新技术的发展，这些新型经营主体的经营理念、经营方式等已经同传统方式方法大为不同。有组织的专业化生产在市场竞争中更占据优势，各类农业合作社、农业产业服务公司、涉农龙头企业等社会服务组织如雨后春笋般涌现，他们的规模作业降低了农业生产经营成本，城乡中的各类服务平台如创业孵化基地、返乡创业基地等逐步走入正轨[2]，提供更便捷、更周到、全方位的一站式服务，大大提高了办事效率。农民采取土地托管、土地代耕代种、联耕联种等方式，通过购买社会化农业技术服务，在小块土地连片的情况下使用最先进的现代化装备技术[3]。农业社会化服务体系的发展驱动农业经营体系发生巨大变革。西方国家的现代化历程表明，农业经营主体从职能分化到相互合作、功能互补是一种必然趋势，加上农业生产的自然属性不同造就了各具特色的差异化的农业经营体系。这种体系在时间、空间及产业间都表现出巨大的差异[4]。总之，我国目前的农业经营体系正朝着多元化、多层次、多形式经营的方向转变。

（4）适度规模经营是现代农业的基础，小农户与现代农业发展逐步有机衔接

现代农业的发展需要适度规模经营，对土地密集型产品来说，尤其如此。土地规模经营、机械化的使用可以有效地提高劳动效率，这是分散经营无法比拟的。在改革开放初期，地块分散的弊病在农业劳动力有大量剩余的情况下并不突出。然而，伴随着城市化的发展，小规模农户组织化程度低、经营成本高、亩均产值较低、缺乏竞争力和风险抵抗力的弊端日益显露。已

---

① 《擘画新时代“三农”的壮美图卷——从乡村振兴战略展望我国农业农村现代化前景》，《人民日报》，2017年12月18日，第1版。

② 摘自中农办、农业部介绍十八大以来农业农村工作进展情况，农业部新闻办公室，2017年9月30日。

③ 全国人大农委法案室：《农村土地承包法修正案草案解读》，2017年11月2日。

④ 周应恒：《新型农业经营体系：制度与路径》，《人民论坛·学术前沿》，2016年第9期，第74–95页。

有研究表明，农户平均成本曲线一般是L型的，在一定范围内，平均成本将随着规模的扩大呈现迅速下降的趋势[①]。在家庭收入占比中，由于农业收入比重越来越低，相当一部分农民不愿意对农地作长远投资，土地质量退化，农民逐渐失去耕种兴趣，形成恶性循环。进城农民工将土地流转给其他农民，进一步加剧了土地细碎的格局[②]，在种地效率不高的情形下，很多农民将种地视为一种负担，土地集中连片经营是他们所亟须的。正如贺雪峰提出的，要加强“双层经营、统分结合”中“统”的作用，用土地集中连片来解决农户地块分散的问题。要实现规模经营，必须转变农业发展方式，创造多种形式的适度规模经营方式[③]。农业现代化的首要任务是解决农户分散生产与社会化大生产之间的矛盾。

但是也要认识到，中国在相当长的时期内，从事农业生产的人口存量还会比较大，小农户仍然会占多数。在我国两亿三千万承包户中，除了七千万户的农民已经把自己的土地或多或少流转出去之外，还有约70%的农户是自己种承包地，属于散户[④]。未来几十年，中国小农户仍然大量存在，小农经营的格局短时间难以改变。“一家一户的小农户的生产，可能还是中国会长期存在的一个历史现象，短期内不可能完全消灭掉。”[⑤]“中国农业现代化不可能只是规模经营基础上的农业现代化，而必须是小农经营为主的现代化。”[⑥]小农户在农业现代化的过程中同现代农业大发展逐步有机衔接。现

① 周应恒：《新型农业经营体系：制度与路径》，《人民论坛·学术前沿》，2016年第9期，第74–95页。

② 贺雪峰：《为谁的农业现代化》，《开放时代》，2015年第5期，第36–48页。

③ 《乡村振兴是关系中国全面发展并最终建成现代化强国的大事》，陈锡文在“《财经》年会2018：预测与战略”上的讲话，2017年11月29日。

④ 陈锡文：《农村土地改革不能突破三条底线》，《记者观察》，2014年3期，第42–44页。

⑤ 《乡村振兴是关系中国全面发展并最终建成现代化强国的大事》，陈锡文在“《财经》年会2018：预测与战略”上的讲话，2017年11月29日。

⑥ 贺雪峰：《为谁的农业现代化》，《开放时代》，2015年第5期，第36–48页。

代农业发展可为小农户提供社会化服务，包括技术指导、生产经营等，将其内部生产的主动性和外部服务的推动力相结合，促进农民土地放心流转，免除其后顾之忧，更多地将现代农业技术和设备应用于小农户中[①]。

尽管小农户在我国基数仍然庞大，但千家万户小农生产方式并非农业现代化的发展趋势。适度规模化仍是不可抗拒的历史潮流，农业规模化后抗风险能力强，采用现代化生产方式，机械化工程和水利工程大规模铺开，从良种选择到技术人员的培育都经过专业化管理培训，将大大提高农业产出效率。十八届三中全会后，农村土地流转速度开始加快，从一定意义上说，产权制度改革无论是“两权分离”还是“三权分置”，都是为了使僵化的承包经营权释放出新的活力，这也是广大农民期待已久的大事，在相当程度上满足了农民的愿望，推动了农业规模经营。据农业农村部统计，截止到2016年年底，流转土地面积大概是4.79亿亩，占所有农户承包地合同面积的35.1%。经营土地面积在50亩以上的经营主体已经达到了350万户，而这些经营主体经营着的农地达到了3.5亿亩，平均每个规模经营主体经营的土地是100亩。[②] 当然，仅仅有土地规模是不够的，还必须有服务规模，以服务规模的扩大来弥补耕地规模的不足。[③] 或者说规模经营必须两条腿走路，一条腿是土地规模集中，一条腿是服务规模扩大，二者相辅相成[④]。

8.1.1.3. 农村现代化的发展要求

城乡一体化发展需要补齐农村这块短板。由于长期以来的二元体制，农村在基础设施、公共服务、社会保障等方面与城市还有着很大的差距，而

① 《乡村振兴是关系中国全面发展并最终建成现代化强国的大事》，陈锡文在“《财经》年会2018：预测与战略”上的讲话，2017年11月29日。

② 《陈锡文：推进工业供给侧结构改革的两大问题》，摘自陈锡文在2017年《财经》年会上的报告。

③ 顾仲阳:《亿万农民进城就业 广袤田野谁来耕耘》,《人民日报》，2014年1月21日，第2版。

④ 《陈锡文：推进农业供给侧改革突破改革深水区 —— 在湖南精细农业基地调研座谈会上的讲话》,《中国乡村发现》，2017年第2期。

农村的现代化不但要在产业发展上融合，而且在农村的空间地理布局和居住格局上也要逐步实现现代化。现代化农业的发展决定了未来农村地理空间布局和居住格局，而这种新农村（社区）空间格局的布置有两个条件：一是便于农民进行现代化农业生产；二是保障农业劳动者的基本公共服务。农村发展离不开农业生产和农民生活，这就涉及生产和公共服务问题。如果农民居住地距离农业生产区域较远，那么势必带来农业成本增加、效率降低和农民生产不便问题，在农业效率要求较高的时代，这并不符合农村未来的发展方向。因此农村空间格局的布置必须有利于农业生产。农村人口大量流失和农民居住分散在我国相当一部分地区都存在，这些情况致使政府无法集中高效地提供公共基础设施和公共服务，农民基本的公共服务需求得不到落实。事实上，农业农村的现代化不但应使创造性公共资源聚集，消耗性公共资源也需要聚集，这就对解决农村散居问题提出了要求，否则，城乡公共产品与公共服务等值化就无从谈起。而只有保障农业从业者的基本公共服务，农民才能留在农村，这就需要完善的公共服务体系，包括农村公共基础设施和公共服务的完善。需要建立健全科技、教育、文化、医疗卫生、体育、交通运输等基本公共服务，实现城乡公共服务均等化、一体化。有效的公共服务就是要提供充足、分配均衡、获得方便、享用普惠[①]。十九大提出农村现代化的总目标是“产业兴旺、生态宜居、乡风文明、治理有效、生活富裕”。“产业兴旺”作为首要任务，是乡村活力的来源和基础，就是要让乡村呈现五谷丰登、六畜兴旺、三产深度融合的新景象。“生态宜居”的核心是绿色发展，恢复和提升农村生态，让生态变宝贵资本。“乡风文明”即以积极、文明、健康、向上的精神风貌塑造农民，打击农村中的村霸、宗族恶势力，净化农村社会风气，倡导新乡贤的积极作用。“治理有效”就是要创新乡村治理机制，

① 谢星全、刘恋：《基本公共服务质量：分层概念与评估框架》，《重庆大学学报》，2017年第4期，第122页。

通过激发社会内生活力，在自我治理的基础上发挥国家整合的力量，通过整合社会自我治理产生的分散性推动社会发展①，既坚持党领导的核心力量，同时又保持社会活力，实现自治、法治、德治有机结合。“生活富裕”的目标是缩小城乡生活水平和基本公共服务水平的差距，使他们在物质需求和服务需求上游刃有余。②而农村社区化和居住集中化并非将农村建设成城镇，而是城镇功能在农村的拓展延伸，重点解决的就是政府公共服务和基层社会组织形态城乡差别问题。③它使传统散居式村落变为集中化社区，农民的居住空间、生活方式甚至社会关系发生了巨大改变。虽然这种聚集模式有一定的时间和空间限制，不能简单模仿，但它在基础设施配套、公共服务优化、土地资源节约等方面确实起到了重要作用，其中以山东德州模式为典型代表。

8.1.1.4. 农民现代化的发展要求

从20世纪80年代开始，乡镇企业异军突起，农村集体经济发展迅猛，也吸纳了大量的农业剩余劳动力。但90年代中期以后，乡镇企业逐步退潮，很快又兴起了规模庞大的农民工进城务工潮④，在乡村振兴的大形势下，最近几年又出现了返乡创业潮。从最近七年的统计数字来看，新进城农民工增速逐年减缓（如图29所示）。数据显示，2011—2015年，外出农民工增速呈逐年回落趋势，分别比上年回落1%、0.5%、1.3%、0.5%和0.6%，2016—2017年递增不多，分别比上年递增0.2%、0.2%；外出农民工占农民工总量的比重也由2011年的62.8%逐渐下降到2017年的60%。“外出打工不

① 《徐勇：乡村振兴，治理有效》，第二届中国美丽乡村论坛暨第五届村政论坛学术交流会主旨发言，2007年11月19日。

② 《乡村振兴，顺应亿万农民新期待》，2018年1月14日（https：//www.sohu.com/a/216570262_114731）。

③ 林聚任：《村庄合并与农村社区化发展》，《人文杂志》，2012年第1期，第160-164页。

④ 《陈锡文谈乡村振兴战略：小农户或还将长期存在》，2017年11月29日（http：//finance.sina.com.cn/roll/2017-11-29/doc-ifyphtze2409504.shtml）。

如返乡创业收入多，这是造成外出打工农民工减少的主要原因。”① 单纯依靠种地或农民向城市转移来实现就业已经出现瓶颈，农民在第一和第二产业发展空间有限，目前第三产业就业空间正在逐步扩大，且效果已经初步开始显现，近年来农村的旅游产业、休闲娱乐产业、电子商务、养生养老等新业态为第三就业空间提供了可能。新型农业经营主体为农村发展带来了新活力，越来越多的农民已经开始通过现代化的技术手段和组织形式分享现代农业的红利，因而外出务工增速出现了减缓趋势。

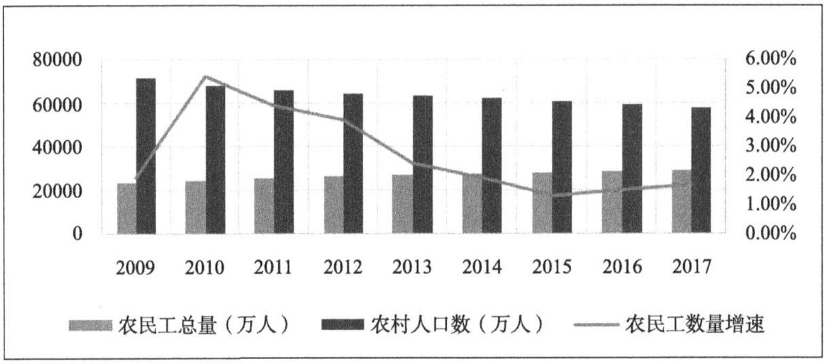


**图 28 我国农民工总量变化趋势**

数据来源：国家统计年鉴。

农民是新农村建设的基础和主体，农业产业化使产权的社会属性逐步弱化，农民的身份特征逐步消失。伴随着产业分工越来越细，中国国力增强，人民生活水平的提高，社会保障体制的完善，土地的保障功能会越来越弱。在西方发达国家，产权具有经济功能和赋予权利的保护功能，但是从传统中国实践来看，产权还有提供公共物品、保障基本生存的社会功能。② 这

① 数据来源:《2016年农民工监测调查报告》。

② 邓大才:《中国农村产权变迁与经验 —— 来自国家治理视角下的启示》,《中国社会科学》,2017年第1期，第4–24页。

就决定了传统中国土地的双重功能：生产功能和保障功能。生产属性是经济性，是其作为农业生产资料所具有的本来属性。西方国家靠保护经济属性而崛起。而保障属性是中国社会发展特定阶段附加给它的社会属性，是具有中国特色的产权制度安排的衍生属性。产权的社会功能是支撑农业文明延续的“产权密码”，也是中国传统农村实现“无为而治”的制度基础。[①] 它在相当程度上保障了农民即使遭遇天灾人祸后依然能够维持基本的生存，只有具备了生存保障，农村社会才不会陷入混乱无序状态。传统的中国农民也是职业分工和社会分工称谓的集合体，是职业和身份相结合的名词，且具有继承性，即假如父母是农民，孩子一出生即是农民，除非通过升学、用工等方式来转变这种身份，且在许多场域下身份象征大于职业象征。伴随着土地制度、户籍制度等相关制度的改革和国家治理能力的提高，国家和社会承担的养老、就业和生活保障功能将会越来越多。土地将回归它作为农业生产资料的本来（基本）属性，农民概念也回归社会劳动分工的职业称谓，这时农民不再是一种身份象征和标签（这种身份是土地保障功能衍生出来并限定种种条件，与城市居民有着各种差异的社会身份），而是一种职业称谓，回归它作为职业分类的本体意义。即土地回归生产资料属性，农民回归职业概念。新农民的称谓意味着城乡居民身份平等，没有社会保障和公共服务上的差别，附加在农民身份上的任何绊索都将被取消。而未来的农民是具有与现代农业相适应的劳动技能的新型农民。传统中国农民大多数只是从事传统农业生产的小农或者只具有某种农业生产技能的生产者，依靠传统经验进行农业生产。而现代农业的经营和管理需要具备农业专业技术知识、较高的信息捕捉能力、生产管理技能和适度规模经营技能。即具备市场化、规模化、标准化、信息化的“小四化”特点。因此新型农民的发展方向是有文化、懂技术、

---

① 邓大才：《中国农村产权变迁与经验——来自国家治理视角下的启示》，《中国社会科学》，2017年第1期，第4–24页。

会经营、守法纪的农民，不再是千家万户的分散小农，也不是只停留在满足温饱、小富即安的传统状态。随着现代农业加速发展，一批大学生、退役士兵、科技人员、工商企业主等高素质人才正在充实新型农民大军，成为专业大户、家庭农场主、农民合作社、农业企业的带头人，新农民中80%是以年轻人为主，这为农业现代化发展注入了新鲜血液，新型经营主体对传统农户的带动使得农业正迈出新步伐。截至2015年年底，伴随着城归潮的涌现，全国新型职业农民达到1272万人，比2010年增长55%，农民职业化进程不断提速。目前，全国返乡下乡创业人员超过700万人。[①] 目前政府正在制定配套的扶持新型农业经营主体的政策性文件，解决新农民到农村的生产经营用地、贷款、保险、税收、居住、风险规避等问题。[②]

8.1.1.5.城乡融合发展的必然要求

城乡融合既需要发挥市场的原动力，也需要政府的推动力。城乡融合发展具有两个方面的含义：一是城市与乡村不再有明显的界线，打破城乡经济社会的二元体制。二是城乡等值[③]。第一点是指城乡是一个命运共同体，城中有乡，乡中有村，二者界限越来越模糊。使城乡经济要素融合、产业融合、空间融合。经济要素首先是土地要素，要盘活农村土地资源，实施三块地改革，加快农村土地流转，最大化其生产职能。产业融合是指创新农业新业态和新形式，使一二三产业融合。围绕着农业，必然延伸出农产品加工制造以及各类流通服务组织，产生电子商务等新业态；工商资本进入农村后，可以产生观光农业、休闲农业和创业农业等，一二三产业逐步实现互联融通。[④] 而在空间融合上，受制于要素融合与产业融合，在城中村、城乡接

---

① 参见农业部“关于印发《“十三五”全国新型职业农民培育发展规划》的通知”。

② 《陈锡文：中国不考虑农民的出路，关乎6亿人口生存的问题就无法解决》，摘自陈锡文在第三届复旦经济学家论坛上的演讲，2017年10月7日。

③ 郑凤田：《如何落实十九大报告中的乡村振兴战略》，发表于公众号“团结湖参考”。

④ 毕夫：《城乡融合是带动乡村振兴的核心引擎》，《中国青年报》，2018年1月22日。

合部与城市中心连接的基础上，根据各地的资源禀赋，将特色小镇与小城市发展连接起来，特色村与特色镇发展连接起来，从村到镇到城，整个体系的连接性增强，各自的功能分工明显，加深其专业化[①]。从长远出发，通过合并集聚，可以对县及乡镇的产业布局进行重新设计，同时选择在新的空白地带或者通过向中心村聚集的方式建设新型社区和产业园区，逐步形成小镇集聚的居民点。实质上，日本的城乡互嵌即是如此。这样既可以缩短城乡要素与产业融合的地理空间，更能够拓宽农村人口转移的承接空间，最终推动城乡融合的整体进程[②]。第二点城乡等值就是城乡在公共服务上相差无几，在教育、文化、卫生、体育、环境等公共基础设施建设上城乡对等，同时在生产、生活质量上没有实质性差异，包括就业选择、收入水平、劳动强度、生活环境、工作条件城乡居民机会同等。城乡共存共生，共兴共荣，不是简单的扩张城市和减少农村，更不是消灭农村变成城市。多年来，城乡发展出现了巨大落差，城市、乡村“两张皮”，在城市虹吸效应下，人财物优质资源要素都流向了城市，乡村出现凋敝，农村只剩下留守妇女、老人、儿童，公共服务也逐步转移和取消，甚至有的村庄取消学校之后，孩子被迫转到距离较远的学校上学，这无疑抬高了农民教育成本。因此，城乡等值就是要实现城乡教育、医疗、通讯、卫生、社会保障等基本公共服务的对等。

### 8.1.2. 村庄合并需注意方法

社会结构的调整经历阵痛是不可避免的，也是符合发展规律的，各地的村庄合并也处于不断调整之中。从经济学和社会学角度来看，人口集聚是由传统迈入现代的必经之路，并由此带来人类居住空间格局的变化。现代社会的流动性增强了社会结构的个体化，使得原子化的个人形成的无序状态只

---

① 刘守英：《乡村振兴与城乡融合 —— 城乡中国阶段的两个关键词》，2017-10-19（http：//china.caixin.com/2017-10-19/101158466.html）。

② 张锐：《城乡融合：乡村振兴的强劲驱动》，2018年1月4日（http：//www.stcn.com/2018/0104/13879813.shtml）。

有通过社会整合才能变得秩序井然。从公共管理角度来看，尽管权力向社会回归是未来社会发展的总趋势，但在可以预见的未来时段内，农村社会治理的变革尚需国家权力的有限介入和干预。就目前而言，村庄合并还会继续向前发展，但究竟以什么速度和力度发展，需要根据各地条件因地制宜。

如上所述，在回答了为什么要进行合并之后，接下来的问题是怎么合并？是全国一盘棋还是各自布局？是全国一刀切还是因地制宜？是保持特色还是一元化方式？是优先试点还是同步进行？这些涉及合并的时间、步骤、类型、特征、模式等等一系列问题。

8.1.2.1.把握合并时间

虽然村庄合并及村庄地域空间集中是现代化发展的必然趋势，但现实是，我国各地情况千差万别，基于地域差异、习俗不一、历史不同（综合实力、产业情况、区位条件、发展环境、群众生活）等状况，各地采取了不同的形式、形成了不同的特点。村庄合并是一个长期的过程，其实施条件是现代化发展成熟、村民自发需求、政府逐步引导，需要边总结、边实施。从整体来看，不能一刀切。有的可以合并，有的并不适合合并；有的合并过程所需时间短，有的需要很长时间；有的可以现在合并，有的可以将来合并。因此，各地不宜拘泥于统一框架。村庄有其自身发展规律，其自身消解需要一个长期的过程，在此过程中，只有当主客观条件成熟，政府加以理性引导，村庄合并才能持续稳妥地进行下去。从目前聚集分布情况来看，中国人口区域分布悬殊，全国90%以上的人口聚集在胡焕庸线之东南，而占了国土面积一大半的胡焕庸线以西地区只有不到10%的人口①（见表24和图30）。

① 1935年，地理学家胡焕庸发表了《中国人口之分布》，他经过数月的测算将黑龙江瑷珲（黑河）与云南腾冲相连。这条线的西北一侧有中国64%的土地和4%的人口；东南一侧有36%的土地和96%的人口。此后80年，分割线两侧的面积对比改为57%：43%，中国人口从4亿变成了13亿，而人口对比，只移动了1.8%。

**表 24　胡焕庸线两侧人口比**

| 年份 | 胡焕庸线以西人口占全国总人口比例（%） | 胡焕庸线以东人口占全国总人口比例（%） |
|---|---|---|
| 1935 | 4.0 | 96.0 |
| 1982 | 5.6 | 94.4 |
| 1990 | 5.8 | 94.2 |
| 2000 | 5.8 | 94.2 |

资料来源：根据统计数据制作。

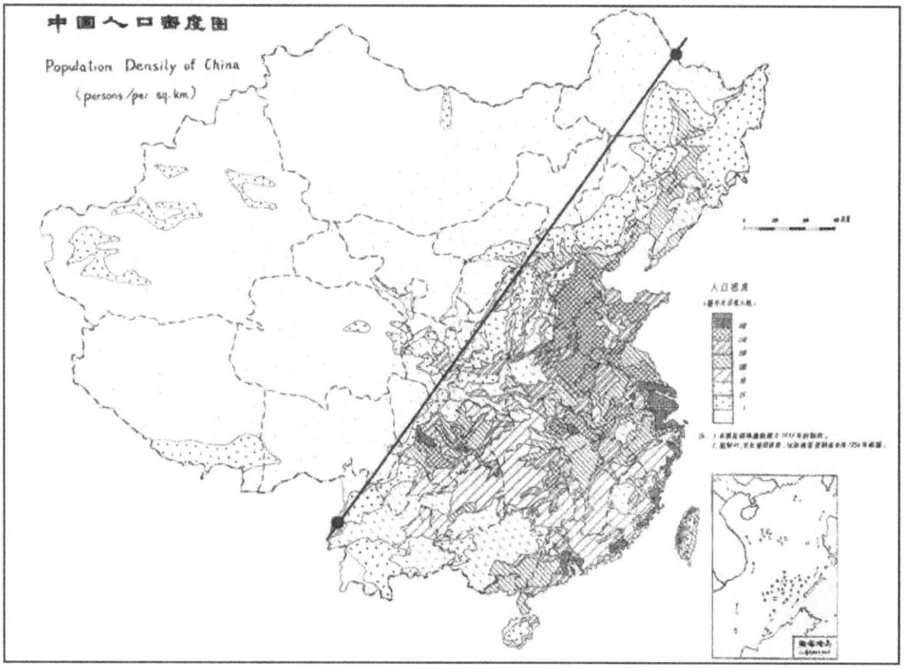


**图 29　胡焕庸线两侧人口密度图**

资料来源：李佳洺等：《胡焕庸线两侧人口的空间分异性及其变化》，《地理学报》，2017年第1期，第148–160页。

根据人口聚集格局，可分门别类地实施。东部地区人口稠密，村庄分布密集；西部地域辽阔，但村庄分布并不集中，人口稀少。北方多平原，农户居住格局相对集中；南方多水域，农户居住格局分散。中国的村庄并非同质，徐勇将中国农村按区域分成了七类：有分化更有整合的华南宗族村庄、有分化缺整合的长江家户村庄、弱分化强整合的黄河村户村庄、小分化大整合的西北部村庄、低分化自整合的西南村寨村庄、高分化高整合的东南农工村庄、强分化弱整合的东北大村庄。[①] 七类村庄分别代表了不同区域的特征。从逻辑分析来看，因集中居住需要一定地域范围相对较大的空地，因此北方的平原地带为这一居住形式提供了可能性。南方多水域，传统上人们逐水而居，水域将土地分割成破碎状，在一定的范围内，找到适合集中居住的大面积空地较难，因此南方相当一部分区域并不适宜搞集中居住，当然，这是就一般条件而言的。村庄合并首先出现在经济较为发达的东部沿海一带，东部地区是现代生产力和工业化较为发达的区域，村庄合并起步早、合并过程较为顺利，合并带来的阵痛较小。即使是东部，各地依然根据村庄历史条件、人员社会结构、社会异质化程度、社会关系而进行了不同形式和程度的合并，政府制定的相关政策也千差万别。村庄合并涉及多个利益主体和多种利益关系，过程的复杂性和相关利益的博弈使得合并牵一发而动全身。中国的国情决定了合并不能一步到位。从根本上讲，根除城乡二元差别的制度性和非制度性影响是村庄合并的关键所在。土地制度的影响是根本性的，农村土地处置是我国村庄合并的重要议题之一。土地产权的社会属性是西方社会所不多见的，西方的土地产权的经济和政治属性更为明显。对亿万中国农民来说，正是土地社会性的保障职能，使他们即使进城务工找不到工作，依然可以回归农村维持基本生存，土地提高了他们抵御风险的能力。实际上，土

① 徐勇：《分与合：质性研究视角下农村区域性村庄分类》，《山东社会科学》，2016年第7期，第30–40页。

地的这种属性在一定程度上保障了农村人口生活稳定，为中国现代化提供了农村稳定器。[1] 除此以外，由政府建构的社会保障体系和社会保障网络还较薄弱，尤其是遭遇灾害等不可抗力因素时，土地的社会功能显得格外重要。中国的土地产权改革不适宜也不能一步到位地采用疾风骤雨式或运动式方法，只能分阶段、小步走，在合并问题上，也不能大跃进式地希望一夜之间完成，需要长期的探索和试验。事关农村改革方面既不能急于求成，也不能无所作为，要改革、稳定、发展三驾马车同时启动。人口集中是现代化发展趋势，我们应站在历史的高度，不能因为合村过程中出现困难就怀疑甚至放弃。正如习近平总书记所讲："关于人口的城镇化问题，我们要有足够的历史耐心。"[2] 村庄合并不是一个短暂的过程，应该看到今天村庄合并的治理困境，一方面与村庄本身的社会结构、居住形态、文化发展、社会变迁等有关，受流动性和异质性的影响较大；但更深层次的原因在于它是中国当前经济社会发展变革的一个缩影，很长一段时期它被置于改革的漩涡中心，因此也是各种矛盾聚集的焦点，需要慢慢消解和融合。

8.1.2.2.村庄合并是具有过程性、阶段性和由不同主体实施的复合性活动

处理好目标的终极性和发展的阶段性之间的关系。村庄合并更多的是过程而非简单的结果，这个过程推进的逻辑顺序应该是由点到面、由易到难、由简单到复杂地逐步进行，其长期发展目标是实现资源整合、挽救乡村凋敝，最终实现城乡融合。这个长期目标的实现不可能一次彻底完成，不是一蹴而就的，合并工作需要动员、组织、建设、管理、协调一系列动态运行过程，也需要细致、深入、慎重、稳妥，需要积累经验，循序渐进，日积月累。既要顾及长远和大局，看到目标的明确性和必然性，同时又要照顾当

① 贺雪峰:《为谁的农业现代化》,《开放时代》，2015年第5期，第36–47页。

② 摘自习近平2013年12月12日在中央城镇化工作会议上的报告。

前，看到现实的复杂性和矛盾性。既不能大跃进式地跨越，也不能瞎指挥、乱弹琴。不能片面追求快和多，不能为了单纯追求合并规模而强制农民搬迁上楼，更不能暴力强拆。总之，既不能消极无为，也不能胡乱作为。千百年来形成的村落空间，有其独特的风格，合并可能打破长期以来建立的村内群体均衡局面，因此既要注意村庄本身所处的发展阶段特征，同时在又要注意合并的阶段性。各个地区所处经济发展阶段不同，村庄集体经济状况、农民生活水平、农民素质等存在较大差异，合并的侧重点、模式、方法方式等就存在明显差距。这些都是影响合并进程和制定分步实施政策的前提。因此要划批次、分区域进行合并，分步实施。有的可以一步到位，实施过程不宜久拖，例如强村并弱村。威海市西楼居委会合并金岭屯村就是这种方式。有的合并需要较长时期，村民的接纳、适应和融合都需要长时间磨合，特别是涉及民族和宗教等方面的村庄。有的村庄合并区域中村民主动性、自治性较强，合并过程相对较短；有的地方农民主动性、积极性差，主观上有合并愿望，但由于缺少坚强有力的村干部或者能人带领，采取等待、观望、被动方式，这就需要政府的积极引导。村庄合并需要在国家行政权与村民自治权、权力渗透与权利保护的张弛中寻求二者的平衡，需要政府、社会、公民个人等各类主体的协作和共治。各主体之间通过协商、讨论等方式达成一致目标，任何主体的缺失都可能导致运行不畅。在推进时间和速度上，切忌贪快求猛，应避免单纯以增减挂钩为目标的村庄合并，更要避免各种形式的“面子工程”①。

8.1.2.3. 合并要分类型

“因地制宜”与“分类指导”是我国制定农村政策的基本原则，这就特

① 崔红志、孙翠芬:《新型农村社区建设：方式、效果、问题及政策调整》,《农村经济》,2014年第3期，第12页。

别需要搞清楚“地”与“类”的属性和特质[①]，弄清“地”和“类”的边界范围和衡量标准。只有把握了这个边界，才能清晰地分辨出“此地”与“彼地”“此类”与“彼类”的不同。由于村庄种类千差万别，改革方式不能简单地一刀切，应该根据当地的资源条件和人文环境因地制宜地进行。村庄合并不是将农村全部推倒建成城市，也不宜拿城市思维以城市建设方式搞运动式建设。村庄合并涉及生活方式、社会关系、管理体制等多方面，它是土地承包权和经营权重新划分组合的过程，是夹杂着土地产权制度创新的循序渐进过程。目前来看，按照不同标准我国村庄合并大体上可以分成不同的类型：按照是否集中居住可以分为居住维度的合并（图36、图38）与行政维度的合并。行政维度合并即先把两个以上的行政村两委合并，并由两个村协商建立统一的服务中心，居民并不搬迁。这类合并通常是将服务中心设在中心村，或者地理和经济条件较为好的大村，以强带弱。而居住维度的合并通常在行政村两委合并的同时，农民也要搬迁到统一的社区居住。按照村庄的属性和数量可以分为一村（多个自然村组成的行政村）一社区、多村一社区。即多个自然村的合并、多个行政村的合并，一个（或以上）行政村和一个（或以上）自然村的合并等形式，尽量不拆散原有的自然村和行政村。按照迁移方向，可以分为城市聚合型（图33）、小城镇聚合型（图34）及纯农村聚合型。城市聚合型是城郊村合并后纳入城市管理，农村居民享受与城市居民同等待遇。小城镇聚合型是在镇政府驻地及其两公里范围内纳入合并的村庄，集中建社区，并将其纳入城镇总体规划中，并不改变居民身份。纯农村社区一般为特色村或社区，依托其特有的资源作为产业支撑，距离城镇和城市较远。按照合并层次可以分为双层合并和单层合并。单层合并是在行政村进行一次村两委合并，它涉及农民迁移和集中居住。双层合并是经过单层

① 徐勇：《分与合：质性研究视角下农村区域性村庄分类》，《山东社会科学》，2016年第7期，第30–40页。

图 30 四和社区：恶劣条件搬迁型

图 31 产业带动型：裴寨社区

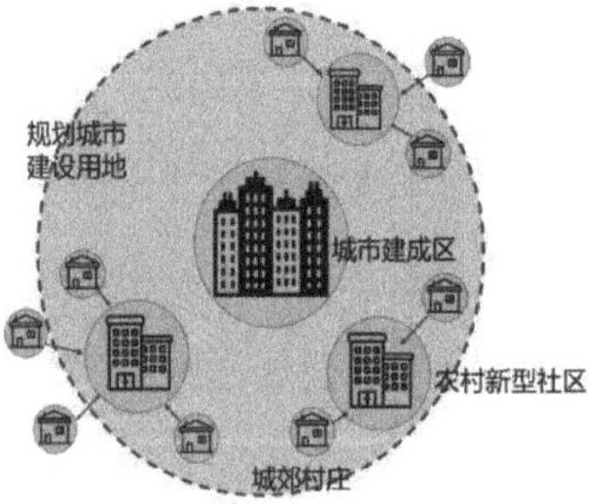


图 32 城市聚合型

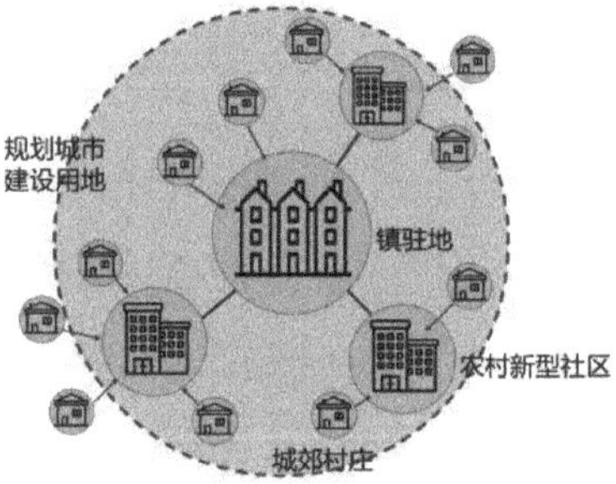


图 33 城镇聚合型

合并后的社区进行的二次合并。通常经过单层合并后，两个以上的社区共同入驻一个大型公共服务中心，在社区日常管理中，由合并社区中组织力较强的指导较弱的社区，但在行政上他们没有隶属关系。按照建设主体可分为农民自建型、集体代建型、招商建设型、社会援建型。农民自建型通常指的是农民在拆旧房后集中到村社规划区内建房，政府给予引导和一定的补贴。集体代建型是指由村集体出资（或贷款）代建，然后农民通过购买、政府和集体进行部分补贴的方式入住新房，或者在不搬迁的村由村集体直接出资（或贷款）代建服务中心。招商建设型是指通过土地流转和土地增减挂钩的方式，由开发商建设村社，但整理出的部分建设用地交由开发商作商业开发使用。社会援建是指村庄合并中的建设费用主要来自社会捐赠，村集体或农民

图 34　城市聚合型

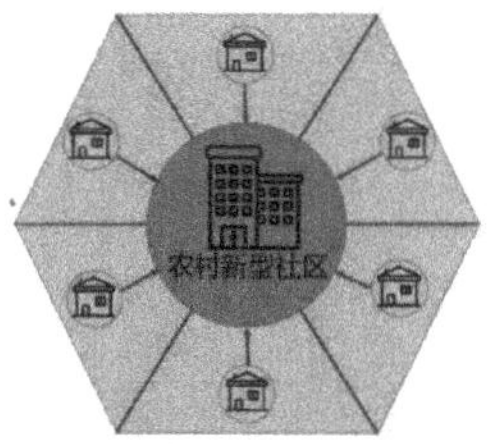


图 35　城镇聚合型

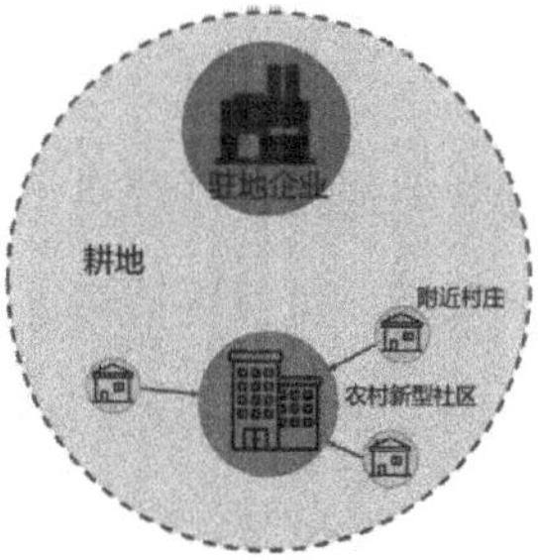


图 36　产业带动型

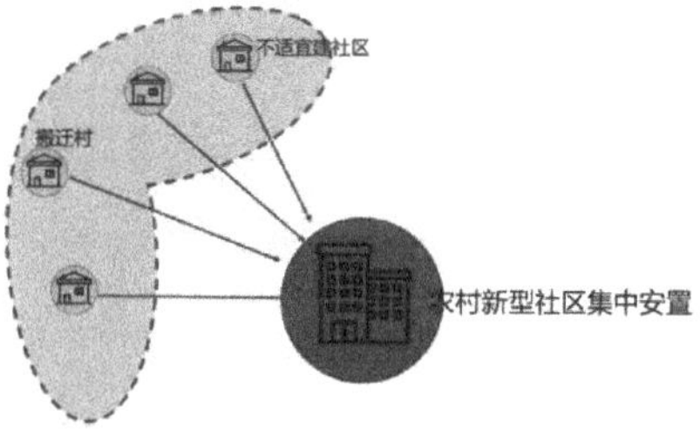


图 37　新地块搬迁安置型

* 资料来源：调研拍摄；中国政务舆情监测中心：《山东农村新型社区和新农村建设八大模式》,《领导决策信息》(中国政务信息网)，2014 年第 39 期，第 18–19 页。

只需要出少部分资金甚至不用出资就可入住。除此以外，按照时空布局还可分为整体推进型、长期引导型、整治主导型；按照合并原因可分为城中村改造型、旧村完善型、产业带动型（图32、图37）、强村带弱村型（图35）、服务共享型、整体搬迁型等类型。实际上，许多类型又可以细分为更系统的类型。如整体搬迁型可分为大型工程搬迁、自然灾害搬迁、恶劣条件搬迁（图31）等等。通过对实施模式的分析我们会发现，各地实施方式差异甚大。村庄合并既要认清长期目标和发展方向，把握大局，同时也要注意短期做法和方式选择，正如中国改革一样，既不能急躁冒进也不能放任自流、无所作为。应明确政府的职责及支持的优先序列：优先考虑旧房翻新潮流来临之前农村居住条件较差、人口流动性高从而有着较高改善生活条件愿望、有内在需求的村庄，或实施成本较低、农村治理情况较好的村庄。优先支持那些以新型城镇化为导向、将中心村设置在交通方便的城郊或乡镇政府驻地的村庄，以便提高基础设施的使用率，解决农民就业问题。[①]

### 8.1.3. 村庄合并要处理好几大关系

#### 8.1.3.1. 国家管理与社会自治关系

国家与社会理论的核心是讨论国家与社会之间的相互合作和相互制约。国家与社会的关系在实践中往往是生动的“历史的、过程的”[②]。在目前的村庄合并中，绝大多数是由政府主导，这在一定程度上强化了基层自治的行政化。如果将其放到国家与社会关系的解释框架中思考，可以更清晰地展现村庄合并的发展趋势和未来走向。从长远来看，国家权力向社会回归是社会发展的必然趋势。米格代尔（2001）以国家权力在社会中的发展状态作为研究取向，通过国家的组成要素和层次来解释国家和社会之间的可能关系，规避了国家与社会的零和博弈。卫知唤根据国家和社会的组织强弱程度，将之划分为四种类型：“国家强、社会强”（代表国家社会的共赢），“国家弱、社会弱”（代表国家失败），“国家强、社会弱”，“国家弱、社会强”（代表国家能力不足）[③]。意味着不同主体之间的边界消失、模糊，国家依然是合法垄断资源、具有强制性的组织机构，社会组织依然是具有公益、志愿、奉献精神的组织形式，他们都以自己的方式参与到社会治理中。

20世纪80年代，在广西宜州率先出现了村民自治，后在全国推广，村民自治的兴起填补了国家权力的真空，成为中国基层民主的典范。1998年

---

① 崔红志、孙翠芬：《新型农村社区建设：方式、效果、问题及政策调整》，《农村经济》，2014年第3期，第12页。

② [美]米格代尔：《强社会与弱国家》，江苏人民出版社2009年版，第1页。

③ 卫知唤：《国家-社会框架下的中国社会权力溃散及其治理》，《探索》，2015年第4期，第125页。

《中华人民共和国村民委员会组织法》的出台，标志着我国的村民自治被逐步纳入法制轨道。村民自治一度成为西方国家和中国政界学界观察农村和研究农村的热点。一部分学者基于此，甚至提出自治可以自下而上逐步推行，进一步实现乡镇自治。但在发展的过程中，由于村民自治起点及层次不高，自治运行中常常会出现经营资源流失、财政难以运转等情况，如何解决这些问题成为研究村民自治的热点。

进入21世纪以来，伴随着城镇化的发展，人口大规模的流动和转移，中国出现了一定规模的乡村空心化，社会出现了新的不平衡。如何解决城市繁荣与农村衰败的二元矛盾成为摆在我们面前的新课题。如果国家放任不管，严守其既定的权力边界，农村衰落将会持续蔓延。随着城乡统筹、城乡一体化构想逐步提出，乡村振兴发展战略构想应运而生。虽然从长远来看，国家权力向社会回归是未来社会发展的走向，但处于特定历史阶段不一定如此。在农业现代化进程中，我国正处于农村资源流失、人才流失的转型时期，工业反哺农业、城市支持农村时机来临，让城市居民与乡村居民享有同等待遇是我国城乡融合发展的基本途径。要优先发展农业农村，实现农业农村现代化。城市反哺农村不仅需要物资、政策的输入，更重要的是通过实施人才反哺战略，提高农村领导力，改变农村的治理理念和治理方式。从另一个角度来看，由资源汲取向资源输入的转型意味着国家权力以一种全新的方式切入乡村社会[①]，其主要表现除了村财乡管和村干部报酬由乡镇财政支出外，还通过加强基层党建、项目制和其他制度安排向农村输入大学生村官、第一书记、包村干部等，以农村工作者的身份嵌入农村中。他们的到来为农村注入新的活力，带来了资源和精神支撑，在重建农村基层党组织和促进农村改革、改善民生等方面发挥了重要的作用。实践证明，单靠农民自身的力

① 景跃进:《中国农村基层治理的逻辑转换》,《治理研究》，2018年第1期，第50页。

量难以实现现代化，政府的有限参与要比单纯由农民管理更有效。这种人才扶持带来了先进技术、信息，使农村更好更快地发展起来。当然，这种介入在一定程度上弱化了村委会权力。实际上，村民自治受各种主客观条件的限制，其本身具有局限性和狭隘性，单靠村民自身也难以实现农村社会的良性运转。从特定时期来看，国家权力的引导和政府某种程度的介入是符合社会发展需求的。国家权力与社会权力在运行过程中既有合作也有博弈，目前的村庄合并绝大多数都是由政府主导，从规划、土地征用、宅基地拆迁到房屋建设，因此如何界定政府权力的延伸边界还需要不断探索，既不能对社会放任自流，又不能代为包办，要使二者平衡就要合理把握度。

从宏观发展形势看，十九大提出我国社会的主要矛盾发生变化，已经是人民对美好生活的追求和不平衡不充分之间的矛盾。但也提出我们依然还处于社会主义初级阶段，国家稳定是发展的前提，共产党的执政基础不能变，既要增强国家的治理能力，又要增强社会发展的活力。在农业问题上，既要改革僵化的产权制度，又要使改革有力有序。所以土地确权颁证、承包经营权长期不变、三权分置、土地社会属性的弱化等实际上都是对这一宏观形势的反映。无论是城镇化发展还是乡村振兴，必须处理好改革发展稳定的关系。稳定是前提，具有保障功能的土地承包权直接关系到农民的基本生计问题。目前的农村要稳定有两个前提：一是稳定土地承包关系长久不变，二是开展土地承包经营权确权登记颁证。十九大提出第二轮土地承包到期后再延长三十年，让农民无论是自己搞生产、进城务工还是流转土地经营权都有了稳定的预期。改革是手段，改革的目的就是要发展。通过改革土地制度，实施“三权分置”，集体经营性建设用地入市，宅基地改革、农地流转等，目的是搞活经营权，引导农民土地承包经营权有序流转并适度规模经营，实现农业现代化。伴随着社会的发展，具有保障功能的承包权会慢慢淡化，而经营权会逐渐强化。发展是目标，只有慢慢放松紧握在千家万户手中的土地承包经营权，改革僵化的土地承包经营体制，闲置的土地资源才能盘活，增加宅基地以及经营用地的可流通性。这种放松需要循序渐进，需要保持一定的张力和弹性，不能一下子全部放开。

在未来的发达社会，政府收缩干预范围、逐步退出社会是发展趋势。但是，在目前，城市支持农村、工业反哺农业、城乡融合的政策创新和体制机制转变，单靠农民自身自发的行动是难以完成的，因此出于基层管理的需要，国家权力对社会的引导与介入在一定程度上是必要的。埃文斯在对社区的研究中采取了国家与社会共治理论。认为国家和社区之间具有互补性和嵌入性特征，两者之间并不矛盾，国家在社会建设中起着重要的作用，“缺少了国家的参与，传统的互助组织和关系网络并不会自动转换成现代的具有生产性的社会资本”[①]。在村庄合并过程中，政府的主导行为在一定程度上增强了社区治理的行政性特征，弱化了其自治性。因此，如何划清政府在村庄合并中的权力运行边界，并与其他参与主体共同构筑农村治理良性运转框架，发挥其引导作用应是我们持续深入思考的问题。

8.1.3.2. 自发秩序与建构秩序的关系

人类社会的各项发展都需要秩序。无论是国家发展还是乡村自治都离不开秩序的维持。自发秩序和建构秩序构成了秩序的两种基本类型。自发秩序是依靠内部的自我发展和自我进化，其形成基于自然地遵循某些规则，并作为一种抽象的规则指导着人类的活动；建构秩序是靠人的理性建构起制度、权力来规范社会发展进程，它体现为外部规则、指导或制约[②]。哈耶克认为，自发秩序是系统内部自治的秩序，而建构秩序是计划的结果。自发秩序与建构秩序关注的是内部规则和外部规则相互对应的关系结构，两种秩序

① 李姿姿：《国家与社会互动理论研究述评》，《学术界》，2008年第1期，第273页。

② 张进铭、高雪萍：《自发秩序与建构秩序的相容性》，《江西社会科学》，2010年第8期，第59–61页。

在不同场域或同一场域中不同程度地交叠运行。如乡土秩序更多地依靠自发性，但自发秩序具有天然的缺陷，当其运行不畅时，需要建构秩序补救社会缺陷和不足，调整社会发展方向，促使社会平稳发展。界定、平衡和规范社会法则需要一系列主体的配合，它是一种动态的平衡。村庄合并是在传统与现代、新制度与旧制度、正式制度与非正式制度相互交叉、碰撞、接替、冲突中，在原有的习惯、伦理、价值体系发生变化的过程中，在社会多重因素动态作用下发生、发展的。随着经济的发展，特别是当人均国民生产总值超过1000美元后，各种社会问题出现，如何避免进入现代化陷阱？现代化伴随乡村凋敝是世界各国的普遍现象，广大农村的治理问题成为制约国家治理能力提升和实现国家治理现代化的瓶颈。为了解决这个问题，十九大报告中首次提出乡村振兴战略，它是顺应国家发展时代背景提出的新战略和解决三农问题的新方案。而中国农村有着自身的文化传统、资源环境和行为方式，有着众多农民，任何一项改革和变革涉及范围之广、影响之深远都是前所未有的。作为农村变革的一项重要内容，村庄合并改变了传统的社会结构，村庄地域生活的边界和原有的社会关系被打破，在其自发运作过程中，可能会出现旧有观念阻碍、管理范围过大、公共服务需求得不到满足、公民难以参与等一系列外部性问题，这些问题单靠其自身难以解决，需要政府介入和一定的干预，需要不断地进行制度调整。要想实现目标，必须依靠政府权威设立外部规则加以矫正与弥补。这种由政府建构的秩序是基于一种有意的安排，只有当它与自发秩序一并发力时，村庄合并才能取得更好的效果。因此，在对村庄合并进行政策安排和制度建构时，需要人类理性对自发秩序的演进有选择地施加影响，用建构秩序来弥补自发秩序的不足。自发秩序的外部性要求建构秩序要发挥辅助作用。自发秩序与建构秩序相辅相成，二者既协同发展，又会产生博弈。村庄合并因地域环境、经济发展程度、文化风俗、人口规模、组织形式等不同呈现出千差万别的状态，在进行秩序建构时，必须充分考虑这些因素的作用。建构秩序在某种程度上强化了实际运作的有效性，不容忽视。

村庄合并的发展逻辑既是强劲内生动力即现代化、工业化、城镇化和群众需求的推动，也离不开政府的引导和支持，它是自发与理性的双向构建过程。农民需求作为一种社会秩序的内生因素，是合并的强大推动力，伴随着农业现代化和城镇化的发展，农民对耕地资源的占有和控制的碎片化使得他们在农业劳动中很难获利，在与市场经济的竞争中越来越不占优势。人们对公共服务的需求随社会发展也越来越高，衰落的农村难以满足其要求。村庄合并可以把分散的农民组织起来，使分裂的农村重新整合，强化村庄公共性，再造村社共同体。只有国家的政策和资源直接对接到村社共同体，才能解决国家提供与农民需求之间的不对称问题，提高农民进入市场的机会，帮助他们参与市场竞争。改革开放后，国家政权从乡村社会中抽离，基层组织弱化，即便是有些村庄之间有合并需求，但由于农民本身的局限性和村集体组织涣散、农村人口流失、集体经济空壳化而难以进行村庄整合，乡村社会中数量庞大但又高度分散的原子化个体农户很难集中统一，达成合并目标。

因此，政府的引导和规范在村庄合并中必不可少。长期以来，政府的重要职能之一便是弥补市场的失灵。政府缺位也会导致政府失灵，政府对村庄合并应该起引导作用而不是领导作用，不能越权办事，更不能代替农民做决定。中央政府需要做好顶层设计，把握好宏观方向，对合并进程中出现的问题及时纠错和弥补，而具体政策的实施还要依靠基层。村庄合并的内生因素与政府的引导和建构在不断的动态演变中保持平衡。政府在秩序建构中既不能缺位也不能越位和失位、错位。经过合并的新的村社共同体应是一个扁平化的结构，成员之间相对平等，进行民主管理，村民与村干部利益紧密捆绑，形成良性互动[①]。因此要处理好自发秩序与建构秩序的关系，二者要协同发挥作用，村庄合并才能更好地进行，同时，两者之间又相互博弈，在自发秩序与建构秩序的互动与调适中逐步形成动态平衡。当然，如果一味地使用强制而不顾村庄内部变迁规律可能会导致政策的“强制性”失败，使农村失去改革发展的好时机。在制定具体政策时，绝不能忽视政策或制度所依存的制度场域和利益群体。部分地方政府作为理性经济人，本着利益最大化原则，在执行村庄合并政策时抽除对其不利的限制，从而进行某种程度的制度变通，正是这种变通可能为地方政府带来高回报，但亦须警惕是否会因此伤害村社所益。总之，村庄合并就是在持续的建构秩序和自发秩序中不断调整、互补并达成平衡。

8.1.3.3.城镇化与乡村振兴的关系

城镇化与乡村振兴是我国全面实现小康社会和进行社会主义现代化建设的“两架马车”，城镇化并不是对乡村振兴的抑制或否定，反之亦然。城镇化的发展使得一定时期内大批农民工进城成为潮流，这也是城镇化发展的必然产物。1978年，我国城市建成区总规模是5000平方公里，城镇化率接近20%，城镇人口1.9亿[②]。城镇化之路自改革初期开始一直持续前进，进入21世纪以来，中央多次出台城镇化发展相关政策，保持工业化和城镇化的强劲势头。到2016年，城镇建成区总规模是5.43万平方公里，扩大了10倍左右，城镇人口4.77亿，增加近三倍[③]（见图39）。由此可见，户籍人口城镇化速度远远赶不上土地城镇化速度。从2011–2016年数据来看，伴随着城镇化的发展，建制镇建成区和镇乡级特殊区域建成区面积不断增加，乡建成区面积有所减少，村庄现状是用地基本持平（见图40）。这表明我国的土

① 王宏甲：《塘约道路》，人民出版社2016年版。

② 陈锡文：《中国特色农业现代化的几个主要问题》，《改革》，2012年第10期。

③ 数据来源：2016年城乡建设统计公报。

地城镇化仍在继续，人口城镇化还有巨大的发展潜力。目前，农民工进城人数依然在增加，2016年农民工总量达到28171万人，比上年增加424万人，增长1.5%，增速比上年加快0.2个百分点[①]。尽管进城的脚步放缓，但城市人口尤其是大城市人口仍然不断增多，城镇化仍处于较快发展阶段，而且伴随着现代化发展这种趋势仍将持续。根据配第的不同产业劳动收入分配理论，目前，我国的非农产业的劳动生产率是农业劳动生产率的4倍多，可以预见，还会有更多的农业剩余劳动力向收入更高和劳动生产率更高的城镇地区转移就业并居住[②]。

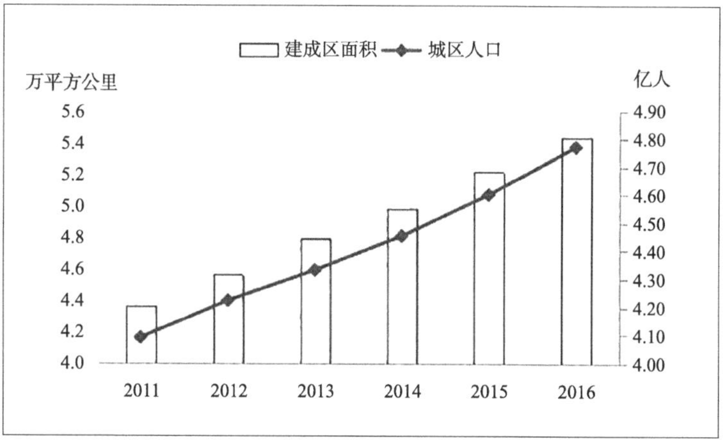


**图38 2011—2016年城市建成区面积和城区人口情况**

资料来源：根据2011—2016年城乡建设统计公报整理。

① 数据来源：国家统计局。

② 徐林:《城镇化是乡村振兴和区域协调发展的助推器》，见徐林在清华大学中国新兴城镇化理论、政策、实践论坛上的发言，2017年11月12日。

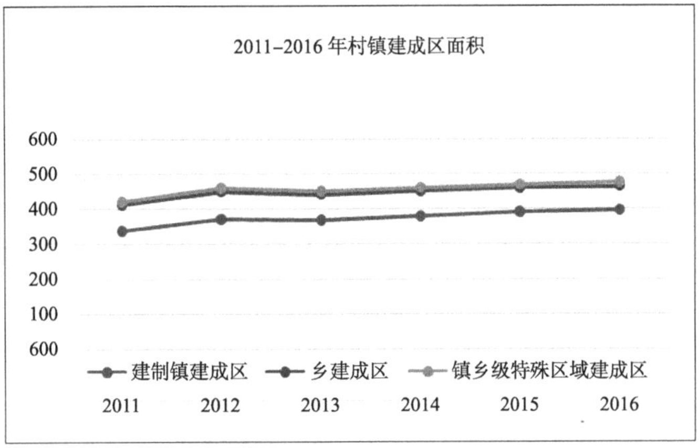


**图 39 2011—2016 年村镇建成区面积**

资料来源：根据 2016 年城乡建设统计公报整理。

城市与乡村是命运共同体。城镇化是未来现代化的发展趋势，但城镇化并不意味着农业农村农民的消失。自2004年以来，中央相继发布了十多个强农、惠农的“1号文件”。系列政策的组合实施和新农村建设的强力推进，促使农村发生了翻天覆地的变化。中央政府对农业、农村、农民的重视程度不言而喻。十多个涉农1号文件，对三农各个层面的工作进行了系统部署。国家财政支持力度逐年加大，自2011年以来，每年的支农财政资金超过万亿元。不过，有些涉农资金使用效率不高甚至使用地方不对，重要原因是对农业现代化本身的分析和估计不足。在此基础上，中央逐步使乡村建设与城镇化建设相衔接，将乡村振兴放入整个国家的战略布局中通盘考虑。十八届三中全会强调中国的城镇化必须在城乡一体化的框架下推进，通过新型城镇化来实现城乡一体化。十九大报告首次提出“乡村振兴战略”。乡村振兴需要坚持农业农村优先发展原则，加快推进农业农村现代化，让城乡居民共享经济社会发展成果，建立健全城乡融合发展体制机制和政策体系。如此看来，在城镇化与乡村振兴的发展上似乎存在着某些逻辑悖论：一方面为实现城镇化而大力推动各项改革，让农民进城务工，平房变楼房；另一方面，要振兴乡村，鼓励农民回乡创业，建设“美丽乡村”“新农村”，让居民“望得见山、看得见水，记得住乡愁”。如何解释这一表面看似矛盾的悖论？实际上可以提炼出进一步的问题：城镇化是否一定意味着放弃作为经济、社会与文化主体的乡村？农村空心化现象是否会长期持续下去？乡村发展与城市繁荣是否属于零和博弈？另外，未来中国的城乡格局是怎样的，它会随着哪些因素而动？又会影响哪些因素的发展变化？这些都是需要我们深入思考的问题。

在现代化进程中，中国乡村从来不是处在从属的地位、不是可有可无的。“衰败的乡村绝烘托不出繁荣的城市。”① 城镇化发展的背后绝不是农业、农村、农民的衰败和消失。现代化发展使得精耕细作的传统农业向现代农业转变，农业机械化和产业化使得农业劳动生产率大大提高，许多农民从农业劳动中解放出来转移到第二三产业，这并不意味着农民的消失。今后，从事农业的人口将随农业现代化和农业增值占比的下降而逐渐减少，但农业的基础地位不会改变，农业是保障生命的行业，也是稀缺资源产业。无论如何，中国作为人口大国，都要保证基本的粮食安全，让饭碗端在中国人自己手里。基于此，必须要有一定量的从事农业生产的劳动力做保障。实质上，无论城镇化怎么发展，农村人口怎样外流，农业的基础性地位决定了中国始终会保持一个较高存量水平的农村人口，人口的流动只是结构性流动。目前，农村现有户籍人口为5.8亿人，有1.6亿人外出务工，从事农业生产的人口约有1.3亿人。韩俊认为，即使到了2030—2035年，中国的城镇化达到70%左右，农村还会有将近4亿左右的人口。因此，振兴乡村是必要的，也是必然的，城乡要协调发展。在我国现代化进程中，乡村土地和农民工为城镇化

① 《陈锡文：衰败乡村烘托不出繁荣城市，乡村振兴不能只做表面文章》，摘自《中国经济大讲堂》第一期。

发展做出了巨大贡献，乡村资源的增值成为城镇化积累的资本。要想使城乡融合，必须首先破解两个基本制度：土地制度和公共服务供给制度。目前部分政府借着土地制度的漏洞，将土地增减挂钩看成土地财政的生成途径，歪曲了土地整理的本来之意。因此，应该采取措施，首先取消土地财政，让土地财富的增值转变服务于乡村发展①。而公共服务就是要使城镇居民和农村居民享受同等国民待遇，破解城乡二元体制。村庄向聚居区集中本意是为了节约土地、盘活农村闲置资源、更加高效地为农村社会经济发展服务。但目前由于土地的征地权和出让权都掌握在政府手中，低价征地与高价出让收益造就了特殊的土地财政现象，成为政府财政增收的动力。在一定程度上，土地财政变为衡量城市化水平的间接指标和官员政绩锦标赛中获胜的重要砝码。由合并产生的土地复垦及耕地保护指标常常被更改，由此恶性循环，带来了各地土地财政的不规范博弈，成为城市继续攫取农村资源的重要途径。在增减挂钩政策的刺激下，通过合并节约出来的土地，除部分留作耕地复垦外，其余的“用地指标往往在政府主导下国有化后入市流转，利用城乡的级差地租来实现搬迁农民的安置”。

乡村资源的盘活基本上都用于城市化发展，无疑大大背离了村庄合并政策的初衷。从我国目前的耕地保护面积来看，虽然党中央和国务院曾多次强调要坚守18亿亩耕地红线，但耕地面积减少趋势却一直持续，每年以数百万亩的速度在递减，人地矛盾严重，情况不容乐观。截至2016年年末，全国耕地只有13495.66万公顷（20.24亿亩）（图41），2017年全年粮食种植面积11222万公顷，比上年减少81万公顷。②

① 陈文胜：《怎样理解乡村振兴战略》，《农村工作通讯》，2017年第21期，第16–17页。

② 中华人民共和国2017年国民经济和社会发展统计公报。

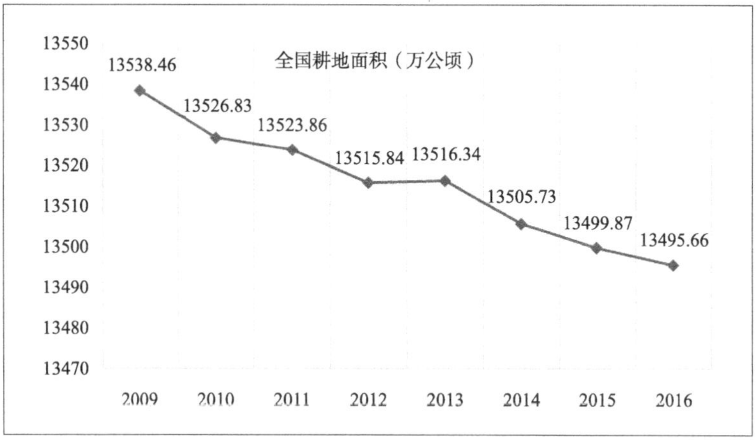


**图40　全国耕地面积变化趋势**

资料来源：根据中国国土资源公报2003—2016年数据整理。

此外，我国每年因建设占用、农业结构调整、灾毁等原因减少耕地数量超过增加耕地面积数量（图42），我国的耕地保护形势依然严峻。实现减少耕地可控、保障国家粮食安全对耕地的需求是重中之重。集中居住不仅减少住房建设用地，而且腾退的部分土地可以复垦为耕地，也可以整理出部分闲置的土地，经相关部门审定，搞二、三产业，解决农村一二三产业用地与耕地红线的矛盾。

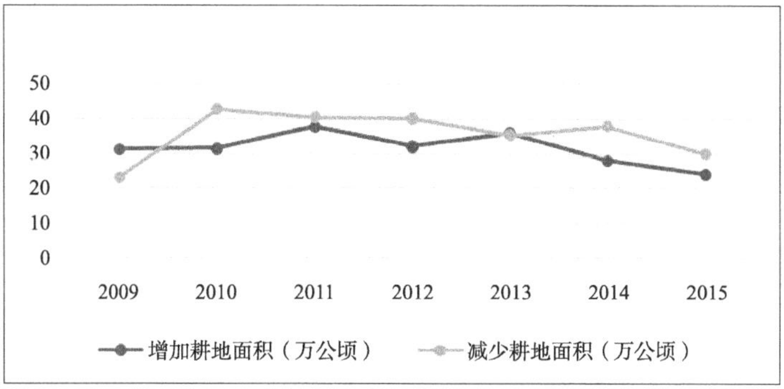


**图41　2009—2015年我国耕地增减情况**

资料来源：根据中国国土资源公报2003—2016年数据整理。

因此，整合乡村公共资源，守住耕地，振兴乡村，也是未来中国社会发展的走向和趋势，城镇化的发展并不一定意味着乡村衰败，乡村衰败不是必然趋势。乡村振兴离不开城镇化的助力和推动，乡村振兴所需要的人力、物力、财力需要城镇源源不断地供给，尤其在科技服务和人才方面。我国各地由于地理区位、资源禀赋、自然条件等的差异，城镇化的发展起点、进程、水平都不相同。城镇化有其客观规律，它是经济与社会发展的强大动力，人为地阻碍城镇化不利于经济发展。城镇化与乡村振兴并不是非此即彼的关系，而是相辅相成、相互促进、共同发展的关系。从总体上看，我国仍处在人口由乡村向城市集中的阶段，农村人口外流趋势短期内不可逆转，但今后人口回归回流农村的现象将会大量出现[①]。城镇化与乡村振兴犹如车之两轮，只有两个轮子一起转，才能确保全面建成小康社会和实现中华民族伟大复兴。

8.1.3.4.政府与市场的关系

在村庄合并中，无论是新的村部（村两委办公地点）的建设还是新型农村社区、公共设施等的建设都需要市场化运作。可以通过市场机制吸引合并资金，提高效率，节约成本。新型农村社区建设的主体需要政府、市场、社会、公民个人的集体参与。人民公社时期，收益跟生产并不挂钩，资源完全由政府掌握和分配，但生产者在创造价值后却没有任何收益，因此，个人失去了积极性。家庭联产承包制的实施，极大地促进了农民的积极性和创造性。但伴随着现代化的深入，其弊端日益显现。细小零碎分散的地块结构，使得土地经营规模太小，统一耕作不便，千家万户的粗放分散经营模式生产成本较高、农地效率较低，农业的平均产值低，农业技术进步成果难以有效实施与推广，农业生产费用占农业收入比重越来越大，靠农业增收困难。土

① 韩俊:《谋划新时代乡村振兴的顶层设计——中央农办主任韩俊解读2018年中央一号文件》，新华社，2018年2月04日。

地作为生产资料被无数农户分割成碎片，农业生产的基础条件相对较差。而现代农业技术和农业基础设施需要规模协作和规模使用，才能发挥它的最大效益。例如，大规模水利设施的建设和使用必须通过不同主体之间配合才能达成。但依据经济学规则，交易主体越多，交易成本越高，其集体行动困难性越大。美国经济学家米尔顿·弗里德曼就曾经在《自由选择》中提到交易的四种形式，其效果差异明显：花自己的钱，为自己办事；既讲节约又讲效果。花别人的钱，为自己办事；只讲效果，不讲节约。花自己的钱，为别人办事；只讲节约，不讲效果。花别人的钱，为别人办事；不讲节约，不讲效果。从这四种交易方式中，可看出改革治理的方向。从国家、市场、社会这三种治理形式看，在经济领域，政府和社会有时是非常有效率和效果的，但从总体趋势来看，迄今为止最有效率的仍然是市场。需要说明的是，自由的市场治理并不是放任自流，仅指依靠市场运作。市场有其滞后性和自发性、外部性问题，政府有责任来弥补市场的缺陷和不足。而农村中基本的农业生产建设和使用就是如此。在建设上，单靠社会或市场难以提供充足资源，需要国家通过转移支付扶持。在使用上，单靠个体农户难以实现最大限度的有效利用。因此，超越一家一户的分散性制约，整合群力是重点，这就需要政府的调节。总之，在村庄合并中的新型农村社区建设及公共服务提供上，政府与市场都是不可或缺的力量。既要让市场最大限度发挥资源配置作用，同时政府也不能缺位、错位和越位。

8.1.3.5. 村干部行政化与村民自治的关系

村民自治与村干部行政化是研究村庄合并绕不开的问题，它关涉村庄合并运行过程、新型农村社区组织建设和管理等问题。

进入21世纪以来，伴随着国家对三农问题的重视和农业税的取消，工业反哺农业、城市支持乡村的新时代来临，国家权力开始重新向基层回归。从表面上看，乡政村治的自治格局并没有改变，而实际上，干部、项目等外部资源的输入深刻地改变了乡村治理结构。国家权力向基层的回归加深了村干部行政化。实际上，自村民自治产生以来，村干部一直处于“当家人”与“代理人”双重角色选择的动态平衡之中。由于各种原因及体制性障碍，村民自治的制度设计及其理念在实施过程中并没有得到充分落实，规范意义上的乡政村治格局在实际的乡村关系中演变为行政主导[①]。尽管如此，但村民自治仍然通过新的途径和形式不断地创新，并焕发出新的生机和活力。如湖北秭归通过重心下移推动村落自治，四川都江堰通过地理居住特征发展院落自治，广东清远通过单元下沉探索村小组自治，这些有效实现的形式开拓了村民自治的新天地。

自村民自治产生以来，村干部行政化就一直如影随形，就目前而言，对村干部的目标责任考核制、由地方政府财政支付村干部报酬等相关规定和做法，使得村干部行政化在今后很长一段时间内仍然难以避免。如何为村干部减轻来自政府的过重行政压力，是促使村干部角色回归的重要条件[②]。

8.1.3.6. 村庄合并与精准扶贫的关系

易地扶贫搬迁作为精准扶贫、精准脱贫的重要措施和重大民生工程[③]，它关系着我国小康社会能否全面实现，它在客观上促进了村庄合并。

从扶贫情况来看，截至2014年年底，我国共有12.8万个贫困村，14个集中连片贫困带。根据2017年国民经济和社会发展统计公报，截至2017年，中国农村贫困人口3046万人，农村贫困人口占了一大半[④]。农民致贫原因有很多，易地扶贫搬迁的村庄在合并后，村庄的外部环境或社会关系发生了改变，部分贫困人口获得了更好的生存和发展机遇，有些由于公共服务的完善

① 景跃进:《中国农村基层治理的逻辑转换》,《治理研究》，2018年第1期，第48-57页。

② 王巨光:《强行政推动下的村干部行政化》,《社会主义研究》，1998年第1期，第15页。

③ 陈坚文:《异地扶贫搬迁应注重提升五种能力》,《光明日报》，2017年3月7日。

④ 《2017年国民经济和社会发展统计公报》。

提升了个人能力而脱离了贫困。但村庄合并也对精准扶贫产生了一定的负面影响。村庄合并导致扶贫资源总量减少，而且扶贫资源在原有村庄之间的分配不平衡，加剧了原有村庄的内部矛盾，造成扶贫效果弱化及贫富差距的两极分化。因此，村庄合并应该因地制宜，这一政策的实施应该根据当地村庄的自然条件、资源环境、风俗习惯、社会关系、人口数量、经济发展等因素而定，而不是一刀切。

## 8.2. 走出村庄合并困境的治道变革

村庄合并涉及经济发展、行政运作、社会结构、文化建设、生态保护等多个方面。笔者将其归类，发现有些问题属于合并之前就存在的问题，在合并后延续下来；有些问题属于统计相关、实际无关的；有些问题原来并不突出，但因为合并而凸显，或者在合并中获得了强化；有些问题由于合并而弱化；有些是由于合并而出现的新问题（表25）。我们可将村庄合并放在历史的宏观背景下考虑，以一般性问题为基础，以这些强化、弱化、新出现有密切关系的问题为重点进行政策设计和提出有针对性的对策。

**表 25　村庄合并中的问题类型**

| | 原有延续下来的问题 | 原有问题在合并中强化（凸显） | 原有问题在合并中弱化 | 由于合并而出现的新问题 |
|---|---|---|---|---|
| 经济维度 | 产权制度变革；集体经济衰退 | 征地拆迁 | 节约行政成本；土地荒废 | 资产合并；合并资金来源 |
| 行政维度 | 宗族矛盾；乡村权威衰落 | 人才流失；村干部素质较差；部门条块分割；政府主导；自治组织行政化 | 空心化 | 社区选举；合并规划；监督问题 |

续表

| | 原有延续下来的问题 | 原有问题在合并中强化（凸显） | 原有问题在合并中弱化 | 由于合并而出现的新问题 |
|---|---|---|---|---|
| 法治维度 | 宏观政策不连续 | 农村宅基地与城市房屋补偿不同步 | | 社区功能和性质定位；合并政策制定；社区与其他组织的关系；社会稳定风险 |
| 文化维度 | 农民文化素质需要提升 | 历史文化遗产保护问题；文化供给与需求矛盾 | 文化基础设施建设水平相对提高 | 文化融合难 |
| 社会维度 | 社会治理能力薄弱；搬迁后生活成本上升；社会组织发展落后 | 生态保护 | 公共服务基础设施建设水平有所提高 | 村民对形合神不合；村（社区）集体融入感差；社会治理范围扩大 |

资料来源：根据调研整理制作。

### 8.2.1. 经济维度的变革要点

#### 8.2.1.1. 拓宽融资渠道，解决合并资金运转不畅问题

村庄合并涉及社区组织、服务中心、居民住宅区等方面的建设，都需要大量资金，仅仅靠政府和农民群众投入不现实，应坚持多元化投入，这也是由居住维度合并所带来的新问题，而行政维度合并中新村部的建设也存在资金不足问题。根据我们的调研，居住维度的合并中相当一部分农民不愿意合并的原因就在于缺少搬迁“资金”，或者对合并搬迁上楼后生活成本增加有忧虑。在山东德州，一户农民10年左右的房屋在拆迁补偿折算后平均还需要自费3万—4万才能住进大约80平方的新楼房。这对许多家庭特别是老年人来说存在着较大的困难。因此，合并资金需要各方投入和因地制宜制定政策。

（1）需要政府加大财政支持力度

调研中我们发现，由于中央并未直接设立社区建设专项资金，也很少有地方政府投入，绝大多数社区建设都是以企业投入、银行贷款、个人出资或者合并后节约出来的土地通过招、拍、挂获得补偿资金作为来源，这也给合并增加了困难。为此，地方政府可设立专项资金并出台其使用政策，专款专用；同时配套可行的使用管理办法和监督措施，杜绝资金被挤占、截留、挪用，既保证资金充分到位，又要保障这部分资金真正落到实处，确实用到村庄合并项目的启动和建设上。同时对已有的各个渠道的财政支农资金进行整合，打包支持合并新村（社区）的基础设施及公共服务设施建设，发挥财政资金的最大效益。

（2）建立相关的投融资平台

建立针对合并村（社区）建设的投融资平台，鼓励社会力量参与社区建设。引导企业、市场、公民个人等各种主体参与新村（社区）建设，形成共同投入、合作共赢格局。坚持市场原则，通过转让经营权、收益权、股权等形式引入市场机制，可向金融机构融资，解决新村（社区）建设先期启动资金不足的问题。完善金融服务体系，提供信贷服务。

（3）建设和规范城乡增减挂钩指标交易平台

城乡增减挂钩政策是为了整理废弃闲置的农村建设用地，促进城乡统筹发展，破解城镇建设用地不足，同时增加有效耕地面积，将城镇建设用地增加与农村建设用地减少相挂钩的政策①。按照这一政策，在村庄合并的过程中，旧村拆迁后腾出的集体建设用地，扣除新村（社区）建设所用和非农产业发展所用之外，剩余的指标可以调整到城市或建设产业聚集区使用，主要用于城市发展或工业发展，这部分指标可以在市内平台进行交易。农村建

① 李明秋、田月:《人地挂钩与增减挂钩的异同分析及其实施要点》,《农业现代化研究》,2015年第1期，第105-110页。

设用地在作为城镇建设用地流转后，价值发生较大变化，但是变化发生在土地所有权或使用权变换之后，提供建设用地指标的农民被排除在增值收益分配之外。这部分差价或土地增值收益应全部返还给农村，用于农村社区建设，切实维护农民的利益。现实中，挂钩周转指标使用收益分配尚不规范，一些地方政府将土地指标视为解决城市建设用地不足的金钥匙，受土地财政驱动，通过增加城市建设用地指标来扩大城市规模，而非协调城乡发展；个别地方甚至擅自开展挂钩试点或扩大试点范围，将增值收益收入政府囊中；有些地方违背农民意愿，出现强拆强建、意侵占农村宅基地甚至耕地的现象；有些地方利用耕地占补平衡制度的漏洞，占优补劣，占补数量看似平衡，实际农民利益受损。为此，必须加以纠正和规范。可建立资源有偿使用和监督制度，例如土地以公开招标、拍卖、租赁、出让等形式有偿使用并在使用过程中加大监督力度；未来可考虑跨市或跨省交易增减挂钩指标。

8.2.1.2 实施清产核资和资产量化改制

清产核资和资产量化是合并中的最大障碍和难题，也是由合并带来的新问题。

（1）村庄合并原则上坚持“三不变”“三不平”原则

为降低由于利益格局调整带来的社会风险，村庄合并进程中应坚持原有的经济利益格局不变、土地林权、农田水利等生产资料占有形式不变、债权债务关系不变的“三不变”和资产不平调、资金不平分、债务不平摊的“三不平”原则[①]。如德州的一些乡镇试行了“五不变一不降低”政策（原行政村、组的土地承包关系不变；原行政村的各项承包、租赁合同及合理优惠政策不变；原村级资产、债权债务不变；原自然村村名不变；原行政村村民的福利待遇不变；原退休干部的生活补贴标准不降低）后反响较好，实现了

① 何正详：《妥善处置调整合村并组的集体资产问题》，《农村合作经济经营管理》，2001年第7期，第42页。

合并的平稳过渡。

（2）因地制宜，可对原有各村的集体资产进行量化改制

对合并前集体资产相当的村，召开村民代表大会，经多数同意可进行并账处理。核定集体经济组织成员，财产逐项登记造册，摸清家底，列出债权债务清单，核实每笔账目，对固定资产进行评估和处置，完善档案资料和手续制度，按照不拆分、不打乱原则，整体划转到新村（社区），由新村村民议事会和原村村民议事会来讨论、协商、决定和处置，避免集体资产流失和原有各村由于利益分配不均产生矛盾。如湖南沧水铺镇的一些合并村，原有的村委会大院在合并后作为新村的固定资产进行出租，收益归全体村民所有。强弱悬殊较大的村，按照原村现有人数计算平均数，以较低一方作为兴办公益事业筹资分摊尺度，高出的部分优先用于原村的公益事业和改善生产条件①。负债较多的村，对原因进行具体分析，找出对策，争取化解资金，分清责任，避免激发矛盾，实施并村但不并账的办法，不增加合并村的群众负担，逐年消化债务。同时，出台相关监管措施，对会计上任或者离任进行财务报告和审查，强化群众的监督和监管。

（3）建立集体资产管理平台如资产交易平台、监管平台、股份管理交易平台等

合并新村（社区）可对新村（社区）的集体资产和集体土地进行股份化改造，并量化到个人，组建村（社区）股份经济合作社，量化股份并发放股权证书，股权可依法转让、继承和赠予。允许集体资产和集体土地股份流转，将产权流转与股份制改造结合，在土地承包权不变的情况下，可将村农民集体土地打包进行整体发包，由大户或者公司等新型农业经营主体经营。根据土地特点、地形地貌、气候水利等资源等确定土地流转形式和时限，实

① 郑静波、肖吉怀：《土地流转应把握好四个关键》，《农村合作经济经营管理》，2001年第7期，第42页。

施申请、审批、签合同的流转程序，完善并规范土地流转过程和管理。这样，集体经济产权明晰、延包稳定、资产盘活、三产融合，会给农民带来更多土地收益。绝不允许出现强行流转、人为垒大户等情况[①]。也可实施其他多种形式的规模经营，如土地托管、互换、反租倒包、代耕代种等。通过土地互换，实现一家一块田，有效解决地块细碎、分散问题。通过土地再次流转或农户将承包地交由集体统一经营，实现反租倒包。通过农业生产专业服务，实施土地托管。想继续从事农业经营的，可以租赁经过集体和国家连片整理后的土地开展规模经营[②]。当前，农村社会变革中的村庄空间格局、居住环境、生产生活方式逐步发生转换，社区制取代村委会制是当前中国农村社会结构的重要变革，最终是以村庄土地集体所有制为基础的社区产权的深刻变化[③]。

8.2.1.3 改革农村集体产权制度，壮大农村集体经济

产权制度改革和村庄的“政经分离”都是我国目前亟须改革的制度和体制问题，也是未来中国社会的发展趋势。

（1）改革集体产权制度

我国目前现有的集体产权安排是一种产权模糊的制度安排，集体是一个抽象名词，其指征对象具有抽象性和不确定性，缺乏经营自主权和独立性。《物权法》（2007年）明确：“属于农村集体所有的，由村集体经济组织或者村民委员会代表集体行使所有权。”[④] 因此，村集体经济组织拥有产权，且以利润为经营目标。但目前，由于村委会代理集体经济组织产权，二者组

① 郑静波、肖吉怀：《土地流转应把握好四个关键》，《农村合作经济经营管理》，2001年第7期，第42页。

② 中国农村发展报告课题组：《全面深化改革的总体战略与路径选择》，《中国农村发展报告》，中国社会科学出版社2017年版，第46页。

③ 袁方成：《治理集体产权：农村社区建设中的政府与农民》，《华中师范大学学报》，2013年第1期，第1-17页。

④ 参见《物权法》第六十条。

织合一，村委会组织可以直接行使集体经济组织的权力，可以直接处理村庄的产权（承包、发包），集体经济组织丧失了独立经营的市场主体地位，且更多地偏向于行政性的管理。通常情况下，村委会直接用集体收益来支撑村庄的社会公共事业，社区公共供给原则取代经济原则，久而久之，失去了集体经济的发展重心和社会竞争力。集体经营性财产和收入作为集体经济中非常重要的一部分，其发展状况在一定程度上显示了我国集体经济的活力。截至2015年年底，全国无经营收益的村、经营收入5万元以下的村分别占53.6%和22.7%[①]。自20世纪90年代乡镇企业热潮隐退之后，一些地方村集体经济收入下降，甚至村两委日常工作支出难以保障，村集体负债现象严重。在笔者2016年、2017年连续两年调研的几十个村（社区）中，不少集体经济收入为零。在这样的形势下，实施三权分置，探索农村集体经济发展的有效实现形式，将集体经济职能从村委会剥离出来显得尤为重要。

（2）村庄合并后，要加快农村的"政经分离"改革

将农村（社区）基层党组织、集体经济组织、社区村委会在经费、人员、职能等方面分离，使其各就其位，使不同性质的权力由不同组织来行使。基层党组织作为领导核心，进行党组织建设，领导和支持基层其他组织依法行使职权；集体经济组织要按照市场经济规律运行，负责维护成员的经济利益，运营和管理集体经济，可对原村的合作社进行量化改造，组建新的具有独立法人资格的村（社区）股份经济合作社，实施独立核算、自主经营，并按股（份额）向其成员分红，将整个社区成员整合内化于一个利益统一体中；成立相关监管组织，监督集体财产性收入分配。社区村委会负责本社区的公共事务管理，只有剥离其经济职能，才能依法开展群众自治。账目设置上，将村委会和集体经济组织分开。社区服务中心承担服务职能，街道办或

① 魏后凯、刘同山：《论中国农村全面转型：挑战及应对》，《政治经济学评论》，2017年第5期，第84-116页。

者乡镇要扮演指导者的角色。在我国广东佛山南海区、浙江温州等地，政经分离已经试行，且表现出强劲的发展势头。通过横向联合、基本对接、互助协作、并立实施等措施，将政府与社会、管理者与服务者、指导者与被指导者权力界限划分开来，自治组织与经济组织分离，各自履行自己的职能，理顺了职责关系，可将农村社区作为基层治理单元。传统社区的封闭性、排他性无法满足日益增长的流动居民的需要，农民离土却难以融入。因此要重建村集体经济组织，增强集体经济组织的经济功能，弱化其社会管理职能，保障农民流动的各项经济权益及公民待遇①。建立村经济合作社，将土地经营权从承包权中分离出来，并将其和工商资本、金融资本结合，确立承包权长久不变，放开经营权，搞活资源。实现政经分开，以乡村振兴战略为目标，实现乡村重建。

8.2.2. 行政维度的变革要点

8.2.2.1. 村庄合并关涉不同政府部门权力的运行，需要部门之间的协调联动

各部门协同治理是国家治理能力和治理体系现代化的重要手段，在村庄合并中其重要性凸显。我国长期以来一直坚持“职责同构”的政府管理模式，形成了中国特色的条块关系，这种条块管理模式在特定时期有其合理性，不过伴随着社会转型，其弊端日渐显现，影响了行政效率，容易忽视全局，片面重视地方利益。

（1）村庄合并涉及不同层级、不同部门及斜向府际之间的关系，需要协同联动

无论村部（服务中心）建设还是居民住房建设，都涉及规划、组织、采购、施工、监督、验收等环节，从土地规划到质量安全，从拆迁到安置，

① 吴素雄、何长缨、毛丹：《农村社区治理的结构转型：温州模式》，中国社会科学出版社2014年版，第240页。

从政策宣传到签字盖章，从绿化到整个村（社区）的居住环境等都需要规划、审批、国土、民政、公安、司法、电力、市政、环保等相关部门的审批、协调和合作。各部分既要各司其职、各负其责，同时又要配合其他部门的工作，形成合力，保障各项工作顺利进行。这就需要不同层次、不同部分之间的条块协调与统筹、规划与整合，需要理顺部门关系，配合到位，整体推进。各部门要科学、高效地沟通，以需求为导向，深入商讨论证，从全局出发，重点规划协同工作的内容和流程，确立合理、合法、科学、便民的流程，建立电子信息共享互联互通平台，打破信息资源“部门割据”与“条块分割”的局面，因此，要厘清各级政府及政府各部门在村庄合并中的职责权力，明确规范政府责任和行为，建立健全各部门统一协调配合机制，包括宏观调控机制、分工协调机制、预算工作会商机制、考核机制、工程监管协调机制、安全综合协调机制等。需要整体统筹工程规划和布局整体推进，实现跨部门的政府服务联动。“对工业化民主国家来说，协调日益成为政策制定中的重要因素。”① 严防各自为政，相互推诿。

（2）简化行政审批手续，建立村级“行政区”

村庄合并涉及拆建多种模式：先拆后建、先建后拆、边建边拆。但无论哪种模式都要报相关部门审批和备案。条块分割体制下，基层往往处于“块”弱、“条”强的局面②，需要打破条条阻碍，深化行政审批制度改革，把与群众生产生活关系密切、具有行政审批职能的县级部门功能下移到中心村或社区服务中心，建构并联审批信息平台，实施业务对接，优化审批流程，方便群众办事，实现为民服务全程代理，提高审批效率。

① [美] B·盖伊·彼得斯:《政府未来的治理模式》，中国人民大学出版社2001年版，第123页。

② 张楠迪扬:《基层行政审批制度改革中的“撬动效应”》,《中国行政管理》，2015年第6期，第34–37页。

8.2.2.2.政府的顶层设计需要注意的几个问题

（1）坚持规划先行

合理的规划是村庄合并的行动指南，合并过程中无论居民是否搬迁，都需要合理规划，尤其是涉及搬迁的，遵循一般村落向交通便利村庄聚集、强村带弱村、小规模向大规模集中的原则。村庄规划要充分体现其地域文化特色，中心村选址既要看其自然因素、经济条件和区位、交通、社会联系条件等，又要看其周围产业优势。一般选择基础条件好、交通发达、就业产业优势地区，以新的经济增长点和工业区做支撑。坚持适度规模、集中连片建设。村庄既是生产活动空间，更是居住空间，因此要根据本地人口密度、生产生活、交通方式，本地的产业结构和村庄的具体功能来预测公共服务所能辐射的范围，以此来决定公共服务的合理半径，决定社区居民点的边界。围绕着有利于农业生产和农民生活、就业精心制定村庄合并的规划。规划既要立足当下和眼前，又要关注长远、维护大局；既要保持因地制宜、就地取材、与自然景观协调的特色，同时又要统筹区域、跟上社会发展脚步。既要使社会经济政策落实到形体规划中，又要使之形成一个可持续的规划。村庄规划既要重视水电气、通信、道路、垃圾污水处理的基础设施建设，又要重视设施建成后的后续管理和配套服务。根据民生民俗、宗教信仰、经济承受力、地理位置等进行有效选择，还要注重社区垃圾污水等排放管理、消防设施安排、农机农具存放等。应聘请专业团队参与规划，同时成立监督小组，使村庄规划制度化和法律化，防止“领导换、规划变”或“朝令夕改”，保障合并规划的顺利实施。正如一些学者所指出的：社会主义新农村建设的可持续性，依赖于从实际出发的严格的村庄规划及执行[①]。

① 苏亚：《德国落后地区经济开发政策考察报告》，《北方经济》，1995年第6期，第33–35页。

（2）注意保护历史文化，坚持生态与人文的统一

村庄合并，不仅仅是农民上楼或农村两委的合并，更重要的是乡村文化的自信和精神面貌的改变。村庄合并不再是经济发展的“独角戏”，更要“把根留住”。要注意保持村庄发展的多样性，多样性是可持续发展的重要内涵，注意保留当地的历史文化和地方特色。保护古村落或村庄中的古建筑或历史遗址。古遗址是体现深厚历史文化的活化石，无论是拆旧村还是建新村要对其避让。一些古建筑群落不适合并村，如果不采取措施挽救和保护，可能会更快地湮没于合并洪流中。可根据特色将其打造成旅游区或现代特色农业产业聚集区。村庄名称是一种符号，通过这一符号，我们可以发现某类村庄的特质[①]。在我国，许多村庄的名字带有典故、神话、传说等特殊含义，有的已经沿用上千年，一些地方政府在村庄合并中较为随意地安排新村名字，忽视了其历史文化。因此村庄合并不能一刀切、乱合并，最好沿袭具有历史渊源和文化内涵的村名，同时记录其原貌和历史变迁过程，保留村庄记忆。例如湖南的皇家湖村由许家坝村和赤江咀村合并而成，新村名字皇家湖采用的是跟两村有重要历史渊源和历史典故的名字，经过原各村村委讨论后而定。在我们对两村30人的随机采访中发现，就新村村名而言，两村村民都表示满意。注重历史文化的挖掘和坚守，实现历史遗存与现代文明的共融。在村庄合并中还要注重非物质文化遗产的抢救和保护。例如德州市临邑县的“一勾勾”作为体现地方民俗风情的传统戏曲和中国非物质文化遗产，在城镇化与合并浪潮冲击下，其展现空间逐渐萎缩，濒临消亡。因此要注重挖掘、引导、保护，充分发挥其在培育文明乡风中的作用，让乡村文化活起来。

---

① 徐勇：《分与合：质性研究视角下农村区域性村庄分类》，《山东社会科学》，2016年第7期，第30–40页。

（3）合并过程中注意对生态环境和资源的保护

村庄合并并非大拆大建，在行政维度合并的情况下，虽然并不搬迁，但可以同新农村建设相结合，注重人居环境的清理和保护。对农户中的厕所、污水、能源、垃圾等进行清洁改造，如旱厕改造、煤改气、使用清洁煤，修建污水处理管道及雨水分离管道，鼓励使用低碳环保、循环利用的新能源。对农业生产与乡村环境等问题一揽子解决。从“村容整洁”到“生态宜居”，体现的是建设人与自然和谐发展的现代化农业农村新场景。伴随着人们物质生活水平的提高，对良好的生态环境要求也日益提高，激励和倡导种养结合、农渔、农牧循环，推广绿色发展模式，使村容村貌换新颜，创设优美的生态环境、怡人的生活环境。坚持可持续发展的绿色农业，预防土壤污染，对其进行管控修复，防治农业面源污染，坚持农村绿化、农村生态保护，完善天然林保护制度，实施退耕还林还草、房前屋后的绿化美化、村内道路硬化，针对合并村进行人居环境整治，与美丽乡村建设结合起来，形成低碳、环保、绿色、循环发展的长效机制。

8.2.2.3.各级政府的引导而不是主导乡村公共事务

村庄合并中涉及农民拆迁、宅基地补偿、新房建设等一系列公共事务，单靠农民自发组织难以解决，因此政府的引导作用必不可少。但长期以来，政府更多的将村委会视作行政单元，忽视了其作为社会单元的性质和职能。从《村委会组织法》来看，村民委员会是基层群众性自治组织。在它与乡镇政府的关系上，《村民委员会组织法》第四条做了明确规定：“乡、民族乡、镇的人民政府对村民委员会的工作给予指导、支持和帮助，但是不得干预依法属于村民自治范围内的事项。”[①] 这非常明确地阐明了村委会不是乡镇政府的下属或分支机构，二者不是领导与被领导而是指导与被指导的关系。按照

① 参见《村委会组织法》第三条。

法律的界定，村委会工作职责主要有两项，“积极办理本村的公共事务和公益事业，协助乡、民族乡、镇的人民政府开展工作”[①]。这里的“工作”其性质、范围、种类等界定并不明确。作为国家行政体系末梢的基层政府权力常常“内卷化”，加上传统权力行使的惯性，村委会的行政属性增强，行政功能呈扩张趋势。根据笔者调研，村委会所做的工作大多数都由乡镇政府指派，从宣传各项政策法规、贯彻指示到干部选举、精准扶贫甚至表格填写、各种材料整理等行政性事务基本上占满村委会工作人员日常工作的大部分时间，挤占其在自治权利的发挥如村务管理上的时间，使得村委会难以落实和体现自治组织的功能。因此，对村庄合并的引导需要把握好度，设置基层政府权力和责任清单、划清政府权力行使边界是当前的一项重要工作。行政主导往往导致政府行政命令下指标、定任务、赶速度，整片整乡合并，有可能忽视农民意愿，甚至损害农民权益。

8.2.2.4.根据合并村（社区）情况，实施分类选举

（1）理顺原村宗族关系、不同村庄关系、合并后不同宗教信仰、不同民族之间的关系、村民派系成分更加复杂。应该理顺不同层级的宗族矛盾和问题，以调节、说服为主要手段，以冷处理、多视角为主要方式，避免以强硬手段来化解矛盾，维护稳定。宗族派系直接影响村民自治。农村宗教和民族问题处理不好，还会直接影响社会的稳定。尊重宗教习俗和民族习惯，弱化民族差异和宗教意识形态，“只有通过民族认同，才能迅速地超越距离进行交往，才形成聚集”[②]。“推动不同民族间的交流交往，防止部分民族群体

---

① 参见《中共中央、国务院关于实行政社分开建立乡政府的通知》（1983年10月12日发布）第七条。

② 高韫芳：《当代中国中央与民族自治地方政府关系研究》，人民出版社2009年版，第270页。

特殊性固化的倾向是经济社会发展的基础”[①]。在此基础上，加强农村党组织建设，从思想意识、经济发展、社会活动上多管齐下，做好民族和宗教工作，形成合力。

（2）社区村民委员会的选举应兼顾原村落分布状况

经济发展水平相当、融合度较高的，可采取“合推合选”“组合竞选”等社区直选方法，由登记参加选举的村民共同投票选举产生社区村委会成员。经济发展差异大、融合度不高的，可采取“分推分选”的办法。如富裕村和贫困村在合并后可实行这种办法。中国富裕农村普遍存在着“老板政治”，他们成功地在当地盖起了厂房，繁荣了当地经济，兴办了社会事业[②]。因此，合并后可发挥他们的带头作用。但也有学者认为，经济发展与村民选举的联系是消极的（Lawrence，1994；Jean Oi，1996）。为平衡两种情况，防止选举利于大村而不利于小村的情况，可以原行政村为单位提名产生1–2名候选人，再由登记参加选举的村民共同投票产生社区村委会成员。村庄合并后，原有的“半熟人社会”被打破，作为新社区的一员，难以在短时间内相互认识和熟悉，“他与其他社会成员之间存在着一定的社会距离”[③]。默契的集体行动将变得困难，融入新的社会集体或文化体系中需要时间，因此尤其需要凝聚社区、整合社区的主导力量和核心力量——村干部，使村民尽快走出“陌生人”的疏离感。正如郑杭生所言，“在一个市场经济的陌生人

① 李俊清：《民族自治地方行政管理的特点与改革》，《北京行政学院学报》，2010年第2期，第4页。

② 史天健：《中国农村经济发展与村民选举（Economic Development and Village Elections in Rural China）》，郭正林、李颖、郭芬译，1999年，香港中文大学服务中心、香港浸会大学政府与国际研究系：中国大陆第二届村级组织建设学术讨论会论文集（2001.3），原载*Journal of Contemporary China*，Vol.8.NO.22：pp.425–442.

③ ［德］齐美尔：《社会是如何可能的　齐美尔社会学文选》，林荣远编译，广西师大出版社2002年版，第42–50页。

世界里构筑人际关系和谐的新社区，这是时代提出的新问题”[1]。

### 8.2.3. 法律维度的变革要点

#### 8.2.3.1 解决法治基础不足的问题

1. 法规政策的出台及执行应具备连续性

纵观村庄合并的政策过程，中央政府与地方政府在推行上存在较强的“动力差”。了解村庄合并政策变迁的逻辑，分析其背后的发生机理和影响因素，是制定合并政策的关键。第一，法规政策的制定、调整、完善是一个复杂的网络运行过程，村庄合并的复杂性造就了政策过程的独特场域，这一独特场域是由政府、市场、社会、村两委、村民等不同组织或个人及其关系构成的综合体，政策制定及执行就发生在这些主体内部或主体之间形成的网络中。在村庄合并的政策网络行动主体中，包括中央政府、地方政府、企业、社区组织、社会组织、村民个人。这里中央政府所指范围包括党政机关、立法机关、司法机关等公共机构的集合，它是广义的中央政府，而不仅仅包括政府机关。在政策制定过程中，拥有核心决策力的领导者和政府部门往往具有主导性作用。因为它最具有权威性和影响力，其价值观和赋权权威具有领导力。村庄合并的政策出台，更多地体现在对三农问题关注的隐性内涵中。在政策执行中，由于各个主体对政策的动机、认知、理解、把握存在不同，加上主观情绪、责任感等的差异，在不同时期也表现出对合并政策的遵从、抵抗、默许等行为选择差异。作为顶层设计者，中央政府把握宏观和大局；但在中观和微观领域，特别是在一些更深入和具体的问题上，不容乐观之处也显而易见。村庄合并涉及诸多利益主体，形成了纵横交错的多元、多维、多层的网络结构，其中的主体通过多种途径根据自身条件维护自身利益，为实现各自代表的利益、各种政策目标不同程度地参与政策过程。公共

---

① 郑杭生:《破解在陌生人世界中建设和谐社区的难题》,《学习与实践》，2008年第7期，第5–12页。

政策执行带有差异性和复杂性，从中央政府的顶层设计到各级地方政府的政策执行，从监督、跟踪、评估政策到政策反馈和修改等，都需要投入大量的时间以及人力、物力、财力。合并政策在运行过程中受诸多外力的干扰，执行会出现变异情况。伴随着政策法规的施行，他们调整、互动、联合、集结或博弈对抗，呈现出复杂多变的关系特征。找出促进政策或阻碍实施的变量因素、政策目标达成度低及实施偏差原因等，有助于透析中国村庄合并中政策执行存在的一般性规律①。第二，村庄合并需要在制度设计上具备前瞻性，避免运动式治理带来的非持续性。传统体制中的人治思维在村庄合并中依然有所体现。这就需要重建法治思维，以良好的规则来保证公共事务管理的正常进行。受历史背景、现实条件、领导人变更、利益相关者影响，政策的连续性常常被打断，有时候甚至会出现政策断流及回流现象。如河南省某县由于新旧领导班子更替，在村庄合并的相关政策上就出现了断流现象或隐性终结。实际上政府的政策在实施初期取得了一定的成效，但是由于运动式治理，不久政策发生了调整。村庄合并及新社区建设资金主要来自政府拨款、银行贷款、企业捐赠、村集体及居民自筹相结合，政策更替直接影响村庄合并后的新农村社区建设资金投入，加上集体经济的薄弱和村民经济能力有限，资金短缺瓶颈制约非常突出。事实上，这一政策执行过程早就潜伏着逐渐发生变化的蛰动。部分村民认为搬迁补偿低、距离心理期望值太远，有抵触心理。地方政府并未对此进行政策细化，而以运动式摊大饼治理方式来对待，缺乏对"合并政策执行相配套的资金来源、社区组织的体制机制建设、强制执行风险"的政策设计和应对。合并进程的戛然而止给农民带来了巨大的经济损失，单靠后期的利益补偿难以弥补。规则一经制定，不能朝令夕改，政策的实施需要连续性。而在另一个省，在合并过程中由于农民异地

① 韩万渠：《基层官员的身份困境与乡村治理中的政策执行变异》，《中国行政管理》，2016年第9期，第100–106页。

搬迁，政府对农民的部分土地进行了征用，并承诺每亩给予1800元的补偿。但实际上，除了征地后的第一年补偿金发放到位之外，村民再也没有收到过补偿金，政府对“农地补偿”的许诺并没有兑现，其公信力由此大打折扣。政府公信力作为一种执政能力和执政资源，是维系整个社会信任体系的支柱。[①] 公众对公共管理活动的支持度也会伴随着公信力的变化而变化。政策制定应接地气，应了解群众所想、所需、所急、所盼，将群众满意度作为衡量政府工作绩效的首要尺度。

2. 制度设计上、政策供给上侧重完善配套政策

村庄合并的政策规定和细化措施在各地表现出较大的差异，从整体上说，目前村庄合并的有关运行仍然处于探索阶段，从合并前的规划审批到土地的整合，从社区组织的建立及运转到社区建设和管理，从集体产权处置到农民的就业和养老社会保障等，尚缺乏国家层面的统一的可操作性规定，现有的原则性规定已在各地多有变化。帕特南指出：“改变正规制度能够改变实践。制度变迁在认同、价值观、权力和战略上带来了变化。”[②] 第一，中央政府的顶层设计。依照目前来看，中央1号文件除了在2004年明确提出“并村”问题，其后的政策制定以“乡村治理机制”“社区建设”“农村自治实现形式”等为主，尤其是近年来，“乡村治理”出现的频率更多一些。笔者查阅了2015年来的中央1号文件，绝少再直接提及村庄合并问题。究其原因复杂多样，但主要有二：一是因为许多地方政府在政策执行时发生偏差，运动式治理难以达到理想的效果，个别官员为了政绩工程或形象工程、面子工程才推动。二是个别地方政府不能因地制宜，采取一刀切的方式，侵害了农民及农村集体的利益，遭到利益相关者抵制。因此，合并政策制定过程同时也

---

① 朱光磊、周望：《在转变政府职能的过程中提高政府公信力》，《中国人民大学学报》，2011年第3期，第121–128页。

② [英]罗伯特·帕特南：《使民主运转起来：现代意大利的公民传统》，王列译，中国人民大学出版社2014年版，第236页。

是对合并行为进行风险预估及规制的过程。第二，结合实际，完善相关配套措施。各行为主体权力划分应界定清晰，防止村委会的“行政化”倾向；在制度上使补偿标准更规范。村庄合并从规划设计到实施运行，从并村数量、名称改革、组织动员、宅基地补偿、户型选择、新楼房建设到村庄集体资产处置、公共服务标准化操作都需要制定相关标准，制定相关配套措施增强社区居民融入感和归属感。

3. 规范农村房屋拆迁补偿办法

《城市房屋拆迁管理条例》是我国制定的城市房屋拆迁法律依据，并不适用于农村。目前指导和规范农村拆迁工作的法律法规仍然缺失。按照《土地管理法》第47条规定，房屋只是作为地上附着物来处理，这导致补偿标准过低[①]。而第47条第3款规定：“被征收土地上的附着物和青苗的补偿标准，由省、自治区、直辖市规定”，这种非具体性、模糊性的规定给了地方政府相当大的自由裁量权。在实践中，绝大多数地方的宅基地和地上附着物补偿是由乡镇政府主导、村两委协助完成的[②]。其制定标准随意性较大，造成了各地补偿标准的不统一，导致同房不同价，引起相邻区域农民对补偿的攀比和不满，直接影响了拆迁的进程和效率。

4. 起草《不动产法》

针对村庄合并后节约出来的相当数量的土地，个别地方政府利用现有的增减挂钩政策漏洞违规操作，不再复垦并部分或全部置换成城市建设用地，农村中非农产业发展的空间被挤压。现有的补偿标准无法体现房屋的不动产价值，应尽快起草《不动产法》。对土地拆迁、征收、补偿实施统一标准，扩大补偿范围，除土地及地上附着物补偿之外，还应包括迁移和拆迁安

---

① 申建平:《对农村集体土地征收补偿范围的反思》,《比较法研究》，2013年第2期，第100–109页。

② 聂玉霞:《城镇化背景下乡镇政府在村庄合并中的职能转变》,《山西农业大学学报》，2016年第7期，第511页。

置补助费、房屋造价补偿费、转岗培训费等能让农民安居乐业的费用。可考虑建立城乡一体化建设用地市场，打破农村与城市壁垒，避免剪刀差的出现。严厉打击因合并而产生的强制拆迁、暴力拆迁，确保农民在村庄合并中的利益不受损。严防耕地变建设用地，保护农民在拆迁中的利益，防止因拆致贫。

8.2.3.2. 关于农村社区定位的法律问题

“社区”一词作为社会学用语是指具有相似文化习俗、相似生活方式、地域相近的共同体，它在本意上并非指行政区划，然而在今日中国语境中，尤其是公共管理中，它与我国的基层治理体系相对应。城市中的居委会是为便于自治而对居民居住区进行行政切割后在既定区域设立的自治机构，社区便是居委会的管辖范围，因此居委会又称为社区居委会。目前，社区用来指代城市的既定区域已成为约定俗成的常识① 。迄今，我国的法律法规没有明确规定农村社区的性质。从实践发展来看，它是在城镇化的背景下，通过对农村资源的整理或在基层组织合并的基础上以公共服务功能为重心而建立的基本单元和治理形式。有些农村社区由单个行政村演变而来，即一村一社区；有的是多村合并而来，即多村一社区。其重点在于社区服务中心的建设和社区服务的完善。由村庄到农村社区主要是基于地域形态和组织形式的变化，因此，在性质上，它更倾向于村民自治的延伸。要厘清社区的性质和职能定位，还需要着重把握几个关系。

1. 处理好农村社区村委会、基层政府的关系

作为行政村的延伸，农村社区在本质上是自治的，乡镇政府与农村社区之间应是指导与被指导的关系而非行政隶属关系，可通过“社区授权”将权力下移。允许社区在政府设定的范围内“掌舵”，如将合作规划、社区管

① 李冉、聂玉霞:《村庄合并后新型农村社区的行政化导向》,《中国行政管理》，2017年第9期，第49–51页。

理组织、商业企业或社区协会的规则制定权等移给社区。权力下移意味着社区将在管辖自身事务上投入更多的时间和精力，“政府通过对社区拨款和授权来解决自身问题，使之产生更多的承诺、更多的关爱、更富有创造性解决问题，并减少其依附性”①。社区成立后，在厘清政务与村务的基础上，其工作重点应该转移到为民服务上，强化其服务职能，逐步弱化村委会的行政职能，使组织扁平化，推动“村级管理”向“社区服务”转型。社区（村）服务中心是为村民办事的场所，是社区的“服务机构”，设立计划生育、户籍、卫生管理等便民服务点，同时设立村民议事中心，使其成为一个村民参政议政、参与公共事务管理和互相交往的公共空间。在公共性消解日益加剧的今天，原先不同村落的村民通过社区举办的多样化活动不断增加熟悉感和集体感，公共精神也只有在各种社会活动中通过不断的练习和塑造才能更快地提升，使社区真正成为人人参与、人人共享的农村社区。

2. 厘清农村社区内部组织体系的关系

主要包括社区居委会与社区村民代表大会、社区村民小组、社区理事会、社区监督委员会的关系②。社区村民代表大会是社区“权力机构”，由村民代表组成，在社区发展过程中积极献计献策，行使自治权。社区村民小组是行政村内为方便管理而进行的社会组织再延伸的编组，作为基本的治理单元，其直接管理和服务的对象是村民和农户。“它能够将国家性治理转化为社区性治理”，“促成外部的法律和政策转化为内部的自觉行动”③。通过日常的交往互助，整合形成农村公认的内部规范。税费改革之后，社区村民小组的国家性趋于减弱，社会性增强。社区理事会是由村民自发组织选举成立

① [美]戴维·奥斯本、彼得·普拉斯特里克：《再造政府》，中国人民大学出版社2010年版，第347页。

② 李冉、聂玉霞：《村庄合并后新型农村社区的行政化导向》，《中国行政管理》，2017年第9期，第49-51页。

③ 林辉煌：《村民小组的社区性和国家性》，《社会科学报》，2011年8月18日第002版。

的旨在维护社区居民利益、解决社区内部事务的自治性组织，其主要由老党员、老模范、老领导等积极分子牵头组成。如红白理事会、道德理事会、企事业共建理事会等。其职能涉及保护居民环境、交通出行、治安巡逻、困难救助、生活设施整理、活动场地维护等，凡是涉及社区居民的内部事务，可经理事会集体协商表决，并进行公开，真正实现自己的事情自己管理。因此，它也是我国基层民主治理的典范。社区（村）居委会是社区的“自治组织”，其职能主要表现为积极协调解决村庄合并过程中出现的宅基地补偿、土地流转、债权债务、社区建设问题并接受政府的指导等，协调各主体在社区建设中的矛盾和不同意见。社区监督委员会是社区的“监督机构”。监督社区公共事务的公开状况、社区财务运行状况，使之曝于阳光下，涉及重大事项的，征求群众意见和建议，确保群众的知情权和参与权。在笔者调研的大多数农村社区中，这些组织基本配备齐全，他们之间通过互补、互帮、互动、互商等方式，形成有效的联动机制，共同探索社区建设新路径。而城乡接合部地区的合并村由于已经具有城市社区的特征，因此建议纳入城市管理的范畴。

3. 实施社区自治，发挥好村规民约的作用

从目前的法律层面来看，村委会是群众性自治组织。而农村社区作为村委会组织的延伸，其性质本质上也是自治的。从政策层面来看，国家提出的农村社区建设，其目标也是将城乡社区建设成“管理有序、服务完善、文明祥和的社会生活共同体”。这种社会生活共同体其自组织特征更为明显。在笔者调研过程中，绝大多数社区领导也认为，社区是乡镇指导下的自治性组织，伴随着社会的发展，社区未来发展方向是侧重其服务职能，管理职能会逐渐淡化，其最终目标是发展成为有认同感、归属感和向心力的社会生活共同体。村规民约作为历史上简约治理的重要工具和形式，在农村基层组织、集体财产管理、生态保护、社会治安、文明乡风、基础建设、土地承包

等方面发挥了重要的补充作用。梁漱溟认为，“乡约这个东西，它充满了中国人精神——人生向上之意”①。牛铭实将其看作是“中国特色自治的制度创建”②。中共中央和国务院曾多次在所发文件材料及出台的政策中提及“完善村规民约”。作为一种社会资本，它是村民在长期的习惯当中约定俗成并且为大家公认的遵守规范和行为准则，也体现出村民达成共识、形成共同意志的过程，作为非正式制度和软约束，内化于村民的内心和潜意识中，使其自觉或不自觉地遵守。村庄合并后，村规民约也应结合实际适时适地调整，去除乡村沉疴陋习，特别是婚丧嫁娶应严格从简，遏制攀比风、赌博风、人情风，倡导乡村礼仪，形成良好风尚，营造淳朴、善良、进取、向上的乡风。尤其要发挥基层党员的先锋模范作用，合理、有效、清晰的村规民约更能有效地推进乡村治理，促进乡村振兴。

### 8.2.4. 公共服务与社会治理维度变革要点

#### 8.2.4.1. 加强基础设施建设，实现公共服务下沉

以罗伯特·登哈特为代表的新公共服务理论将服务公民和帮助他们进行充分利益表达作为核心，并认为政府应以公平公正作为为公民服务的原则。而乡村公共服务的完善和城乡公共服务的均等正是公平公正服务的体现。

1. 村庄合并后加强新村（社区）基础设施建设

社区居民的幸福感很大程度上依赖于城镇基础设施、管理和服务的质量。因此完善公共服务基础设施，方便广大农民生产和生活，可以提高群众的舒适感和幸福感。应着力完善基础设施建设投融资体制，加大通信设施、道路交通、图书阅览室、计算机中心、健身广场等的建设投入和后续管理投入。可将其纳入财政奖补政策支持，同时通过制度安排，将新增公共服务资

① 梁漱溟：《乡村建设理论》，上海人民出版社2006年版，第157页。

② 牛铭实：《中国历代乡约》，中国社会出版社2005年版，第98–102页。

源向城镇和社区倾斜，在城镇绿化、垃圾处理、生态环境、污水处理、物业管理等方面与城市公共服务均等化。充分调动和发挥群众建设聚居点的积极性，注重将其与扶贫开发、土地整理、移民搬迁、重点工程建设相结合，连片成带推进。无论是行政维度还是居住维度的合并，其组织活动场所都在向规范化目标发展，积极设立便民服务中心、民事调解室、咨询服务室、多功能活动室等，注重配套质量，为群众提供舒适、便捷的宜居环境，促使居民生活方式逐步改变，提升乡村文明。

2. 建立综合性、多功能、个性化的社区服务体系及社区服务网络，对外来人员和本地居民实施均等化服务

探索引导医疗卫生、社会治安、科技文化、劳动保障等公共服务进社区机制，把服务延伸到农村基层，为农村社区建设提供人力、财力、政策支持。积极推进县乡两级政府功能整合、职能下移，制定帮扶实施细则，实现行政权力与村内事务的"上提下放"，按照"权随责走，费随事转"方式提供公共服务[①]。推行农事村（社区）办，将县级审批、服务、管理职能向农村延伸，增强中心村的辐射范围，服务半径不宜过大，将服务中心和广场变为拉近群众时空距离的有效公共空间，探索缩小城乡差距的有效方式与机制。消除体制障碍及制度歧视，实现城乡基本公共服务全覆盖，最终实现均等化[②]。按照地域相近、产业趋同、利益共享、文化认同、参与方便原则，简化办事程序和审批流程，提供一站式代理服务，实现无缝隙覆盖[③]。此外，实现社区服务社会化、市场化。撬动社会资本融入政府服务项目，推动购买

① 许远旺：《社区重建中的基层治理转型——兼论中国农村社区建设的生成逻辑》，《人文杂志》，2010年第4期，第171–179页。

② 吴素雄、何长缨、毛丹：《农村社区治理的结构转型》，中国社会科学出版社2014年版，第128页。

③ 吴理财、王德工：《统筹城乡与县域治理创新》，《湖湘三农论坛》，2011年第1期，第77–81页。

服务、志愿服务、便民利民服务，引导多元主体为居民提供优质、便捷、专业的社会化服务，实现政府服务网络与社区服务的无缝隙对接，增强社区吸引力。

8.2.4.2. 实施制度供给，增强基层社会治理能力

在制度供给上内外结合、两条腿走路，缓解甚至抵消农村的不利形势，以和谐共治为目标，积极重构基层公共权力①，实现现代治理在农村的建构和村民自治的良性循环。

1. 加强外源性供给

针对农村人才流失、一些基层组织涣散等问题，加强农村基层党组织建设，增强农村领导力供给。通过完善基层党组织建设、大学生村官、第一书记等力量提升领导力，通过外部反向运动充分发挥人才的作用。强化农村基层党组织的核心地位，创新组织设置和活动方式，整顿软弱涣散基层党组织②，通过基层党建凝心聚力。村庄合并后异质性的增加使得“农村社会关联程度下降”③④，伴随青壮年劳动力流失，农村干部在很大程度上存在着空挡、短缺问题，已成为制约农村经济社会发展的瓶颈。为此，可在贫困村、软弱涣散村和集体经济薄弱村通过“干部驻村”“选派第一书记”等外部力量的人，解决村庄自身管理中深层困扰的问题。吸引高校毕业生、农民工、退伍军人、机关企事业单位优秀党员干部等到村任职，选优配强村党组织书记⑤。创新大学生村干部发展机制，实施基层培养人才工程，使其“引得进、留得住、干得好、流得动”。目前我国的大学生村干部留在农村的政策空间有限，还有服务期满市场重新选择、未来职业发展空间狭窄、个人婚姻难以

① 李俊清:《论乡村公共权力体系的改革与完善》,《晋阳学刊》，2007年第1期，第18页。

② 资料来源:《中共中央国务院关于实施乡村振兴战略的意见》，2018年2月4日。

③ 贺雪峰:《论社会关联与乡村治理》,《国家行政学院学报》，2001年第3期，第61–64页。

④ 吴重庆:《村民自治的本土资源》，2001年12月29日（http://finance1sina1com1cn）。

⑤ 资料来源:《中共中央国务院关于实施乡村振兴战略的意见》，2018年2月4日。

解决等问题，这成为大学生长久留在农村的后顾之忧。为此可健全政策法规，解决其留在农村难题。

2. 激发内生动力，实施乡村自治

第一，政策引导，发挥专业能人、农民企业家等的引领作用。为此，必须建立和完善村庄治理专业人员的开发机制。村庄人才是中国农村发展的主要领路人和带动者，他们是政治理念、社会关系、文化价值深入渗透乡村的中坚力量。通过政策吸引熟悉本土情况、热心公益事业、凝聚各方资源、具有领导能力和社会责任感的乡村人才回流，为村庄合并建设注入社会资本、带领当地群众致富、发展农村经济提供了更好机会和渠道[①]。这部分经济能人往往有情怀、有能力且有意愿在政府 — 村民、市场 — 村民之间搭建桥梁，他们能够吸引和凝聚能量，关注乡村、反哺乡村。如笔者调研的河南卫辉市和辉县市，就出现了多个这样的典型。新乡辉县市张村乡裴寨社区的裴春亮在发家致富后不忘乡亲，回村创业，带领群众致富，短短几年，原有的旧裴寨村发生了翻天覆地的变化，裴春亮个人出资3000万元建设裴寨新村并把周围的几个村吸纳过来，合并成为新的裴寨社区。山东诸城龙都街道办事处的大源社区也是由回乡创业的大源集团统一出资兴建的，通过企业与村庄合并方式带动了一方群众致富。第二，丰富农村自治组织体系。可在合并后的行政村（农村社区）层面实施自治，也可以将村民自治下沉到自然村，在自然村层面成立各种协会与理事会等自治组织。农民是乡村振兴的真正主人，调动其积极性，使他们系统接受农村政策法规、社会管理、农村建设规划等方面的培训，接受农业农村现代化前沿发展的理论和实践培训，实现自下而上的自主治理，提升村治功能。从制度供给来看，奥斯特罗姆阐述了外生变量如何影响自主治理中的政策后果，并指出土生土长的制度是最有生命

① 耿羽、郗永勤:《精准扶贫与乡贤治理的互塑机制》,《中国行政管理》，2017年第4期，第77–82页。

力的，外来和尚是无法制定出适合当地的制度的。邓穗欣指出，统一制定特定群体的规则是很难的，规则要对症下药，量体裁衣①。民间社团和组织可以协助或补充政府提供切实的和有益于社会的服务，特别是填补政府或商业组织力所不及所留下的空缺②。即“长远而言，则在于培育和扶持农村社会组织”。“农村社会组织是村庄治理的内源性组织资源。”③ 搭建村民参与社会管理的平台，赋予其更多的参与机会，增强其使命感和责任感，不断提高这一群体的公共责任感和服务能力④。

8.2.4.3. 建立一二三产业融合发展的支撑体系，解决合并后的农民就业和生活问题

1. 如何解决搬迁农民的生活来源和生存保障是大多数人关心的首要问题

为此，可使农村社区和产业园区合作共建、齐头并进，建设高标准现代农业园区，让农村在耕地之外能为农民创造更多的就业机会，解决农民上楼后的非农就业问题，开辟第三就业空间。要考虑生计传统的继承和产业技术的多样性，对农民开展职业技能培训，让有就业愿望的农民至少掌握一种职业技能，优先为合并的新型农村社区居民提供一定比例的就业名额，让他们实现在家门口就业的愿望，达到增收的目的。吸纳更多农业劳动力，使他们就地转化为产业工人，实现农民离土不离乡，就业不离家，进厂不进城，就地城镇化。解决农民进城带来的空巢老人、留守儿童、留守妇女问题，同时，使城市中心下移，加速中小城市和小城镇的培育与成长，积极为农民就

① 邓穗欣:《规则社会的十项原则》，中国经济出版社2012年版，第61页。

② 邓穗欣:《规则社会的十项原则》，中国经济出版社2012年版，第43–47页。

③ 王亚华:《提升农村集体行动能力加快农业科技进步》，《中国科学院院刊》，2017年第10期，第1096–1102页。

④ 黄林海:《乡村精英维度的农村社会管理创新路径研究》，《创新》，2014年第4期，第20–25页。

业提供多种平台，以消除他们搬迁后的后顾之忧。

2. 立足合并村优势，以当地优势产业为主导，实现一二三产业融合发展

土地的确权给农民土地流转提供了广阔的空间，确定承包权属、流转时限、流转用途、被征土地经费比例分配可以更好地盘活土地资源，通过集中和规模效应，促进农业又快又好地发展。根据中国目前的实际情况，小农户可能在相当长的一段时期还会存在，可通过各种各样的农业社会化服务，为小农户提供现代农业技术、经济服务，比如说通过托管代耕，通过购买农业的社会化服务，让各种各样的农业现代装备更好地运用于小农户的生产中①。深入推进农业供给侧结构性改革，建立瓜果、蔬菜、粮食、休闲观光等产业，发展特色经济，大力发展农村网购电商、订单农业、精准农业、品牌农业及养老养生等新产业、新业态，着力构建农业产业体系、生产体系、经营体系，推动农业向第二三产业延伸，在产业链条上为农民创造第三就业空间，全面振兴农村产业体系。培育打造和创建一批与农民利益结合紧密、产业集群高效的融合发展先导区，鼓励和扶持创业创新活动，扩大就业和实现多元增收。如山东省德州市在村庄合并的基础上走出了一条“两区同建”的新路子，德州积极打造农民增收的网上平台，发展电子商务产业园、创业园、孵化园等园区建设，吸引电子商务企业和服务企业入驻乡镇，方便农民就近入园创业、就近就业②，同时支持农业企业、农合组织、农民通过电子商务销售各种农产品。借助产业园区，村级集体经济不断壮大。两区建设为资本下乡提供了机会，有益于工商产业活动向农村延伸和辐射，增加第三产业的就业机会。可通过各类农业协会，为农业农商提供资源和平台，进行农

① 陈锡文:《乡村振兴关系中国全面发展》，摘自陈锡文在“《财经》年会2018：预测与战略”上的讲话，2017年11月29日。

② 德州市农村工作办公室:《新型城镇化的创新路径》,《德州市两区同建工作资料汇编》，2016.年12月。

业技术咨询与服务、招商引资、农资供销、互联网+的专业服务活动，并参与政府关于农业的决策来维护农民利益。政府统筹涉农资金，可把部分支农资源交给以社区和农民为基础的合作社，制定宏观的战略性规划[①]。

8.2.4.4. 建立健全农村社会治理体制机制，化解农村社会稳定风险

转型时期，村庄合并成为影响社会稳定的发生源和群体性事件的危机元[②]，其社会稳定风险的化解需要从多角度入手。

1. 建立健全合并后的农村治理机制

包括民主决策协商机制、民主选举机制、组织机构建设、民主监督机制等。正如罗伯特·达尔所说，各利益主体通过提供信息、讨论、谈判和妥协，有助于公共决定更加理性和更受欢迎。凡是涉及村民利益的，需要通过村民大会、代表会议等形式进行民主决策和协商。新村（社区）选举要严格遵循选举程序，公开化、透明化。村庄合并后的首要任务是要对村级组织的行政架构进行重组，以确保新村（社区）的正常运转；同时建立村务（社区事务）监督委员会，由村民推选有威信、懂财务、责任心强的老党员、老干部组成，其成员不能兼任两委委员，其监督领域包括新村规划建设、支农惠农政策落实、干部选举公开透明状况、村务决策是否符合程序、财务收支是否规范、集体资产保存与流失等方面。

2. 建立健全农村社会稳定风险评估机制

探索可能风险源，化解风险。第一，风险评估主体应该多元化，不仅包括政策的制定者与执行者，还要包括专业研究机构、学术团体以及政策可能涉及的目标群体[③]。在重大事项社会稳定风险评估中，可由政府牵头，由

① 黄宗智：《中国农业发展三大模式：行政、放任与合作的利与弊》，《开放时代》，2017年第1期，第128–153页。

② 赵效萍：《迁村并居与社会稳定风险关系的分析》，《湖北行政学院学报》，2017年第1期，第49–53页。

③ 王宏伟：《健全重大决策社会稳定风险评估机制》，《中国社会科学报》，2015年3月18日。

相对独立的第三方进行评估，农民参与，确保评估的权威性和公正性，最大限度减少利益相关方的影响，确保评估公平公正。第二，强化风险责任机制。建立理性问责机制，既要看政策制定和执行的出发点，同时又要结合事实，做出事实判断，以二者的绩效评估作为基础。当然，许多政策在执行过程中可能由于客观原因导致政策执行不力，或者出现“好经被念歪”的情况，因此，不能完全以结果为导向，理性问责就是对重大决策行为本身进行客观的绩效评估。第三，建立灵活多变的评估方法。在现实中，引发社会稳定风险的原因可能是多元的，许多影响因子难以精确量化，政策影响的显现途径比较复杂，缺乏可控性和准确性，难以预料。因此，可借鉴国外相关评估理论，探索创新符合本地的操作性强的评估方法，避免评估的千篇一律和水土不服。

3. 建构农村自治、法治、德治相结合的有效的乡村治理体系

充分挖掘政府、市场、企业、村两委、村民个人以及各种民间组织的治理潜能。自治是核心、法治是保障，德治是支撑。第一，村民参与自治既是权利，也是义务。为此，需要提高村民自治意识，发挥其自治能动性和创造性，探索多种形式的自治途径和方法，创造自治机制，凸显农民的自治主体地位①。完善乡村自治功能，将村民自治单元下沉。积极培育扶持社会组织，激发社会组织活力，鼓励、引导和支持社会组织、农民个人有序参与，充分发挥他们在乡村治理中的作用。第二，村民自治需要法治保障，确定村民自治的政策法律边界，确保自治权限实现。严格司法，基层干部依法行政，防止权力缺位、越位。鼓励公益社团进行普法宣传，提高农民法治意识，知法守法，运用法治思维和法治方式解决问题，让群众意识到“信访不信法”的错误理念只会使问题更加复杂化。开展平安村社宣传，设立村级法

① 陈荣文:《健全自治、法治、德治相结合的乡村治理体系》,“福建日报”，2017年11月27日第09版。

律顾问，全面普及“一社区一法律顾问”制度，健全法律服务体系，组织发动公检法系统党员骨干，开展“周末法庭”服务，外引法治资源形成微法治，提升乡村治理法治力。深入开展普法教育，依法化解群众内部矛盾，使矛盾在基层解决。将农村中的黑恶势力消除在萌芽中，加大对农村地区的黑、恶、霸、痞势力的打击力度，净化农村社会治安和乡村风气。第三，强化德治的支撑作用。习总书记指出：“推进国家治理体系和治理能力现代化，要大力培育和弘扬社会主义核心价值体系和核心价值观，加快构建充分反映中国特色、民族特性、时代特征的价值体系。”① 德治作为中国传统社会治理的重要方式，在规范社会秩序、约束社会行为方面发挥着重要作用，尤其是勤劳勇敢、诚实守信、遵守本分、行为适宜等作为维护传统乡土秩序的重要因子，为自治和法治赢得情感支持和社会认可。阿伦特在探究“公共领域”参与主体资格时，强调了“美德”的重要性。它不仅包括公共领域参与主体的诚实、正直、公平、正义等，而且强调理性、进取，追求在不同利益诉求下谋求最大限度的理性共识。为此，应大力弘扬优秀道德传统和新家训家风。实施以评立德，以规促德，以文养德，创建适合时代特征的表达方式，增强农民的认同感、归属感和凝聚力。

8.2.4.5. 拓展农村（社区）公共空间，增强合并村（社区）的集体感和归属感

公共空间是由一些制度化或非制度化的组织或活动形式、活动区域组成的，哈贝马斯称之为“公共领域”，它是公众意见得以形成的场域，也是依靠话语交往形成公共舆论的场域② 。“村落的公共空间是生活秩序生成的重要场域。”“不同的公共活动空间形塑着支撑村庄社会秩序基础的多元关联

① 见习近平2014年2月17日在省部级主要领导干部学习贯彻十八届三中全会精神全面深化改革专题研讨班上的讲话。

② [德]哈贝马斯：《公共领域的结构转型》，学林出版社1999年版，第23–28页。

谱系。”①

1. 积极利用集生产与生活于一体的经济、政治、文化、社会、生态型公共空间

积极利用合作社组织、小卖部、交易市场、村民活动中心、文化大院、社区广场等公共空间。正如吉登斯所指出的，大多数社会生活发生在时空消隐的情境之中②。公共场所是公共领域的物化形式，作为社会有机体进行人际交往和生产生活的空间，其形式固然因村民内部的社会交往内容和关联维度的差异而呈现多样化特征，但其在构建共同体的伦理秩序与社会交往秩序方面发挥着重要的整合作用。它在一定程度上促进村民互动、增强村庄凝聚力、形成社区认同。通过在公共空间的语言交流与行为互动，可有效解决“半熟人社会”中的农民原子化难题。公共空间塑造着人们的行为和社会关系，人们可以自由地汇集评论、交流思想、交换信息，作为新闻评论、道德评价、公共舆论形成的场域，在一定程度上满足了人们情感释放、社会交往的心理需要。这些松散但开放和富有弹性的交往网络，在话题方面无所不包，并沿着社会的维度逐步延伸，在天长日久的交往活动中，提升了共同体意识，增加了彼此了解和沟通交流的机会，带动了村民的集体行动，降低了合作成本。正是这些公共空间构成了“乡村社会及其政治的参照坐标和活动范围”③，形成了“权力网络的中心结”④，不同地域范围、不同类型的公共空间。可以将村庄合并后治理范围扩大的村庄切割成小区域，“把治理对象从

① 曹海林:《村落公共空间：透视乡村社会秩序生成与重构的一个分析视角》,《天府新论》，2005年第4期，第88-92页。

② Giddens，Anthony，*The Constitution of Society Outline of the Theory of Structuration*，Berkeley：University of California Press，1984。

③ [美]杜赞奇:《文化、权力与国家》，王福明译，江苏人民出版社2004年版，第14页。

④ [美]杜赞奇:《文化、权力与国家》，王福明译，江苏人民出版社2004年版，第14页。

无数单个农户提升到几个辐射圈”①，通过缩小管理幅度提升治理能力。村民大会、理事会、经济合作社、文化艺术、安全保卫、体育爱好等协会和其他社会组织可承担“公共领域”的作用，维持社区内生秩序。这些公共领域也是公众畅所欲言、表达观点、传播意见的“民主集散地”和载体，正如哈贝马斯所言，公共领域是在市民社会中创造出来的②，它具有联系市民与公共权力的中介性特征，它是基于自身利益的商谈、讨论、批判的私人集合，它具有监督、制约、对抗国家可能侵犯社会的行为功能。强化公共空间的开放多元性，可为不同群体提供表达公共利益诉求的渠道，为实现“普惠”扩展话语空间。贺雪峰通过对辽宁大古村20年社会交往的变化观察到，“以邻里互助为基础相互串门的社会性关系与交往逐步变少，而以公共空间为基础的交往需求被创造出来”，并提出“通过建设公共设施来重建农民公共生活”③。施坚雅将市场结构作为一个空间体系来分析，其复杂的社会形态构成了不同的文化群。他通过解构中国农村市场，探讨了市场交易活动这种“公共空间”的社会体系，其辐射形成的六边形结构使乡村社会处于稳定的平衡中④。总之，公共空间的型构为社会转型时期群众交流提供了新的场域，它在整合乡村秩序、提升群众集体归属感等方面发挥着积极作用。

2. 提高农村集体行动能力，形成全新共同体

奥尔森认为，小集团比大集团更容易引起集体行动⑤。社会学家乔治西

① 匡立波、夏国锋：《公共空间重构与乡村秩序整合》，《中共浙江省委党校学报》，2016年第6期，第29–36页。

② [德]哈贝马斯：《公共领域的结构转型》，曹卫东等译，学林出版社1999年版。

③ 贺雪峰：《农村的半熟人社会与公共生活的重建》，《中国乡村研究（第六辑）》，2010年第6期，第139–152页。

④ [美]施坚雅：《中国农村的市场和社会结构》，史建云、徐秀丽译，中国社会科学出版社1998年版，第72–76页。

⑤ [美]奥尔森：《集体行动的逻辑》，陈郁、郭宇峰、李崇新译，生活·读书·新知三联书店1996年版，第8页。

梅尔认为："向心组织的小集团一般总能发掘并使用其能量，而在大集团中，能量经常是潜在的。"小集团行动更果断，更能有效利用资源[①]。在小集团内，面对面机会多，社会单位的每个成员都对其他成员有直接的了解，更具有凝聚力和向心力。农村中不同社会关联产生的公共空间将社区分割成不同的"小集团"，可有效解决因为合并带来的管辖对象过多和管辖范围过大的问题。

3. 建设公共文化服务体系，增进彼此交流和共识

十里不同风，百里不同俗，村庄合并后，居民对新村社的归属感弱化，因此，需要构建新的公共问题服务体系，改善现代社区各种制度性规定和临时性约束带来的种种不适应问题[②]。第一，在村庄合并的基础上进一步完善公共文化服务设施，坚持多元主体投入服务。建立公益性图书馆、展览室、电子阅览室、活动室等，加强公共文化服务数字化建设，提高公共文化服务设施利用率，吸纳各方参与管理，拓展和深化公共文化空间。第二，创新服务内容与项目，举办各种形式的文化活动。例如每周一次的文化活动下乡、创新创意文化产品的培训和展示，举办科普知识讲座、法律知识宣讲，举办送书、送电影、送科技、送信息进社区等活动，推进公共文化服务社会化，健全由政府购买社区公共文化服务机制，出台购买的相关管理办法和规定。第三，加强公共文化服务人才队伍建设。目前，公共文化服务队伍的素质参差不齐，从专业能力来看，基层队伍普遍存在着素质不高、学历偏低、人才严重匮乏等问题，迫切需要建立健全人才队伍体制机制。强化服务意识，加强在职培训，提升服务能力，特别是培养一支有热情、懂专业、热心服务群

---

① [美]奥尔森：《集体行动的逻辑》，陈郁、郭宇峰、李崇新译，生活·读书·新知三联书店1996年版，第65–68页。

② 王济东：《基于新型农村社区文化养成的政府购买行为研究》《贵州社会科学》，2016年第1期，第99页。

众的公共文化专业人才队伍[①]。同时加强业余文化骨干队伍建设，培育和发展各类文化组织，营造良好的文化氛围。总之，通过公共文化服务，传承和弘扬优秀传统文化，培养文化自觉，使每个居民自觉参与村社文化活动。只有居民提高了文化素质，建立良好乡风，才能在长期交往和互动中形成唇齿相依、守望相助的关系，才能保障经济建设的持续和小康社会的全面发展。

4. 重构乡村权威

“地方权威并非任何人可以承任，它的权力地位获得与三个因素直接有关：财富、学位及其在地方体中的公共身份。”[②] 村庄合并打破了村庄边界并使得传统乡村权威衰落，改变了乡村社会的权力结构和治理基础。为此，应重构合并新村社会话语体系[③]，加强制度权威建设[④]。在经济权威和能力权威崛起的条件下，促进内生性权威力量，逐渐与建构性权威力量平衡。因为农村社会转型时期“公众对于政治权威的理解和认同正在发生变革，过去认为天经地义的权威需要寻找并确立新的根基”[⑤]。

8.2.4.6. 构建多元主体的社会协同治理体系

1. 政府发挥引导作用，社会组织发挥弥补和完善作用

中央政府主要把握大局和方向，制定宏观政策，避免政策偏差。基层政府在合并前做好动员宣传，在合并中征求民意、制定具体政策，合并后监督并纠错。农村中的社会组织是农民基于共同利益和价值需求而结成的自组织。如农业合作社、公益组织、志愿组织等。社会组织将原子化的个人积聚起来，参与村庄治理运作，消解村庄合并后导致的村庄分散化，增强集体行

① 胡智峰：《免费开放：国家公共文化服务体系的发展与创新》，《清华大学学报》（哲学社会科学版），2003年第1期，第146页。

② 张静：《基层政权：乡村制度诸问题》，上海人民出版社2007年版，第18页。

③ 邓大才：《社会化小农与乡村治理条件的演变》，《社会科学》，2011年第8期，第77-83页。

④ 李松玉：《乡村治理中的制度权威建设》，《中国行政管理》，2015年第3期，第80-106页。

⑤ 赵树凯：《农民的政治：迷茫与断想》，《中国发展观察》，2009年第8期，第5-12页。

动能力，强化了村民自治，改变农村社会权力构建与运行的方式。社会组织的发展和完善可以弥补村庄合并后公共服务的不足，解决公共服务效率不高、供给单一、供给与需求不对称等问题，有效地缓解国家权力在农村嵌入的局促性，成为国家与社会之间的缓冲地带。

2. 调动农民积极性，保护农民利益

农民是村庄合并的主体和参与者，村庄合并最终也是为了农民。目前，绝大多数的合并是在政府主导下进行的，一些地方政府忽视农民的利益，也违背了合并的初衷。村庄合并从政策设计、规划到社区建设、社区公共事务都离不开农民的参与。合并之前是否征求农民意见？合并政策和规划是否符合农民意愿？合并补偿和新村（社区）建设是否符合农民需求？合并之后农民是否满意？这些是代表和检验合并结果的重要尺度。调研表明，在村庄合并进程中，政府在合并前积极宣传动员、农民参与合并过程较多的地区，农民对合并的满意度就相对较高。因此，应积极鼓励村民参与到合并过程中来，做到事前商量、事中参与、事后反馈和监督，真正做到以农民为核心。

3. 积极发挥第一书记、大学生村干部、包村干部等嵌入型村干部的作用

在笔者的调研中，湖南L村的村支部胡书记说，“包村干部在两村的合并中起了很大的作用。县里下派的第一书记虽然每个月在村里待的时间不长，但他为了解决两村合并的资金难题，经常出去拉项目，确实大大减轻了两村负担，还为我们两村作协调员”。由此可以看出，外部资源力量注入农村，在争取项目、协调各方矛盾、整合调动资源、解决村庄治理难题方面发挥了积极作用。这类嵌入型村干部知识储备丰富，独立意识、民主法治意识较强，信息灵通、先进技术接受较快，对危机反应速度快，应对能力较强，因此，在合并中，应发挥他们的中坚作用，发挥他们对村庄合并的引导、合并政策的解释、社区建设的监督作用，使他们成为政府与农民沟通的桥梁和

纽带。尽管这种外部嵌入能够在一定程度上解决资源需求与有效供应问题，为农村带来技术、资源和力量，但它的运作机制与农村内在的“能人治村”有着迥然不同的发生机制[①]。当前，许多人担心嵌入型村干部会冲淡村民自治，实际上，只要确立正确的机制，最大限度地降低人才嵌入对村民自治的不利影响，避免二者冲突，实现自治与他治的调谐，就能避免二者陷入对立，发挥互补作用。这对夯实农村组织基础、推动农村经济社会的全面发展具有重大意义。

4. 培育和发展农村社会组织，将原子化的农民整合起来

农村社会组织在农村社区公共空间生产中扮演着重要角色，它是农村多元社会治理主体之一，是农村治理现代化的参与者和实践者[②]。党的十九大指出，要激发社会组织活力，正确处理政府和社会关系。要关注村庄合并后社区社会组织的成长与社区资源环境的关系，支持“政府主导”“自我发展”“协同共建”[③]等多种社会组织模式，将自下而上与自上而下的方式结合起来。一个成熟社会的社会组织，其资金来源、领导力量、活动空间等都应该是多元的。目前有效率的、规范的、自治的社会组织还不多，传统的社会组织更多地依赖于政府的政策性供给和制度性保障[④]。村庄合并后的异质性使农民更加趋于原子化，社会组织可有效重构被其分解的农民社会信任网络，将原子化的农民集结在某一社会单位内，形成持续不断的社区认同。结合农村的社会现实，重点培育和扶持自觉、自主、自愿的内生型社会组织，

① 袁立超、王三秀:《非科层化运作：干部驻村制度的实践逻辑》,《华中科技大学学报》(社科版)，2017年第3期，第136页。

② 马庆钰:《十三五时期我国社会组织发展思路》,《中共中央党校学报》，2015年第4期，第58-64页。

③ 徐林、许鹿、薛圣凡等:《殊途同归：异质资源禀赋下的社区社会组织发展路径》,《公共管理学报》，2015年第4期，第122-131页。

④ BABAJANIAN B.V, Bottom Up and Top Down ? Community Development in Post-Soviel Armenia：The Social Fund Model，*Social Policy & Administration*，2005，39（4），pp.448-462.

依照规范将农村社会组织纳入法制化、科学化轨道。协调政府、社会、市场、农户之间的关系，优化村庄治理能力。农村社会组织本身作为内嵌入农村社会结构的重要系统，不仅其承载转型期功能转变的动力根源与社会结构的流变，而且其发展和创新同时重塑着变迁中的农村社会结构[①]。

5. 合理引导资本下乡

村庄合并使得社会资本进入农业、农村建设的机会大大增加。基于营利目的，许多工商资本进入了农地流转、社区建设、农业规模经营等领域。最典型的农业发展模式是公司+农户模式。在山东、河南等地的村庄合并中，集中居住的农民将承包地大都流转给了公司，实施公司化经营，甚至村庄的日常管理也依附于公司，村庄的治理也由公司代行。如河南新乡的“裴寨社区”既是如此。农民虽然获得了一定的补偿，但是也失去了调整土地用途的机会。这些被流转的土地，部分是农民主动自愿流转，部分农民持中间态度但也流转了土地，还有少数属于被迫流转。流转后的土地除了极少部分继续用于农业生产外，绝大多数都被用于发展其他产业，土地价值瞬间翻几倍、几十倍，甚至有部分被改成永久性建设用地，存在违法违规使用现象。因此，资本下乡引发的诸多问题需要政府的规范、引导和监管[②]。资本下乡不仅仅是实现规模经营、提高农业生产效率，更要防止下乡的资本变相进行房地产开发和更改土地用途。如何探索资本的适宜领域、抑制盲目投资等是下一步需要解决的问题。既要培育新型农业经营主体、发挥规模经营的优点，发展农村新产业新业态，同时又要搞好服务、强化监管、严格准入[③]，才能更好地实现资本下乡对村庄的再造。

① 李志强:《转型期农村社会管理创新研究新视野》,《社会主义研究》, 2014第4期，第118页。

② 焦长权、周飞舟:《资本下乡与村庄的再造》,《中国社会科学》, 2016年第1期，第100-116页。

③ 涂圣伟:《工商资本下乡的适宜领域及其困境摆脱》,《产业经济》, 2014年第9期，第73页。

# 结 语

任何改革都不是一蹴而就的，村庄合并也不例外。

中国的村庄合并正站在改革的十字路口，依赖惯性继续向前滑行可能行之不远。向左转，完全由政府主导，社会和农民被排斥在改革红利共享的范围之外，顾及短期而忽视长远，会增加社会不稳定风险；向右转，由于当前农民自身素质和条件限制，单靠社会自发行动难以应对农村社会转型，农民的行动逻辑受太多因素制约，社会依然可能回到原来的轨道上停滞不前甚至出现倒退。因此，要正确处理好村庄合并中国家与社会权力、建构秩序与自发秩序之间的关系。就目前而言，单靠农民来实现农村善治是不现实的，政府权力适当介入农村有其合理性和必要性。

村庄合并是手段而非目的，是现代化发展的必然趋势而非单纯的行政区划上的规模调整。如果说早期具备经济基础、进行村级区划调整和农村资源整理是解决城镇建设用地不足、提高公共服务水平和节约公共财政的自主选择，那么2004年中央1号文件提出的“并村”、2006年前后土地增减挂钩政策就是意在对村庄合并进行引导、规范，探索土地使用改革、统筹规划城乡建设的行政介入。2016年中央发布新型农村社区建设文件更是对村庄合并及新型农村社区建设中的不当行为进行矫正。村庄合并并不是村庄的简单相加，村庄合并的过程是一个农村社会结构发生转变、农民生活方式、社会关系出现转折的过程，同时也是一个社会融合与社会变革驱动的过程，其内化需要很长的时间，不是一朝一夕就可以完成的。伴随着人类社会生活的变迁，它的发展和完善需要经过长期不断的持续验证。

改革所带来的阵痛并不能完全避免。在村庄合并中，部分农民对土地流转或失地产生心理焦虑、恐惧、怀疑及无奈反应，特别是五十岁以上的群体，他们缺少城市所需要的基本技能，加上年龄原因，进城务工艰难，这一群体中的绝大多数成为新型农村（社区）的留守人员。对他们来讲，土地是他们的饭碗，土地流转意味着失业，对传统乡土的依恋情怀难以割舍，这使得他们在面对新（社区）生活的时候表现出种种不适应，在集体活动参与上消极被动、在新共同体的融入上行动迟缓，这就需要农民在日渐持久的交流交往中不断磨合，增强信任感和归属感。

纵观村庄合并的未来，在以下几个方面依然需要给予积极的关注：首先，村庄合并的过程是利益分化和利益重组的过程，如何利用好利益分化和将利益冲突置于可控范围，是决策者们必须预先考虑的问题，其在合并过程中的主要表现是各权益主体间的利益博弈。在对复杂的利益关系进行规范整合的基础上，解决面临的难题，是村庄合并顺利进行的基础。土地是农民的最后一层保障，政府的经济用地需求迫切，而土地财政带来巨大的利益驱动，于是一些地方政府钻“占补平衡”政策的空子，拿节约出的部分耕地置换建设用地指标。一旦监管不到位就会使循序渐进的村庄合并及农村社区建设政策被歪曲，好“经”被念歪。村庄合并的主体应该是农民，发挥作用的主体和受益者也应该是农民。其次，村庄合并后的新型农村社区面临法律定位问题。尤其是要处理好社区与村两委、社区与基层政府、社区与居民的关系，如何理顺职责、划清各自权限，是当前的一个重点。再次，村庄合并在走向持续纵深的过程中，有关的制度设置，特别是具有法律意义的制度规范，还需要不断探索、试验和不断改革完善。最后，村庄合并是乡村振兴的手段和路径，乡村振兴是村庄合并的目标和方向。在20世纪60年代，日本在乡村振兴过程中曾经将村庄合并作为一个非常重要的手段推行，并配套各种措施，事实证明，日本在现代化进程中成功扭转了乡村衰败现象，时至今日，日本乡村显现出城中有村、村中有城的魔幻镜像。产业和人口聚集始终是农业现代化与工业化的发展趋势，即便是逆城市化的分散，也是大聚集下的分散。

由于不同地区自然条件、经济社会发展水平及人文社会存在着广泛的差异，因此，在某一地区适合的合并形式在另一地区可能不适合。奥斯特罗姆认为，没有任何完美的理论和模型能够准确地判断哪种特定的操作规则组合适用于哪种具体情况①。布丹认为，在某一国家适用的政府组织形式恰巧适用另外一个国家，那是非常偶然的。也正如公共行政大师罗伯特·达尔（Robert Dahl）所说："从某一个国家的行政环境归纳出来的概论，不能够立刻予以普遍化，或被应用到另一个不同环境的行政管理上去。一个理论是否适用于另一个不同的场合，必须先把那个特殊场合加以研究之后才可以判定。"

---

① Elinor Ostrom, *Undetstanding Institutional Diversity*, Princeton, NJ: Princeton University Press, 2005.转引自邓穗欣:《规则社会的十项原则》，中国经济出版社2012年版，第61页。

# 参考文献

## 外文文献

著作

[1] Anne Vince. "*Amalgamation*", *in Brian Dollery and Neil Marshall* ( *ed* ) , *Australian Local Government Reform and Renewal*. Australian: Macmillan Education, 1997.

[2] Altshuler, Alan, etc. ( eds. ) . *Governance and Opportunity in Metropolitan Amercia*.WashingtonD.C.: National Academy Press, 1999.

[3] B. Dente, F. Kjellberg, *The Dynamics of Institutional Change*: *Local Government Reorganisation in Western DemocraciesSage*, London, 1988.

[4] Downs, Anthony. *New Visions for Metropolitan America*. WashingtonD. C.: Brookings Institution, 1994.

[5] EVANS P , *BState — Society Synergy*: *Government and Social Capital in Development*, Berkeley : University of California, 1997.

[6] Hamilton, David K, *GoverningMetropolitan Areas*: *Response to Growth and Change*.New York: Garland Publishing, Inc.1999.

[7] Giddens, Anthony, *The Constitution of Society*: *Outline of the Theory of Structuration*, Berkeley: University of California Press, 1984.

[8] Rusk, David, *Cities Without Suburbs*. Washington D.C.: Woodrow Wilson Center. Press.1995.

[9] Stephens, G.Ross, NelsonWikstrom, *Metropolitan Government and Governance: Theoretical Perspectives, Empirical Analysis, and the Future*.New York and Oxford: Oxford University Press, 2000.

[10] MIGDAL.J.S, *State in Society: Studying How State and Society Transform and Constitute One Another*. Cambridge University Press, 2001.

期刊

[1] Dale W.Jorgenson.The Development of a Dual Economy, *The Economyl*, 1961, Vol.71, No.283, pp.309–334.

[2] Carr, Jered B., Richard C.Feiock. Metropolitan Government and Economic Development.*Urban Affairs Review*, 1999, 34（3）.

[3] Gustav Ranis and John C.H.Fei, A Theory of Economy Development, *The American Economic Review*, 1961, Vol.51, No.4.pp.533–558.

[4] Hellmut Wollmann, Local Government. Reforms in Great Britain, Sweden, France and Germany: Between multi–Function and Single–purpose Organizations, *Local Government Studies*, 2004: Vol.30/4. pp.639–666.

[5] Otterstrom.S.M, Trends in National and Regional Population Concentration in the United States from 1790 to 1990: From the Rentier to theUrbanTtransformation, *The Social Science Journal*, 2001（38）.

[6] Tang, W. , Hewings, G. J.D, DoCity–County Mergers in China Promote Local Economic Development？ *Econ Transit*, 2017（25）.

[7] John R.Harris, Michael P.Todaro, Migration, Unemployment and Development: A Two–Sector Analysis, *The Economy*, 1970, Vol.60, No.1, pp.126–142.

# 中文文献

政策类

[1]《中共中央国务院关于实施乡村振兴战略的意见》，2018年2月4日。

[2] 全国人大农委法案室:《农村土地承包法修正案草案解读》，2017年11月02日，( http: //www.npc.gov.cn/npc/xinwen/lfgz/2017-11/02/content_2031279.htm ) 。

[3] 农业农村部“关于印发《“十三五”全国新型职业农民培育发展规划》的通知”，2017年1月9日。

[4]《全国国土规划纲要（2016-2030年）》，2017年1月3日。

[5]《江西省贫困村整村推进（村庄整治建设）工作管理办法（试行）》，2016年12月5日，( http: //www.suichuan.gov.cn/doc/2016/12/05/28000.shtml ) 。

[6]《中共陕西省委办公厅陕西省人民政府办公厅关于镇村综合改革的指导意见》，2016年10月10日。

[7]《湖南省乡镇区划调整改革领导小组关于切实做好建制村合并工作的通知》,（湘区改发〔2016〕2号），2016年2月23日。

[8]《中共中央、国务院关于打赢脱贫攻坚战的决定》，2015年11月29日。

[9]《河北关于加快推进生态文明建设的实施意见》，2015年11月14日。

[10]《关于深入推进农村社区建设试点工作的指导意见的通知》(中办发〔2015〕30号），2015年5月31日。

[11]《吉林省新型城镇化规划（2014-2020年）》(吉发〔2014〕17号），2014年08月07日。

[12]《关于改善农村人居环境的指导意见》(国办发〔2014〕25号），

2014年05月16日。

[13]《关于加强生态移民村村级组织建设的若干规定（试行》（宁党办〔2012〕62号），2012年8月14日。

[14]山东省政府:《山东省人民政府关于加强土地综合整治推进城乡统筹发展的意见（鲁政发〔2010〕73号）》，2010年8月2日。

[15]《山东省委省政府关于大力推进新型城镇化的意见》（鲁发〔2009〕21号），2009年10月31日。

[16]《宁夏回族自治区人民政府关于加强村庄规划建设整治和管理促进社会主义新农村建设的意见》（宁政发〔2006〕39号）2006年3月18日。

[17]中央1号文件《中共中央国务院关于推进社会主义新农村建设的若干意见》，2006年2月21日。

[18]《关于村庄整治工作的指导意见》（建村〔2005〕174号），2005年9月30日。

[19]《国务院关于深化改革严格土地管理的决定》（国发〔2004〕28号），2004年10月21日。

[20]《关于印发〈开平市调整村委会规模实施方案〉的通知》（开委〔2004〕8号），2004年07月08日。

[21]《中共浙江省委省政府关于统筹城乡发展促进农民增收的若干意见》（浙委〔2004〕1号），2004年1月17日。

[22]《中共中央国务院关于促进农民增加收入若干政策的意见》（中发〔2004〕1号），2003年12月31日。

[23]《山西省人民政府办公厅转发省民政厅关于在全省开展撤并村组工作的意见的通知》（晋政办发〔2002〕31号），2002年06月14日。

[24]《中共湖北省委省政府关于乡村体制改革的实施意见》（鄂发〔2001〕26号）2000年12月30日。

[25]《关于加强土地管理促进小城镇健康发展的通知》(国土资发〔2000〕337号)，2000年11月30日。

[26]《中共中央、国务院关于实行政社分开建立乡政府的通知》，1983年10月12日。

## 著作

[1] 陈旭麓.《近代中国的新陈代谢》，上海人民出版社1992年版。

[2] 钱乘旦、杨豫等.《世界现代化进程》，南京大学出版社1997年版。

[3] 徐勇.《中国农村村民自治》，华中师范大学出版社1997年版。

[4] 邹依仁.《旧上海人口变迁的研究》，上海人民出版社1980年版。

[5] 萧功秦.《危机中的变革——现代化中的激进与保守》，上海三联书店1999年版。

[6] 黄宗智.《华北小农的经济与社会变迁》，中华书局2000年版。

[7] 于建嵘.《岳村政治——转型期中国乡村政治结构的变迁》，商务印书馆2001年版。

[8] 张静.《基层政权：乡村制度诸问题》，上海人民出版社2007年版。

[9] 俞可平.《全球化：全球治理》，社会科学文献出版社2003年版。

[10]贺雪峰.《新乡土中国》，广西师范大学出版社2003年版。

[11]梁漱溟.《乡村建设理论》，上海人民出版社2006年版。

[12]邓正来.《国家与市民社会》，上海人民出版社，2006年版。

[13]田建文，安衫岐，安志远，贺军亮.《村庄改造、整治与保护》，中国农业出版社，2009年版。

[14]刘梦琴.《村庄终结：城中村及其改造研究》，中国农业出版社2010年版。

[15]黄立敏.《社会资本视阈下"村改居"社区治理研究》，武汉大学出

版社2013年版。

[16]杨贵华.《转型与创生:“村改居”社区组织建设》，社会科学文献出版社2014年版。

[17]吴素雄、何长缨、毛丹.《农村社区治理的结构转型：温州模式》，中国社会科学出版社2014年版。

[18]（美）奥尔森.《集体行动的逻辑》，陈郁、郭宇峰、李崇新译，生活·读书·新知三联书店1996年版。

[19]（美）施坚雅.《中国农村的市场和社会结构》，史建云、徐秀丽译，中国社会科学出版社1998年版。

[20]（美）亨廷顿.《变化社会中的政治秩序》，上海人民出版社1988年版。

[21]（德）哈贝马斯.《公共领域的结构转型》，曹卫东等译，上海学林出版社1999年版。

[22]（法）涂尔干.《社会分工论》，渠东译，生活·读书·新知三联书店2000年版。

[23]（日）桥本寿朗等.《现代日本经济》，戴晓芙译，上海财经大学出版社2001年版。

[24]（美）杜赞奇.《文化、权力与国家》，王福明译，江苏人民出版社2004年版。

[25]（美）路易斯·亨利·摩尔根.《古代社会》，杨东莼，马雍，马巨译，江苏教育出版社2005年版。

[26]（美）刘易斯·芒福德.《城市发展史》，宋俊岭等译，中国建筑工业出版社2005年版。

[27]（美）罗纳德·J·奥克森著.《治理地方公共经济》，万鹏飞译，北京大学出版社2005年版。

[28]费孝通.《江村经济——中国农民的生活》，商务印书馆2005年版。

[29]（德）赫尔穆特·沃尔曼.《德国地方政府》，北京大学出版社2005年版。

[30]（丹麦）埃里克·阿尔贝克等.《北欧地方政府：战后发展趋势与改革》，北京大学出版社2005年版。

[31]（加）理查德·廷德尔，苏珊·诺布斯·廷德尔.《加拿大地方政府（第六版）》，于秀明、邓璇译，北京大学出版社2005年版。

[32]（法）孟德拉斯.《农民的终结》，李培林译，中国社会科学出版社2005年版。

[33]（美）米格代尔.《强社会与弱国家》，江苏人民出版社2009年版。

[34]（美）戴维·奥斯本、彼得·普拉斯特里克.《再造政府》，中国人民大学出版社2010年版。

[35]（德）斐迪南·滕尼斯.《共同体与社会》，林荣远译，北京大学出版社2010年版。

[36]（美）吉尔伯特·罗兹曼.《中国的现代化》，江苏人民出版社2010年版。

[37]（冰岛）埃格特森.《经济行为与制度》，商务印书馆2010年版。

[38]（英）吉登斯.《历史唯物主义的当代批判》，上海译文出版社2010年版。

[39]费孝通.《乡土重建》，岳麓书社2012年版。

[40]（英）罗伯特·帕特南.《使民主运转起来：现代意大利的公民传统》，王列译，中国人民大学出版社2014年版。

## 期刊

[1] 王沪宁.《社会资源总量与社会调控：中国的意义》，《复旦学报（社

会科学版）》，1990年第4期。

[2] 折晓叶、陈婴婴.《超级村庄的基本特征及“中间”形态》,《社会学研究》，1997年第6期，第35–43页。

[3] 徐勇.《村干部的双重角色：代理人与当家人》,《二十一世纪》（香港），1997年第8期。

[4] 马春笋.《村庄合并与村级组织建设》,《中国行政管理》，1998年第3期，第27–28页。

[5] 贺雪峰.《论社会关联与乡村治理》,《国家行政学院学报》，2001年第3期。

[6] 张季风.《战后日本农村剩余劳动力的转移及特点》,《日本学刊》，2003年第2期，第78–93页。

[7] 胡智峰.《免费开放：国家公共文化服务体系的发展与创新》,《清华大学学报（哲学社会科学版）》，2003年第1期。

[8] 徐勇.《村民自治的深化：权利保障与社区重建》,《学习与探索》，2005年第4期，第61–67页。

[9] 郑风田、傅晋华.《农民集中居住：现状、问题与对策》,《农业经济问题（月刊）》，2007年第9期，第4–7页。

[10]党国英.《我国乡村治理改革回顾与展望》,《社会科学战线》，2008年第12期，第4页。

[11]焦必方、孙彬彬.《日本的市町村合并及其对现代化农村建设的影响》,《现代日本经济》，2008年第5期，第40–46页。

[12]赵树凯.《农民的政治：迷茫与断想》,《中国发展观察》，2009年第8期，第5–12页。

[13]许远旺.《社区重建中的基层治理转型——兼论中国农村社区建设的生成逻辑》,《人文杂志》，2010年第4期。

[14]唐皇凤、冷笑非.《村庄合并的政治、社会后果分析：以湖南省AH县为研究个案》,《社会主义研究》，2010年第6期，第91–96页。

[15]邓大才.《社会化小农与乡村治理条件的演变》,《社会科学》，2011年第8期。

[16]林聚任.《村庄合并与农村社区化发展》,《人文杂志》,2012年第1期。

[17]殷江滨、李郇.《中国流动人口与城镇化进程的回顾与展望》,《城市问题》，2012年第12期，第23页。

[18]邢建.《国家建设视角下的村庄合并政策研究》,《天津行政学院学报》，2012年第4期。

[19]吕庆建、毕于建.《"合村并居"与新型农村社区建设研究综述》,《福州党校学报》，2012年第5期，第54–57页。

[20]陈锡文.《中国特色农业现代化的几个主要问题》,《改革》，2012年第10期。

[21]项继权，李增元.《经社分开、城乡一体与社区融合——温州的社区重建与社会管理创新》,《华中师范大学学报（人文社会科学版）》，2012年第6期，第1–9页。

[22]袁方成.《治理集体产权：农村社区建设中的政府与农民》,《华中师范大学学报》，2013年第1期，第1–17页。

[23]鲁西奇.《散村与集村：传统中国的乡村聚落形态及其演变》,《华中师范大学学报》，2013年第4期，第113–130页。

[24]韩庆龄.《合村并组对乡村治理的影响——基于辽宁省凤城市C村的调查》,《中国乡村发现》，2013年第1期，第152–155页。

[25]徐勇.《中国家户制传统与农村发展道路——以俄国、印度的村社传统为参照》,《中国社会科学》，2013第8期，第22页。

[26]项继权.《我国农地产权的法律主体与实践载体的变迁》,《华中农业

大学学报（社会科学版）》，2014年第1期，第5–14页。

[27]崔红志、孙翠芬.《新型农村社区建设：方式、效果、问题及政策调整》,《农村经济》，2014年第3期。

[28]聂玉霞、宋明爽.《国内外关于村庄合并研究述评》,《山东农业大学学报》，2015年第1期，总第64期。

[29]项继权、王明为.《农村社区建设：发展态势与阶段特征》,《青海社会科学》，2015年第2期，第1–8页。

[30]徐勇.《积极探索村民自治的有效实现形式》,《中国乡村发现》，2015年第3期，第20–23页。

[31]李松玉.《乡村治理中的制度权威建设》,《中国行政管理》，2015年第3期。

[32]马庆钰.《十三五时期我国社会组织发展思路》,《中共中央党校学报》，2015年第4期。

[33]徐林，许鹿，薛圣凡等.《殊途同归：异质资源禀赋下的社区社会组织发展路径》,《公共管理学报》，2015年第4期。

[34]贺雪峰.《为谁的农业现代化》,《开放时代》，2015年第5期，第36–47页。

[35]蔡慧敏.《城乡一体化进程中农村社区发展的困境与出路——基于全国农村改革试验区河南省新乡市的调研》,《农业经济》，2015年第11期，第43–44页。

[36]焦长权、周飞舟.《资本下乡与村庄的再造》,《中国社会科学》，2016年第1期。

[37]唐鸣，谭荧.《关于建制村数量和规模的几个问题》,《当代世界社会主义问题》，2016年第1期，第16页。

[38]王济东.《基于新型农村社区文化养成的政府购买行为研究》,《贵州

社会科学》，2016年第1期，第99页。

[39]段宇波.《作为制度变迁模式的路径依赖研究》,《经济研究》，2016年第2期，第24–31页。

[40]申雨琦.《近代中国早期工业化的城镇化效应 —— 基于晚清中国近代工业企业的实证分析》,《经济资料译丛》，2016年第2期，第70页。

[41]邓大才.《村民自治有效实现的条件研究》,《政治学研究》，2016年第4期，第71–83页。

[42]徐勇.《分与合：质性研究视角下农村区域性村庄分类》,《山东社会科学》，2016年第7期，第30–40页。

[43]韩万渠.《基层官员的身份困境与乡村治理中的政策执行变异》,《中国行政管理》，2016年第9期，第100–106页。

[44]杨轶囡.《吉林省村庄变迁的调查与思考》,《长春大学学报》，2016年第3期，第15页。

[45]匡立波、夏国锋.《公共空间重构与乡村秩序整合》,《中共浙江省委党校学报》，2016年第6期，第29–36页。

[46]周应恒.《新型农业经营体系：制度与路径》,《人民论坛・学术前沿》，2016年第9期，第74–95页。

[47]朱宇、林李月、柯文前.《国内人口迁移流动的演变趋势：国际经验及其对中国的启示》,《人口研究》，2016年第9期，第50–60页。

[48]李昕.《山东省新型农村社区建设的探索》,《山东农业科学》，2016年第10期。

[49]谭保罗.《从世界经济版图变迁看“枢纽型网络城市”的未来时局》,《南风窗》，2016年第17期，第15页。

[50]邓大才.《中国农村产权变迁与经验 —— 来自国家治理视角下的启示》,《中国社会科学》，2017年第1期，第4–24页。

[51]邓大才.《中国农村产权变迁与经验——来自国家治理视角下的启示》,《中国社会科学》，2017年第1期，第4–24页。

[52]焦必方.《日本农村城市化进程及其特点》,《复旦大学学报（社会科学版）》，2017第2期，第162–172页。

[53]黄宗智.《中国农业发展三大模式：行政、放任与合作的利与弊》,《开放时代》，2017年第1期。

[54]袁立超，王三秀.《非科层化运作：干部驻村制度的实践逻辑》,《华中科技大学学报（社科版）》，2017年第3期。

[55]耿羽，郗永勤.《精准扶贫与乡贤治理的互塑机制》,《中国行政管理》，2017年第4期。

[56]魏后凯、刘同山.《论中国农村全面转型：挑战及应对》,《政治经济学评论》，2017年第5期，第84–116页

[57]邓大才.《复合政治：自然单元与行政单元的治理逻辑》,《东南学术》，2017年第6期，第25–37页。

[58]李冉、聂玉霞.《村庄合并后新型农村社区的行政化导向》,《中国行政管理》，2017年第9期。

[59]王亚华.《提升农村集体行动能力加快农业科技进步》,《中国科学院院刊》，2017年第10期，第1096–1102页。

[60]景跃进.《中国农村基层治理的逻辑转换》,《治理研究》，2018年第1期，第49页。

[61]重森晓他.《市町村合併的验证》，日本自治体研究社，2002年，第15–18页。

[62]关研二，中村茂树著，郑波译.《日本农村的现状及今后的发展方向——面向未来构筑新的农村社会》,《小城镇建设》，2016年第6期。